《利用海南自由贸易港政策发展四大主导产业指南》系列丛书

利用海南自由贸易港政策发展热带特色高效农业指南

海南省农业农村厅　编

海南出版社
·海口·

图书在版编目（CIP）数据

利用海南自由贸易港政策发展热带特色高效农业指南/海南省农业农村厅编. -- 海口 : 海南出版社, 2023.11
（《利用海南自由贸易港政策发展四大主导产业指南》系列丛书）
ISBN 978-7-5730-1399-6

Ⅰ. ①利… Ⅱ. ①海… Ⅲ. ①自由贸易区－热带－特色农业－产业发展－贸易政策－海南－指南 Ⅳ. ①F327.66-62

中国国家版本馆CIP数据核字(2023)第220662号

利用海南自由贸易港政策发展热带特色高效农业指南
LIYONG HAINAN ZIYOU MAOYIGANG ZHENGCE FAZHAN REDAI TESE GAOXIAO NONGYE ZHINAN

海南省农业农村厅 编
责任编辑：欧大伟　陈　霞
执行编辑：王振月
封面设计：黎花莉
印刷装订：海南永发印刷股份有限公司
海南出版社 出版发行
地　　址：海口市金盘开发区建设三横路2号
邮　　编：570216
电　　话：0898-68567076
网　　址：http：//www.hncbs.cn
开　　本：787 mm×1 092 mm　1/16
印　　张：18.75
字　　数：326千字
版　　次：2023年11月第1版
印　　次：2023年11月第1次印刷
书　　号：ISBN 978-7-5730-1399-6
定　　价：79.00元

编 委 会

主　　任： 何琼妹

副 主 任： 杨建平　马育红　林谟谐　孙法军　李　芸　刘　蔚　吴明海

主　　编： 何琼妹

副 主 编： 刘海清　丁　莉　侯媛媛　赵军明　曾小红

参编人员：（按姓氏笔画排序）

王成丽　邓红燕　古小玲　邬　艳　许　茜

李光辉　李　磊　吴　恙　张　娟　陈圣法

陈诗高　陈耀华　林小妹　罗宇涵　金　琰

袁　杰　倪兴秀　凌　华　郭烈忠　宾　海

黄家健　梁信息　谭志强　戴　诚

前　言

本书由海南省农业农村厅组织编写，较为系统地阐述了海南自由贸易港“零关税”政策、“两个15%”所得税政策、“保税加工+离岛免税销售”政策以及农业领域内的扶持措施，目的是梳理政策措施、明晰扶持范围、吸引社会投资、推进落地见效、推动热带特色高效农业转型升级、促进乡村振兴。

本书编写过程中遵循实际、实效、实用的原则，针对首期遴选出的25个产业，从产业发展现状、产业发展有利条件、产业发展利好分析、产业发展策略、案例分析、操作指南、企业分布等层面进行分析研究，以指导投资者全面、精准地把握政策措施，指明投资方向，引导投资者参与海南自由贸易港热带特色高效农业产业建设。同时，为便利市县政府、园区招商引资，列出了案例涉及的部分国内外重点产业企业情况，提高招商引资的针对性。

本书为投资者提供的是条目式、概括式、方向性、指导性的参考资料，书中提到的进出口价格、成本效益分析等采用的是2022年下半年的统计数据，随着时间、地点、供求关系等因素变化，分析结果也会不同，因此本书不能代替企业投资项目可行性研究报告。企业计划投资时，应结合自身条件、资源状况、产业发展方向等情况，依托专业机构综合研究作出决策。热带特色高效农业是海南自由贸易港的四大主导产业之一，本书结合《海南省“十四五”推进农业农村现代化规划》，对标中共海南省委政策研究室对海南现代产业体系的梳理，首期遴选出的25个产业只是海南众多产业的一部分，广大投资者应该坚持创新、协调、绿色、开放、共享的新发展理念，在产业主体壮大、农业品牌培育、产业层级提升、农业科技创新、南繁融合发展等方面久久为功，按照品种培优、品质提升、品牌打造的要求，构建具有自身特点的产业体系。

海南自由贸易港是世界上唯一包含农业、农村和农民的自由贸易港，正处于起步阶段，可供借鉴的政策措施还比较少，案例的典型性参考性还不够，加之编者水平有限，该书还存在不够完善的地方，恳请广大读者批评指正，提出修改意见，今后我们将适时修订完善。

海南省农业农村厅

2023年3月

目　录

第一章　现代种业 ……1

第一节　南繁育制种产业 ……1

第二节　水产苗种业 ……21

第三节　地方特色畜禽种业 ……38

第四节　种业贸易 ……46

第二章　种养业 ……57

第一节　热带作物产业 ……57

第二节　热带水果产业 ……90

第三节　蔬菜产业 ……97

第四节　地方特色畜禽产业 ……105

第五节　现代渔业产业 ……119

第六节　热带花卉苗木产业 ……143

第三章　加工业 ……153

第一节　本地农产品加工 ……153

第二节　进口原料加工 ……200

第四章　休闲农(渔)业 ……214

第一节　休闲渔业 ……214

第二节　共享农庄 ……229

第五章　农业服务业 ……241

第一节　农业社会化服务 ……241

第二节　农业科技服务 ……252

附录1 ······265
附录2 ······267
附录3 ······278
附录4 ······282
附录5 ······289
后　记 ······291

第一章　现代种业

第一节　南繁育制种产业

南繁育制种产业是指将水稻、玉米、棉花等育制种材料在南繁基地进行繁殖和选育而形成的产业，主要包括育种和制种两类。

一、产业发展现状分析

（一）产业发展

海南南繁始于20世纪50年代，已有60余年的历史，全国育成的农作物新品种中70%以上都经过南繁。南繁产业不断由加代选育向科研育种、制种繁种和生物育种研究等多链条转变，南繁领域也由农作物延伸至水产、畜牧、林业等多领域。每年9月至次年5月，全国近30个省区市800余家科研单位、种子机构及企业的种业人员到三亚、陵水、乐东等市（县）开展南繁育制种工作。

三亚南繁科技城正逐步成为集科技创新、人才聚集、产业发展和成果转化于一体的种业科技高地；南繁种业科技众创中心已引入孵化企业48家；海南省崖州湾种子实验室、农业农村部基因编辑创新利用重点实验室（海南）、中国农科院南繁育种研究中心已正式运行；南繁种业科技众创中心、国家精准设计育种中心已建成；南繁作物表型研究设施、国家野生稻种质资源圃、种业创新中心、南繁育种科技服务中心等陆续建成；已引进中国科学院、中国农科院、中国热科院等18家科研院校，中种集团、德国科沃施（KWS）等400余家国内外种业企业。南繁的主要作物如表1–1所示。

表1-1　南繁主要作物名单

作物种类	作物名称
粮食作物	水稻、玉米、马铃薯等
油料作物	大豆、花生、向日葵等
瓜类作物	西瓜、黄瓜、南瓜、甜瓜、冬瓜、丝瓜等
蔬菜作物	番茄、辣椒、黄秋葵等
经济作物	棉花、麻等
其他作物	甘薯、木薯、姜等
林木花草	月季、睡莲、百合、朱槿、牧草、林木（紫薇等）、果树（葡萄等）、草药（牛膝、金钱草等）

（二）基地建设

1. 育种用地。划定了26.8万亩南繁科研育种保护区，并作为永久基本农田进行保护。

2. 基地条件。南繁科研育种保护区已按照国家高标准农田建设标准完成改造，能够满足科研育种需求。已建成配套设施21.98万平方米，其中住宿及附属设施8.8万平方米，达到租售条件，使南繁科研人员生产生活条件有了明显改善。

3. 生物安全。为加强生物安全防控，制定了《海南省转基因生物实验和加工规范管理指南（试行）》《国家南繁生物育种专区试验监管办法（试行）》《国家南繁生物育种专区服务指南（试行）》等政策法规文件，有序推进生物育种产业发展。南繁基地已建立植物检疫全国联巡联检制度，统筹各省力量共同开展植物检疫工作。已建成5000亩生物育种专区，30多家获批进行转基因试验的科研单位和企业在专区开展田间试验。

4.管理服务。制定南繁服务清单，规范南繁科研育种用地、生物育种专区进驻、南繁登记、植物检疫等服务事项程序。南繁公共实验服务和执法管理基础设施可用于育种单位开展种子纯度鉴定、DNA提取等公共科研服务，创新种业CRO（合同研究组织）机制，助推高质量打造“南繁硅谷”。

二、产业发展有利条件

（一）区位优势

海南是我国南繁育种最理想的区域，有不可替代的稀缺性资源，素有“天然大温室”“热带动植物天然基因库”的美称。三亚、陵水及乐东一带，长夏无冬，年平均气温22.5—25.6℃，全年有效积温达8500—9300℃，雨量充沛，能够满足多数作物加代繁殖条件，可缩短育种时间1/3—1/2。海南地处“海上丝绸之路”重要节点、东南亚和中国大陆两个最活跃市场交汇点，是我国面向太平洋和印度洋的重要对外开放门户，在自由贸易港和《区域全面经济伙伴关系协定》（RCEP）政策叠加下，势必将吸引全球资本、技术、人才等生产要素跨境流动，为海南种业高质量发展的科技化、国际化提供广阔空间。

（二）政策优势

《国家南繁科研育种基地（海南）建设规划（2015—2025年）》《国家南繁硅谷建设规划（2022—2030年）》《海南省农作物种子管理条例》《海南省南繁登记办法（试行）》《海南自由贸易港种子进出口生产经营许可管理办法》《海南自由贸易港投资新政三年行动方案（2021—2023年）》等系列文件的制定，为南繁育制种产业发展提供了政策和制度支撑，创造了良好的创新创业环境。

（三）产业优势

南繁已在海南冬季瓜菜、水产、科研、制种、文旅等方面具备了良好产业基础。90%以上的冬季瓜菜品种、以“汕优63”“汕优6号”为代表的水稻品种、以“金凤凰”“雪里红”为代表的西甜瓜品种等均由南繁选育；海南罗非鱼苗占全国罗非鱼供苗量的四分之一，位居全国第二；石斑鱼和金鲳鱼“早繁”苗在全国市场的占有率均超过85%；东风螺种苗全国市场占有率超过95%。目前，海南种业处于国内科技前沿，每年承担国内水稻等作物30%的制种工作，培育了三亚、乐东、陵水等国家级制种大县。南繁产业还延伸至旅游会展业，南繁博物馆、三亚海棠湾水稻国家公园等各类南繁相关文化旅游产品应运而生，丰富了海南文旅资源。

三、产业发展利好分析

（一）个人所得税

见附录1　个人所得税

（二）企业所得税

见附录1　企业所得税

（三）“零关税”

见附录1　“零关税”

（四）扶持措施

1. 激励措施

（1）种业提升奖励

见附录2　种业提升奖励

（2）知识产权服务机构服务奖励

依据《三亚崖州湾科技城产业发展优惠政策（试行）》《三亚崖州湾科技城产业发展优惠政策实施细则（试行）》，有效期至2025年12月30日。

满足条件

工商注册地、税务征管关系及统计关系在三亚崖州湾科技城。

无违规不良记录。

满足在连续12个月内（可跨财政年度）代理三亚崖州湾科技城注册企业发明专利申请量达50件（含）以上。

承诺5年内不搬离三亚崖州湾科技城、注册地址不迁出三亚崖州湾科技城、不改变纳税义务、不减少注册资本。

奖励标准

对满足连续12个月内（可跨财政年度）代理三亚崖州湾科技城企业发明专利申请量达到50件（含）以上、200件以下的，给予知识产权服务机构或其分支机构20万元一次性奖励，对满足在连续12个月内（可跨财政年度）代理三亚崖州湾科技城企业发明专利申请量达到200件（含）以上的，给予50万元一次性奖励（若有机构连续两年申请该项奖励，连续的月份不得重复）。

（3）首台（套）重大技术装备扶持奖励

依据《三亚崖州湾科技城产业发展优惠政策（试行）》《三亚崖州湾科技

城产业发展优惠政策实施细则（试行）》，有效期至2025年12月30日。

满足条件

工商注册地、税务征管关系及统计关系在三亚崖州湾科技城。

具备健全的财务制度、实行独立核算。

无违规不良记录。

申报单位已实现首台（套）重大技术装备的制造和销售，且满足以下条件。

①首台（套）重大技术装备产品是指采购方首次使用的前三台（套）装备产品或者为同品种、同技术规格参数、同批签订合同、同批生产的首批次装备产品。

②首台（套）重大技术装备产品需符合国家《首台（套）重大技术装备推广应用指导目录》首台（套）产品规定。

③企业首次生产的成套装备、单台（套）产品或关键部件，获得装备的知识产权和自主品牌。

④首台（套）单个部件不低于100万元，单机价值不低于300万元，成套设备价值每套不低于500万元。

⑤须通过省级及以上质量技术监督部门资质认定的实验室和检验机构的检测；属于国家有特殊行业管理要求的产品，须具有相关行业主管部门批准颁发的产品生产许可证；属于国家实施强制性产品认证的产品，须通过强制性产品认证。

⑥采购方定制设备，不属于首台（套）扶持范围。

承诺5年内不搬离三亚崖州湾科技城、注册地址不迁出三亚崖州湾科技城、不改变纳税义务、不减少注册资本。

奖励标准

对满足认定条件的企业，采用后补助形式，对制造并销售首台（套）重大技术装备的企业，按销售价格的30%给予奖励。关键零部件补贴金额最高不超过100万元；单机补贴金额最高不超过300万元；成套设备关键部件且拥有自主知识产权的，补贴金额最高不超过1000万元。按首台（套）销售合同收款节奏进行分批补贴或首台（套）销售合同执行完毕后给予一次性补贴。

（4）科学仪器服务平台使用补贴

依据《三亚崖州湾科技城产业发展优惠政策（试行）》《三亚崖州湾科技

城产业发展优惠政策实施细则（试行）》，有效期至2025年12月30日。

满足条件

工商注册地、税务征管关系及统计关系在三亚崖州湾科技城。

无违规不良记录。

申报所凭费用支出税票开具方须为三亚崖州湾科技城认定的大型研究类科学仪器服务平台。

承诺5年内不搬离三亚崖州湾科技城、注册地址不迁出三亚崖州湾科技城、不改变纳税义务、不减少注册资本。

奖励标准

对满足认定条件的主体使用大型研究类科学仪器服务平台发生的费用，按每年实际发生额的25%给予补贴，每家每年最高不超过50万元。

（5）种业农科设施建设补贴

依据《三亚崖州湾科技城产业发展优惠政策（试行）》《三亚崖州湾科技城产业发展优惠政策实施细则（试行）》，有效期至2025年12月30日。

满足条件

工商注册地、税务征管关系及统计关系在三亚崖州湾科技城。

具备健全的财务制度、实行独立核算。

无违规不良记录。

满足国家《农作物种子生产经营许可管理办法》规定、持有农业农村部核发的“从事农作物种子进出口业务”农作物种子生产经营许可证。

上一年度营业收入达1000万元（含）以上。

在科技城范围内建设种子选育生产经营一体化、种子进出口贸易相关的基础设施、检验仪器、加工设备。

承诺5年内不搬离三亚崖州湾科技城、注册地址不迁出三亚崖州湾科技城、不改变纳税义务、不减少注册资本。

奖励标准

对满足认定条件的种业企业，以“以奖代补”方式进行扶持，项目通过验收经评定后，按项目投资额45%给予一次性补助，各级财政补助可叠加，单个项目财政补助比例最高不超过75%（即企业自筹资金不低于25%），单家企业补助金额最高不超过300万元。

（6）种业农科设施使用补贴

依据《三亚崖州湾科技城产业发展优惠政策（试行）》《三亚崖州湾科技城产业发展优惠政策实施细则（试行）》，有效期至2025年12月30日。

满足条件

工商注册地、税务征管关系及统计关系在三亚崖州湾科技城。

无违规不良记录。

申报所凭费用支出税票开具方须为三亚崖州湾科技城注册的种业农科设施经营主体。

承诺5年内不搬离三亚崖州湾科技城、注册地址不迁出三亚崖州湾科技城、不改变纳税义务、不减少注册资本。

奖励标准

对满足认定条件的企业，使用三亚崖州湾科技城种业农科设施的费用，按实际发生额的25%给予补贴，每家每年最高不超过50万元。

（7）重大会议会展项目补贴

依据《三亚崖州湾科技城产业发展优惠政策（试行）》《三亚崖州湾科技城产业发展优惠政策实施细则（试行）》，有效期至2025年12月30日。

满足条件

主办（承办）的国际级会议须满足以下条件：由国际组织、行业协会、顶级期刊等举办且参会人员有行业领袖或国际学术权威如诺贝尔奖获得者等，参会人数100人以上，注册国际代表不少于参会人数的20%，实际会期3个“半天”或在崖州区住宿1天以上。

主办（承办）的国家级学术技术交流会议须满足以下条件：由国家级政府部门、学会、协会等组织机构主办，参会人数300人以上、实际会期3个“半天”或在崖州区住宿1天以上。

主办（承办）的省级、市级学术技术交流会议须满足以下条件：由省级、市级政府部门、学会、协会等组织机构主办，参会人数中行业专家人数比例不低于50%。

奖励标准

对满足认定条件的国际级、国家级、省级、市级学术技术交流会议，以项目在住宿、会议用餐、会议场地租赁费方面实际投入费用的50%，分别给予国际级、国家级、省级、市级学术技术会议（论坛）主办（承办）单位最高不超过250万元、150万元、50万元、20万元的一次性补贴。

2. 奖补措施

根据《三亚崖州湾科技城产业发展优惠政策（试行）》《三亚崖州湾科技城产业发展优惠政策实施细则（试行）》《三亚崖州湾科技城高新技术企业扶持办法》等，有以下措施。

（1）国际科研合作奖补

满足条件

工商注册地、税务征管关系及统计关系在三亚崖州湾科技城。

无违规不良记录。

与境外研究机构合作研发且成果在三亚崖州湾科技城落地。

承诺5年内不搬离三亚崖州湾科技城、注册地址不迁出三亚崖州湾科技城、不改变纳税义务、不减少注册资本。

奖励标准

对满足认定条件的企业和科研机构与境外研究机构合作研发，按照项目实际合同费用的10%给予补贴，每家每年最高不超过100万元。

（2）高新技术企业研发奖补

满足条件

工商注册地、税务征管关系及统计关系在三亚崖州湾科技城范围内，在科技城范围内拥有固定办公场所、从事高新技术产业的企业。

企业核心团队中至少有两人全职在科技城工作。

通过自主研发、受让、受赠、并购等方式，对其主要产品（服务）的核心技术（属于《国家重点支持的高新技术领域》国科发火〔2016〕32号规定的范围）拥有自主知识产权。

企业从事研发和相关技术创新活动的科技人员占企业当年职工总数的比例不低于10%；上一年度高新技术产品（服务）收入占企业同期总收入的比例不低于60%；上一个会计年度的研发费用支出总额比例不低于当年销售收入总额的3%。

企业诚信记录良好，无不良征信记录。

奖补标准

未取得国家高新技术企业认定的企业，凭申报材料申请扶持资金。当年培育扶持金额为上一年研发费用支出的30%，最高不超过10万元，扶持期三年。三年后仍未通过国家高新技术企业认定的，不再给予研发支持。

（3）科研平台研发设备采购奖补

满足条件

工商注册地、税务征管关系及统计关系在三亚崖州湾科技城。

无违规不良记录。

在三亚崖州湾科技城设有国家级或者省级重点实验室、工程研究中心、工程技术研究中心、企业技术中心。

承诺5年内不搬离三亚崖州湾科技城、注册地址不迁出三亚崖州湾科技城、不改变纳税义务、不减少注册资本。

奖补标准

对满足认定条件的主体，国家级平台按科研平台研发设备投入（已有设备投入除外）的40%给予一次性补贴（含种业直接相关进口设备费用），企业履行设施设备购置或委托建设合同约定的支付条款后，凭注册日期之后开具的研发设备支出税票，可享受最高不超过500万元的补贴（企业申请补贴的节奏与设施设备购置或委托建设合同约定的支付节奏保持一致）。

省级平台按科研平台研发设备投入（已有设备投入除外）的30%给予一次性补贴（含种业直接相关进口设备费用），以注册日起研发设备支出税票为准，最高不超过200万元。

（4）购买科研成果转化奖补

满足条件

工商注册地、税务征管关系及统计关系在三亚崖州湾科技城。

具备健全的财务制度、实行独立核算。

无违规不良记录。

将购买知识产权的科研成果在三亚崖州湾科技城落地并实施转化和产业化。

承诺5年内不搬离三亚崖州湾科技城、注册地址不迁出三亚崖州湾科技城、不改变纳税义务、不减少注册资本。

奖补标准

对满足认定条件的主体购买科研成果并在三亚崖州湾科技城注册落地并实现转化的项目，按上年度技术合同中实际发生技术交易额的10%给予补助，单个合同补贴不超过20万元，单个企业补助最高不超过50万元。

（5）创新创业大赛获奖奖补

满足条件

工商注册地、税务征管关系及统计关系在三亚崖州湾科技城，具备健全的财务制度、实行独立核算。

无违规不良记录。

在“科创杯”等三亚崖州湾科技城管理局认可的国家级创新创业大赛中获得一等奖、二等奖、三等奖。

承诺5年内不搬离三亚崖州湾科技城、注册地址不迁出三亚崖州湾科技城、不改变纳税义务、不减少注册资本。

奖补标准

对满足认定条件的企业在创新创业大赛获一、二、三等奖的，分别给予300万元、200万元、100万元一次性奖励。

（6）科研创新团队项目资助

满足条件

满足《海南省引才奖励实施办法（试行）》规定的团队全职引进奖励标准，并经海南省人民政府认定。

科技创新团队须在三亚崖州湾科技城注册成立企业，并承诺5年内不搬离三亚崖州湾科技城、不将注册及办公地址迁出、不减少注册资本及实缴资本。

核心团队入驻三亚崖州湾科技城，企业拥有固定办公场所或与科技城管理局认可的租赁单位签订物业租赁协议，核心团队须承诺引进后在其固定办公场所连续工作5年（含）以上，其中，企业负责人须全职在科技城工作，核心团队成员中至少2人全职在科技城工作。

项目资金投入不低于1000万元。

团队经评审入选后，不得随意减少或变更团队成员，不得任意调整投入项目经费、研究方向。

奖补标准

对满足认定条件的入驻三亚崖州湾科技城的科技创新团队，采用后补助形式，在享受《海南省引才奖励实施办法（试行）》奖励的同时，给予1：1配套奖励，给予不超过2000平方米为期三年的免租场地或者每平方米800元自购用房一次性补贴。

3. 地方扶持措施

根据《三亚崖州湾科技城产业发展优惠政策（试行）》《三亚崖州湾科技城产业发展优惠政策实施细则（试行）》《三亚崖州湾科技城促进中小微企业发展扶持办法》《三亚崖州湾科技城办公场所租赁补贴办法》《三亚崖州湾科技城引进人才奖励办法（2022年修订）》等，有以下措施：

（1）中小微企业扶持措施

满足条件

自《三亚崖州湾科技城促进中小微企业发展扶持办法》（以下称《办法》）正式发布之日后迁入或在三亚崖州湾科技城范围内完成工商注册、财务制度健全、独立核算的中小微企业。

企业负责人须全职在科技城工作，除企业负责人外核心团队中至少1人全职在科技城工作。

符合海南自由贸易港鼓励类产业目录的要求，且企业上一自然年度在科技城范围内的主营业务收入在2000万元以下。

①生产经营场地租金奖补标准

对在崖州湾科技城范围内租用场地并实际开展生产经营活动的企业，根据企业享受三亚市人才租赁补贴/购房补贴/在三亚市自有住房的员工数目，按照3600元/（人·年）的补贴金额标准对企业进行补贴，并连续发放3年。每年的补贴时限为本年租期起始日至次年3月31日前（按年度进行申请，对于核算时上一自然年度租赁时间不满一年的，按照实际租赁的时间来进行租金补贴）。

②经营贷款贴息奖补标准

自《办法》发布之日起，对中小微企业取得的商业银行贷款，按所约定的贷款利息予以50%的贴息补助。其中，单笔贷款贴息时间不超过3年，每家企业每年可申请一次贷款贴息，每家企业贴息金额每年累计不超过10万元。

③中小微企业成长奖补标准

对在科技城范围内注册或迁入科技城范围内后第四个会计年度结束之前单个年度主营业务收入超过（含）2000万元的企业，给予一次性奖励50万元。

④共享科研设备奖补标准

对中小微企业自行购买且接入科技城大型仪器共享平台系统（建设中）的科研设备，共享时间在全年使用时间比重不低于20%的，在设备折旧期内，前3年按每年折旧额的20%予以补贴，每家中小微企业申请补贴金额每年累计不超过10万元。

（2）办公场所租赁补贴扶持措施

满足条件

企业工商注册地、税务征管关系及统计关系在三亚崖州湾科技城范围内，具有独立法人资格，在科技城范围内拥有固定办公场所。

企业负责人须全职在科技城工作，除企业负责人外核心团队中至少2人全职在科技城工作。

符合海南自由贸易港鼓励类产业目录的要求。

已通过其他方式享受过类似办公场所补贴政策的不得重复申请享受本办法规定的优惠政策。

扶持标准

对在崖州湾科技城范围内租用场地并实际开展生产经营活动的企业，根据企业享受三亚市人才租赁补贴/购房补贴/在三亚市自有住房的员工数目，按照3600元/（人·年）的补贴金额标准对企业进行补贴，补贴采取后发放模式（通过对上一自然年度已交付发生的租赁费用进行补贴），并连续发放3年。每年的补贴时限为本年4月1日至次年3月31日前（按年度进行申请，对于核算时上一自然年度租赁时间不满一年的，按照实际租赁时间占全年比例折算）。

企业根据入园协议或政策在自然年度合计申请的总补贴（包括各类奖励及扶持）金额不超过该补贴（包括各类奖励及扶持）自然年度内企业对（市级）财政贡献的净留存。

（3）人才激励措施

①引进奖励

所称引进人才，指2019年2月1日之后新引进至科技城用人单位从事相关工作且符合《三亚崖州湾科技城引进人才分类标准》划分的A、B、C、D、E、F类人才。

满足条件

引进人才应与科技城用人单位签订1年及以上有效劳动（聘用）合同，实际在科技城范围内全职工作并依法依规在科技城用人单位缴纳社会保险（包括养老、医疗等险种）。

A类、B类人才年龄原则上不超过70周岁，C类人才年龄不超过60周岁，D类人才原则上不超过50周岁，E类、F类人才原则上不超过45周岁。

遵纪守法，诚实守信，近5年未受到过党纪政纪处分。

无不良学术诚信记录，未被列为失信被执行人，无刑事处罚记录或涉嫌犯罪正在接受司法调查尚未做出明确结论的情形。

奖励标准

A类人才400万元/人；B类人才320万元/人；C类人才240万元/人；D类人才160万元/人；E类人才40万元/人；F类人才20万元/人。奖励均按照5年服务期分5次等额发放，服务期每满12个月并经考核合格后发放一次。

②落户奖励

对于2020年6月1日后引进至科技城的人才，其在科技城落户、在科技城企事业单位就业（在劳动合同期限内）且在科技城参加社会保险的，按照专科生或初级职称人员6000元/人、本科生或中级职称人员9000元/人、硕士研究生或副高级职称人员12000元/人、博士研究生或正高级职称人员15000元/人的标准给予落户奖励。

③职称奖励

鼓励人才提升工作能力，积极参评专业技术职称。引进至科技城的人才持有或获得相关专业技术职称的，按照副高级职称1500元/人、正高级职称2000元/人的标准给予人才一次性专业技术职称提升奖励。

④实习补贴

鼓励科技城辖区内重点企事业单位建立高校大学生实习基地，吸引储备人才。用人单位引进实习生并签署实习协议的，按照在读专科学生800元/（月·人），在读本科生1000元/（月·人）、在读硕士研究生1500元/（月·人）、在读博士研究生2000元/（月·人）的标准向用人单位发放实习补贴，每个实习生补贴累计不超过6个月。

⑤住房补贴

依据《吸引留住高校毕业生建设海南自由贸易港的若干政策措施》，2018年5月13日后新引进的全日制50岁以下博士毕业生、40岁以下硕士毕业生、35岁以下本科毕业生可凭在我省就业创业的相关证明材料申请住房租赁补贴或购房补贴。住房租赁补贴累计发放不超过36个月，每季度集中受理和发放一次，具体标准为：博士3000元/月；硕士2000元/月；本科1500元/月。购房补贴累计发放不超过3年，每年集中受理和发放一次，具体标准为：博士3.6万元/年；硕士2.4万元/年；本科1.8万元/年。已领取购房补贴的，不再发放住房租赁补贴。领取购房补贴前，已领取住房租赁补贴的，应扣除已领取的住房租赁补贴。

⑥子女教育扶持

科技城将持续增加基础教育服务投入，提高科技城教育配套水平，为科技城人才子女提供优质教育资源。

四、产业发展策略

（一）动植物优良品种保种、选育、繁育和开发

依托崖州湾南繁科技城、全球动植物种质资源引进中转基地等平台，加快收集、保存、鉴定、评价、交换和共享海南本地及引进的珍稀、濒危和特有资源与特色地方品种；通过互惠互利合作方式，安全、有序、高效地推进国内外动植物种质资源的保存与交流；开展原创性的育种基础和应用研究，培育具有自主知识产权的优良品系或品种；创建与发展育繁推一体化企业，加强良种繁育基地的建设与监管；鼓励企业牵头，推动新品种的示范推广和产业化应用。

（二）动植物遗传工程建设

借助海南热带动植物“天然基因库”的区位优势，充分利用全球热带农业中心、海南省崖州湾种子实验室、全球动植物种质资源引进中转基地建设的政策机遇，广泛引进和培育热带、亚热带动植物资源，建设动植物遗传工程。

（三）种业生物技术的推广应用

海南拥有一支高素质、专业化、年轻化的种业生物技术人才队伍，在分子标记辅助选择、转基因、基因编辑等技术领域具有较强的研发能力和实践经验。企业通过与科研院所的合作，利用现代种业生物技术手段，培育适应不同生态区域、抗逆性强、产量高、品质优的新品种。例如，依托崖州湾种子实验室等平台，开展水稻、玉米、大豆等主要农作物的分子设计育种和基因组编辑技术研究。

（四）种子（种苗）生产开发

充分利用海南全年适宜动植物生长和繁育的独特气候环境，建立现代化的动植物种子（种苗）高标准繁育基地；利用海南自由贸易港"零关税"、"低税率"、产业奖补等优惠政策，企业及科技资本依托南繁基地可享受农工劳务、机耕设备、生活服务等一体化育种服务以及种子纯度鉴定、DNA提取、分子标记、品种测试等公共科研服务，积极参与动植物种子（种苗）的生产研发。

五、案例分析

（一）企业简介

以国内某知名种业公司在海南成立分公司为例。该公司注册资本为8000万元，在海南三亚崖州湾科技城成立，以创建国际一流的农业生物芯片研发平台为目标，营业范围聚焦玉米、大豆等主要农作物精准生物育种及植物合成生物学产品研发。

（二）投资优势

1. 个人所得税：若年度工资薪金的税前收入为100万元，那么按照我国现行的《中华人民共和国个人所得税法》来计算，扣除年度费用、"五险一金"、专项附加等税法允许的项目，全年应纳税所得额为80万元，全年应纳税款约为19.4万元，如果按照海南自由贸易港个人所得税优惠政策来计算，那么全年的应纳税额就是80万元×15%=12万元，实际税负超过15%的部分，19.4万元−12万元=7.4万元，免征7.4万元。

2. 企业所得税：基于对以育制种为主营业务的公司调研，若公司年营业利润约为25亿元，受益于市场需求不断扩大、生产技术持续升级等因素影响，生产基地年营业收入可以10%的增长率实现稳步增长，具体数据见表1−2。

表1-2　某种业公司所得税对比

（单位：亿元）

营业时间	第一年	第二年	第三年	第四年	第五年	累计缴纳
营业收入	25.00	27.50	30.25	33.28	36.60	—
营业成本	18.75	20.63	22.69	24.96	27.45	—
内地公司企业所得税	1.56	1.72	1.89	2.08	2.29	9.54
海南公司企业所得税	0.94	1.03	1.13	1.25	1.37	5.72

备注：内地公司企业所得税税率为25%，海南公司企业所得税税率为15%。

综上分析，以种业公司经营发展5年为基数，若该种业公司未获得“育繁推”一体化认证，相较内地设厂，在海南自由贸易港设立分公司可累计节省企业所得税约3.82亿元。

3.“零关税”：若公司已经具备了自用生产设备“零关税”政策享惠资格，作为“零关税”清单商品可享受优先通关、优先出证、优先处置等便捷服务，极大地提高了进口效率。若采购进口设备如一套高效液相色谱仪（德国原产）货值36万元人民币，在本政策下可享受免征税款4.68万元人民币。

（三）奖补措施分析

依据现有的南繁育制种业主要奖补措施，预计可获得各类奖补如表1-3所示。

表1-3　主要奖补措施分析

类　别	最高金额（万元）
制造或销售首台（套）重大技术装备	1000
科学仪器服务平台使用	50
种业农科设施建设	300
种业农科设施使用	50
育制种重大会议会展	250
国际科研合作	100
高新技术企业	10

续表

类　别	最高金额（万元）
科研平台研发设备采购	500
引进人才奖励	400
海南省现代种业提升工程项目	500

六、操作指南

（一）落户指南

针对南繁育制种企业落户海南自由贸易港主要涉及公司注册、项目投建、人才认定事项等流程，具体如下。

1. 登记注册

见附录3　登记注册

2. 人才认定

见附录3　人才认定

（二）兑现指南

1. 个人所得税

见附录4　个人所得税申报

2. 企业所得税

见附录4　企业所得税申报

3. 零关税

见附录4　“零关税”申报

4. 奖补措施

针对不同的南繁育制种相关扶持政策，如“种业提升工程项目奖补”“知识产权服务机构扶持”等，应按照当年的申报指南要求，通过海南省农业农村厅、海南省财政厅、三亚崖州湾科技城管理局、海南省南繁管理局等相关部门提交相应材料。

（1）种业提升奖励

见附录4　种业提升奖励工作程序

（2）农机购置补贴

见附录4　农机购置补贴工作程序

(3) 规上奖补

见附录4 规上奖补工作程序

（三）落地指南

针对南繁育制种企业落户海南自由贸易港开展种子选育、品种审定、种子鉴定、种子生产等全产业链业务，各事项按照相应的技术标准、流程内容、责任部门提交材料。

品种审定

申请主体：申请品种审定的单位、个人（以下简称申请者）。申报作物类型：稻、小麦、玉米、棉花、大豆。

申请审定的品种须满足的条件

人工选育或发现并经过改良。

与现有品种（已审定通过或本级品种审定委员会已受理的其他品种）有明显区别。

形态特征和生物学特性一致。

遗传性状稳定。

具有符合《农业植物品种命名规定》的名称。

已完成同一生态类型区2个生产周期以上、多点的品种比较试验。其中，申请国家级品种审定的，稻、小麦、玉米品种比较试验每年不少于20个点，棉花、大豆品种比较试验每年不少于10个点，或具备省级品种审定试验结果报告；申请省级品种审定的，品种比较试验每年不少于5个点。

申报材料

申请表。包括作物种类和品种名称，申请者名称、地址、邮政编码、联系人、电话号码、传真、国籍，品种选育的单位或者个人（以下简称育种者）等内容。

品种选育报告。包括亲本组合以及杂交种的亲本血缘关系、选育方法、世代和特性描述；品种（含杂交种亲本）特征特性描述、标准图片，建议的试验区域和栽培要点；品种主要缺陷及应当注意的问题。

品种比较试验报告。包括试验品种、承担单位、抗性表现、品质、产量结果及各试验点数据、汇总结果等。

品种和申请材料真实性承诺书。

七、企业分布

国内部分相关种业企业分布如表1-4所示。

表1-4 国内种业企业分布情况

企业名称	企业简介	所在地
中国种子集团有限公司	1978年经国务院批准在原农林部种子局基础上成立的我国第一家种子企业，现已成为集科研、生产、加工、营销、技术服务于一体的产业链完整的大型种业集团，是国家八部委联合认定的农业产业化龙头企业。集团拥有近65万亩（含参控股企业）稳定的种子生产基地，形成东北基地、西北基地、西南基地、黄淮基地、长江中下游基地和华南基地的整体布局，构建了15个大型种子加工中心，生产加工能力不断提升。建立了23家省级营销服务机构，营销网络覆盖全国各主要农业区域，并与各级农业技术推广服务部门合作，为农户提供深入基层的全程服务。	海南
袁隆平农业高科技股份有限公司	1999年成立，2000年上市，是国内规模最大的“育繁推一体化”种业企业，主要作物种子年推广面积9000万亩，增产粮食超50亿公斤，帮助农户年增收超120亿元。2021年公司实现营业收入35.03亿元，综合实力稳居国内第一，位列全球种业企业前十强。公司拥有一流的研发团队，研发人员480余人，拥有一大批优秀的水稻、玉米、生物技术专家。构建了国内领先的商业化育种体系和测试体系，组建了国际先进的生物技术平台，并积极在海外目标市场拓展研发布局，超过国内同行水平。	湖南
山东登海种业股份有限公司	农业高科技创新型上市公司，注册资本8.8亿元，拥有25个全资和控股子公司、6个分公司。目前李登海带领科研创新团队选育的玉米高产品种累计推广种植面积超过13亿亩，创造社会经济效益1300多亿元，在促进我国杂交玉米科技进步与农业丰产、农民增收，以及确保国家粮食安全方面取得了巨大的成就。目前，公司已建立了以企业为主体、市场为导向、产学研结合的创新体系，在我国积极推广玉米精量单粒播种，完善营销网络体系，高产玉米种子的市场占有率逐年提高。自主创新能力得到全面提高。	山东

续表

企业名称	企业简介	所在地
安徽荃银高科种业股份有限公司	是一家“以种业为核心，农业服务为延伸，探索和创新农业多元化发展”的现代高科技种业上市公司，公司注册资金6.77亿元，牵头组建的“6+1”国家水稻商业化分子育种技术创新联盟获国家标杆联盟认定；首创“现代青年农场主培养”模式并在全国推广，探索“荃银+产业合作伙伴+金融战略伙伴”发展模式，国内外同步发展，是首批中国农业对外合作百强企业、拥有商务部农业技术援外项目实施资质的两家农业企业之一，出口覆盖20多个国家和地区，在非洲地区国家开垦建设水稻、玉米农场10万余亩，成为世界银行非洲扶贫项目种子供应商。	安徽
中农发种业集团股份有限公司	成立于1999年，是全国“育繁推一体化”种子企业，是中国农发集团发展现代种业的核心平台。公司目前已形成一系列各具特色的优势产品群，如扬麦系列享有“南方麦王”美誉，泛麦8号、泛麦5号小麦品种既是黄淮海主导品种，又是酒用小麦优质原料。“地神”“禾盛”“天泰”等多个商标是中国驰名商标或省级著名商标，拥有遍布全国的多级营销服务网络。公司发挥品种、基地、组织、设备等综合优势，围绕技术构建以品种为核心的全产业链服务模式。通过产融结合，整合并培育区域龙头企业。	北京
北大荒垦丰种业股份有限公司	集研发、生产、加工、销售、服务和进出口业务于一体，是一家具有完整产业链、多作物经营的现代国有控股种业公司。垦丰种业注册资本47320.70万元，“垦丰”商标被认定为中国驰名商标。公司正在打造“以商业化育种为核心的研发创新体系”“以全程质量控制为核心的生产加工体系”“以全方位终端服务为核心的市场营销体系”和“支持与服务型总部”的“3+1”体系。	黑龙江
江苏省大华种业集团有限公司	成立于1993年，隶属于江苏农垦，是集农作物种子研发、生产、加工、包装、销售、服务于一体的国有大型现代种业集团，是国内生产经营量名列前茅的种业企业。注册资本5亿元，下辖21家分公司、6家控股子公司，常年生产销售各类农作物种子超过35万吨，营业收入保持在13亿元以上，产销量全国第一，产值全国第三。建有领先的商业化育种体系——育种研究院，设有3个研究所、1个分子育种中心、1个南繁基地和15个生态试验站，设有企业研究生工作站和一个省级小麦育种工程技术研究中心，现有育种实验基地1210亩，测试基地近1000亩。	江苏

续表

企业名称	企业简介	所在地
合肥丰乐种业股份有限公司	创始于1984年，注册资本6.14亿元。公司实行以种业和农化为主导的大农业战略，拥有完整的科研、生产、加工、销售和服务体系，是全国“育繁推一体化”种业企业、中国种业信用骨干企业、农业产业化国家重点龙头企业、高新技术企业、国家认定企业技术中心等，被农业农村部列为强优势企业和领军企业团队。近年来，公司坚定种业目标，坚持改革创新，持续深化科技创新、营销创新、管理创新，不断优化产业布局，推动科研市场化，向全产业链延伸，推进种药肥一体化，各产业蓬勃发展。	安徽
辽宁东亚种业有限公司	东亚种业成立于1993年，集研发、生产、加工、销售、服务于一体，是具有完整产业链、多作物经营的现代化大型种业集团。是国家级高新技术企业，拥有玉米生物育种国家重点实验室、东北主要作物遗传育种重点实验室。持有“富友”“东单”“美锋”“迪化”等175个商标。营销服务网络遍布全国二十五个省，全国各级参控股子公司近60家。	辽宁
甘肃省敦煌种业集团股份有限公司	公司现有注册资本5.28亿元，分公司、子公司19家，员工600余人。为农业产业化国家重点龙头企业，“敦煌飞天”商标为中国驰名商标、甘肃省著名商标。依托河西走廊优越的自然资源和良好的制种条件，建成种子加工厂（中心）5个、种子加工线17条，其中有集种子烘干、脱粒、精选、分级、包衣、包装于一体的全自动、高标准种子生产线10条，总加工能力7000万公斤。建设了6个育种试验站，建立规范化测试站和生态试验点84个，形成了覆盖国家玉米主产区“一院六站”研发格局和测试网络体系。	甘肃

第二节　水产苗种业

水产苗种业指从事繁育、增养殖（栽培）生产和科研试验、观赏的水产动植物的亲本、稚体、幼体、受精卵、孢子及其遗传育种材料的一类行业，包括水产苗种的遗传改良繁育、增养殖（栽培），水产种苗的增值繁育，水产原良种体系的建设等。

一、产业发展现状分析

海南是我国水产苗种繁育的重要地区，文昌、陵水、三亚等地是海南重要的水产苗种繁育和养殖集中区，其中“文昌椰林—冯家湾”一带被科技部批准为“国家级对虾星火产业带”，陵水是国家水产育制种重要的南繁基地。近年来，海南水产苗种业产业增长迅猛，2022年产各类水产苗包括石斑鱼、金鲳鱼、罗非鱼、南美白对虾、斑节对虾及方斑东风螺等约2122.05亿尾（粒），总产值近35.39亿元，具体数据见表1–5。

海南的淡水鱼苗主要是罗非鱼苗，产量占淡水鱼苗总量的90%以上，占全国罗非鱼供苗量的四分之一，位居全国第二，主要有吉富系列罗非鱼、奥尼罗非鱼和红罗非鱼等品种，生产集中在文昌、临高、定安、澄迈和海口等地。2022年海南产罗非鱼苗49.75亿尾，约30%供省内养殖用，其余销往广东、广西、云南、福建和江苏等地以及东南亚和非洲国家。

2022年海南产海水鱼苗11.54亿尾，主要是石斑鱼和金鲳鱼苗，石斑鱼苗年产约7.77亿尾、金鲳鱼苗年产约3.32亿尾，两种鱼“早繁”苗在全国市场的占有率均超过85%。目前已选育出虎龙杂交斑、金虎杂交斑、东星斑、老鼠斑等石斑鱼品种，集中在文昌、琼海、陵水、东方、乐东、儋州等市县生产，主要销往广东、广西、福建等地。2022年虾类约2022.08亿尾，99%以上是南美白对虾种苗，约占全国的15%，集中在文昌、琼海、东方、昌江等地，20%在岛内销售，80%销往全国各地。贝类以东风螺为主，在全国市场占有率超过95%，2022年海南产东风螺约34.61亿粒。

现有海南晨海水产有限公司、海南中正水产科技有限公司、海南海壹水产种苗有限公司、海南宝路水产科技有限公司4家国家水产种业阵型企业，有德林诚信、青利水产等海水鱼苗种繁育龙头骨干企业和400多家中小企业。

表1-5　2015—2022年海南水产苗生产情况

要素 \ 年份		2015	2016	2017	2018	2019	2020	2021	2022
产值/亿元	水产种苗	20.54	22.61	23.65	25.43	27.98	38.19	31.09	35.39
产量/亿尾（粒）	淡水鱼苗	77.95	79.18	72.07	66.21	62.3	63.86	60.38	53.82
	罗非鱼	74.98	72.9	65.72	62.73	57.3	58.96	53.57	49.75
	海水鱼苗	1.73	3.41	21.79	21.62	10.04	14.39	4.02	11.54
	虾类	587.79	961.1	1376.85	1508.1	1910.87	1931.98	2009.46	2022.08
	南美白对虾	587.79	961.1	1376.85	1505.1	1909.3	1917.48	2006.5	2009.74
	贝类	7.62	7.74	9.59	10.41	12.50	14.26	10.60	34.61
	合计	675.09	1051.43	1480.3	1606.34	1995.71	2024.49	2084.46	2122.05

数据来源：2016年至2023年《中国渔业统计年鉴》。

二、产业发展有利条件

（一）区位优势

海南岛属热带季风海洋性气候，夏无酷暑、冬无严寒，年平均气温22.5—25.6℃，雨量充沛、水质优良，水产种质资源丰富，主要经济鱼类有80多种，虾类有17种，贝类有150多种，藻类有162种；海岸线长1944.35千米，大小港湾68个，环海南本岛海域使用管理面积约20000平方千米，其中20米深以内浅海域面积约5568平方千米，拥有珊瑚礁、红树林、海草床等典型热带海洋生态系统。海南岛优越的自然环境有利于海南水产苗种的繁育增殖，是我国重要的“早繁”基地。

（二）政策优势

《海南省“十四五”推进农业农村现代化规划》指出：要在海南打造热带现代农业基地，将东部（文昌、琼海、陵水等市县）定位为水产种苗核心区。做强做优水产苗种业，围绕金鲳鱼、罗非鱼、石斑鱼、对虾和东风螺五大优势品种建设水产种质资源库、水产遗传育种中心、原良种场及水产种业繁育基地，加快建设文昌冯家湾现代渔业产业园，提升水产种苗供应能力。支持文昌市以水产种业为主导产业创建国家现代农业产业园，支持海口、昌江、东方、陵水、临高、乐东等市县培育以对虾、石斑鱼、金鲳鱼、罗非鱼、东风螺及热带观赏鱼等水产品种为主导产业的省级现代农业产业园。引进支持国内外优质水产种苗企业，建设完善以标准化良种繁育、检验检测、精深加工、仓储运输、智能服务、电子商务等为主要内容的现代化水产种苗产业链，推广生态养殖模式。

《海南省人民政府办公厅关于印发加快渔业转型升级促进海南渔业高质量发展若干措施的通知》强调：要大力发展水产种业，强化水产良种种质资源库（场）、对虾联合育种平台、水产种业育繁推一体化示范、品种测试站、繁种基地等并给予一定的财政补助。

《海南省海洋经济发展“十四五”规划（2021—2025年）》提出在三亚和陵水重点发展水产南繁种业，做强做优水产种苗业。

（三）市场优势

海南已建有近千家海水苗种场，建成国家级热带海水鱼类良种场2家和省级水产良种场26家，国家水产种业阵型企业4家，对虾产业联盟等协同创新中心3个，汇聚了崖州湾科技城、中国科学院深海科学与工程研究所、中国海洋大学三亚海洋研究院、海南省海洋与渔业科学院、海南省水产研究所、中国水产科学研究院东海水产研究所、正大集团、海大集团、渤海水产、蓝海水产、鲲诚水产等科研院所与企业，构建了水产种苗“育繁推一体化”体系；技术上突破了鞍带石斑鱼、点带石斑鱼、红友鱼（紫红笛鲷）、金鲳（卵形鲳鲹）、军曹鱼、假包公鱼（花尾胡椒鲷）等30来种海水鱼的人工繁育技术，成功培育并推广“晨海1号”、罗非鱼“倍速罗”、凡纳滨对虾新品种“渤海1号”、“广泰1号”和“海兴农2号”及“虎龙杂交斑”等水产良种。鱼类亲本、鱼卵、鱼苗、鱼种已远销全国20多个省份及多个国家。

三、产业发展利好分析

（一）个人所得税

见附录1　个人所得税

（二）企业所得税

见附录1　企业所得税

（三）“零关税”

见附录1　“零关税”

（四）扶持措施

1. 激励措施

（1）高质量发展激励

见附录2　高质量发展激励

（2）渔业高质量发展

根据《海南省人民政府办公厅关于印发加快渔业转型升级促进海南渔业高质量发展若干措施的通知》，有以下激励措施。强化水产良种种质资源库(场)、对虾联合育种平台、水产种业育繁推一体化示范、品种测试站、繁种基地等项目谋划储备，对入选现代种业提升工程符合种业强国战略的水产种业实体项目，未获得国家资金支持的，省级财政按照项目总投资的30%给予每个项目最高不超过500万元补助。对2022年1月1日后经海南省申报并通过国家新品种审定公布的，给予申报主体200万元一次性奖励。对2022年1月1日后，海南省企业评定为国家级水产原良种场的，给予200万元一次性奖励，评定为省级水产原良种场的，给予120万元一次性奖励。对海南省企业遴选评定为国家水产种业阵型企业的，给予200万元一次性奖励。对驯化繁育水族观赏品种，且水族观赏品种年度营业收入超过1000万元的海南企业，给予50万元一次性奖励。

2. 奖补措施

（1）农机购置奖补

见附录2　农机购置补贴

（2）电费奖补

根据《海南省助企纾困规上制造业企业电费补贴工作方案》《2022年度海南省规模水产养殖企业电费补贴申报指南》规定，补贴对象为2022年第三季度实际用电量超过4万千瓦时（含）以上、正常联网直报统计数据的规模以上制造业企业，且申报时未被纳入国家企业信用信息公示系统经营异常名录、信用中国网严重失信主体名单。对第三季度实际用电量为300万千瓦时（含）以上的企业，每家企业补贴10万元；对第三季度实际用电量为30万千瓦时（含）至300万千瓦时之间的企业，每家企业补贴5万元；对第三季度实际用电量为4万千瓦时（含）至30万千瓦时之间的企业，每家企业补贴1万元。其中水产种苗繁育企业应满足年度用电量超过66万千瓦时且营业总收入500

万元（含）以上，或营业总收入2000万元（含）以上。

（3）规上奖补

见附录2　规上奖补

3. 地方扶持政策

（1）三亚崖州湾科技城

根据《三亚崖州湾科技城产业发展优惠政策实施细则（修订版）》，有以下扶持政策。

①产业发展扶持政策

对在崖州湾科技城开展水产优质高效品种引育及相关企业提供奖励。对满足认定条件的主体开展新品种引进或土著品种改良项目，按实际引种费用的50%给予一次性补助，最高不超过200万元。对满足认定条件的主体开展优质高效品种育苗（允许跨年），满足室内育苗实际培育面积不少于200平方米或育苗水体体积不少于2000立方米，且苗种中间育成指标达到评审要求的，按主体实际育苗费用的50%给予一次性补助，每家企业补助最高不超过300万元。

②科技人才奖励

对于在三亚崖州湾科技城注册企业从事种业农科及科技城重点支持相关产业领域的专业人才，取得省级及以上科技类奖项，在科学领域产生较大影响，或为三亚崖州湾科技城取得显著经济效益或者社会效益、被评为崖州湾科技城菁英人才的，给予每人5万元奖励。

（2）文昌冯家湾现代化渔业产业园

①水产苗种繁育和成果转化企业可享受的扶持措施

根据《文昌市支持科技创新企业的若干措施》，有以下扶持措施。

企业技术创新研发投入奖励。落实国家支持企业技术创新的研发费用加计扣除、高新技术企业所得税优惠等政策。对按规定可享受研发费用加计扣除所得税优惠政策的企业，对企业研发经费增量给予奖励，每年额度为企业年度研发经费增量的10%，规模以上高新技术企业最高奖励不超过50万元人民币，其他高新技术企业最高奖励不超过30万元人民币，非高新技术企业最高奖励不超过10万元人民币；研发经费以企业所得税纳税申报表中“可加计扣除研发费”为准。

新增高新技术企业奖励。对首次通过高新技术企业认定的企业给予奖励20万元。对重新认定为高新技术企业的企业给予奖励10万元。

引进高新技术企业奖励。对有效期内整体迁入文昌市的高新技术企业，按企业完成迁入注册后12个月的固定资产投资、研发投入等给予奖励，额度为企业完成固定资产投资的5%或研发投入10%，最高不超过30万元。

②渔业产业园落地扶持措施

根据文昌市人民政府印发的《冯家湾现代化渔业产业园招商引资优惠奖励政策》，冯家湾现代渔业产业园重点鼓励海水养殖（育种、育苗和工厂化循化水养殖）企业落户产业园，有以下扶持政策。

土地供应扶持。在土地供应方面可根据类别采取先租后让、弹性年期等差别化供地方式，保障项目建设用地需求的同时降低土地使用成本。企业用于产业发展300亩以上用地（建设用地不超过100亩）的项目，由市政府根据园区渔业产业融合发展需要，按照“一企一策”的议事规则对建设方案等具体情况进行研究确定。

前期工作扶持。对入园用地的企业（机构）项目前期工作经费（项目可行性报告、环境影响评价报告、节能评估报告、安全评估报告、勘察、设计和相关论证等费用）给予一次性补贴，按合同约定时间内完成项目建设并投产的，按项目建安费1%进行补助，同一项目如有不同性质用地可叠加补助，最高不超过100万元。

投资扶持。扶持完成项目建设并达到投产条件的海水养殖项目，固定资产投资强度达到250万元/亩以上的，按照实际固定资产投资额的1%给予奖励，最高不超过300万元。对第一家拿地并于2022年上半年前投产的企业，给予一次性奖励50万元。

运营扶持。自注册或迁入的企业按上一年度产值给予奖励，连续奖励5年，产值大于等于200万元且小于等于500万元的奖励5万元/年，产值大于500万元且小于等于2000万元的奖励8万元/年，产值大于2000万元且小于等于5000万元的奖励10万元/年，产值大于5000万元且小于等于1亿元的奖励15万元/年，产值大于1亿元的奖励20万元/年。注册或迁入的协会或社会公益组织按上一年度投入经费并实际开展社会活动的给予一次性奖励，获得经费大于等于50万元且小于等于200万元的奖励3万元，当年获得经费大于200万元的奖励5万元。

一个会计年度内，对一般水产品贸易类企业（总部企业除外），年营业收入累计1亿元以上的，按其年营业收入的2%给予奖励，最高不超过500万元。对年营业收入达1亿元以上且年营收额增速超过10%的，每新增1000万元，奖励2万元；年营收额增速超过20%的，每新增1000万元，奖励3万元；年营收额增速超过30%的，每新增1000万元，奖励5万元。

金融扶持。支持海水养殖企业贴息借款，参照人民银行同期贷款基准利率给予30%一次性贴息补助，单一企业贴息最高不超过100万元。

招商扶持。通过企业招商方式成功引进海水养殖产业项目，在享受市级政策的基础上，对负责招商的企业，按项目完成固定资产投资2000万—5000万元的奖励10万元，项目完成固定资产投资0.5亿—1亿元的奖励15万元，项目完成固定资产投资1亿—2亿元的奖励20万元，项目完成固定资产投资2亿元以上的奖励25万元。

总部扶持。依据《海南总部企业认定管理办法》，对落户产业园的跨国公司地区总部、综合型（区域性）总部、高成长型总部，按实际缴纳资本分5年给予开办补助：实缴资本小于或等于5000万元的部分，补贴1.5%；实缴资本大于5000万元且小于或等于2亿元的部分，补贴2.5%；实缴资本大于2亿元的部分，补贴3.5%。补贴最高总额不超过2000万元。

人才扶持。全职引进人才奖励标准为：A类人才400万元/人；B类人才320万元/人；C类人才240万元/人；D类人才160万元/人；E类人才80万元/人。柔性引进人才奖励标准为：A类人才200万元/人；B类人才160万元/人；C类人才120万元/人；D类人才80万元/人；E类人才40万/人。奖励按照5年服务期分5次等额发放，服务期每满12个月发放一次。对入园全职工作的海南自由贸易港E类及以上人才，以及兼职的正高级研究员/教授及以上人才，在文昌享受落户、医疗、购房、教育“一事一议”待遇服务。

科技扶持。对育种、育苗领域企业、科研机构，经相关部门认定的研发成果在产业园落地推广的，按照技术研发费用的10%给予一次性奖励，每项研究成果不超过100万元。对产业园注册水产引育及相关领域企业，开展优质高效新品种选育，获得农业农村部水产新品种认定的，每一个品种给予100万元一次性奖励；获得国家级水产原良种场称号的，单个企业给予50万元一次性奖励；获得省级水产原良种场称号的，单个企业给予10万元一次性奖励。

③其他保险及补贴扶持政策

水产综合保险试点。在保险试点期限内入驻园区并投保的个体和企业养殖户，市级财政保费补贴比例为80%，农户自缴保费比例为20%，试点期结束后根据实际情况灵活调整财政补贴比例。水产综合保险包含两个险种，分别为水产养殖保险和水产苗种保险，投保人可以选择其中一个或两个险种同时投保。在园区内育种如果出现苗种无法孵化的情况或者在养殖过程中出现意外事故、病菌感染等原因造成养殖户损失，保险公司将按合同约定进行赔付。

四、产业发展策略

（一）水产苗种遗传育种研发

罗非鱼、石斑鱼、金鲳鱼、对虾、东风螺等五大优势品种的苗种繁育，针对高产、抗逆、优质等主要生产性状，利用分子育种、基因芯片选育等高科技技术培育具有自主知识产权的水产种业科技成果，并进行产业化转化，成为具有核心竞争力的“育繁推一体化”的种业领军企业。在东星斑、高体鰤等南海重要海水鱼类繁育研发上，重点强化苗种的人工繁育和工厂化育苗技术，突破苗种的工厂化、批量化生产。

（二）水产种苗的封闭式循环工厂化繁育

建设以对虾、石斑鱼、金鲳鱼、罗非鱼、东风螺等水产品种为主的封闭式循环工厂化水产种苗繁育基地，配套现代水质处理设备，打造国家水产种业阵型企业。

（三）热带水族观赏品种驯化繁育

利用海南气候自然资源环境及科技支撑，开展热带观赏鱼养殖培育、苗种繁殖配套饲料营养与加工、鱼病防治与鱼药研发等。

五、案例分析

国内某知名水产苗种繁育企业在海南设立子公司，并在内地运营水产苗种繁育基地，以下对该企业的海南子公司与内地基地的实际运营情况进行对比分析。

（一）企业简介

公司注册资金为1000万元，主要开展海水鱼类保种育种及研发开发、亲鱼选育、鱼卵生产、种苗繁育、种质资源引进中转及水产苗种的进出口贸易，集育种、养殖、推广于一体，致力于构建热带海水鱼种质资源库、基因库、种业基地。

（二）投资优势

1. 个人所得税

结合海南自由贸易港个人所得税优惠政策可知，若年度工资薪金的税前收入100万元，按照我国现行的《中华人民共和国个人所得税法》计算，扣除年度费用、五险一金、专项附加等税法允许扣除的项目，全年应纳税所得额为80万元，全年应纳税额为19.4万元。若按海南自由贸易港个人所得税优惠政策计算，则全年应纳税额为80万元×15%=12万元，实际税负超过15%的部分为19.4万-12万=7.4万元，免征7.4万元。

2. 企业所得税

与我国法定企业所得税税率25%相比，海南自由贸易港企业所得税优惠政策适用税率15%，政策适用企业税后利润可增加10%以上。相较同为自由贸易港的中国香港、新加坡企业所得税税率分别为16.5%与17%，海南自由贸易港企业所得税政策对国内外企业均具有一定吸引力。

以在海南开展水产苗种繁育企业经营发展五年为基数，企业所得税在内地缴纳税率25%，海南自由贸易港企业所得税优惠政策适用税率15%，五年经营情况可累计节约350万元所得税（如表1–6所示）。

表1–6　水产苗种繁育公司所得税对比

（单位：万元）

营业时间	第一年	第二年	第三年	第四年	第五年	累计缴纳
营业收入	1500	1800	2100	2400	2700	—
营业成本	1000	1200	1400	1600	1800	—
内地设厂企业所得税	125	150	175	200	225	875
海南设厂企业所得税	75	90	105	120	135	525

备注：内地设厂企业所得税税率为25%，海南设厂企业所得税税率为15%。

3. “零关税”

通过对目前国内水产苗种繁育企业的调研，水产苗种繁育自用的设备主要包括产卵设备、孵化缸、鱼种网、鱼筛、网箱、鱼苗计数器、氧气瓶、过滤系统（微滤机、过滤器、二氧化碳脱除器、蛋白分离器、生物过滤器）、温控系统、水质检测系统，以及自动识别自动分拣系统等，其中有的设备可从海外进口。目前以色列、英国等国家都有比较成熟先进的工厂化循环水养殖系统技术，若引进国外技术，可享受海南自由贸易港相关优惠政策。经粗略估算，从国外进口一套水产育苗繁育设备可减少约13.93万元的成本（如表1–7所示）。

表1–7 工厂化室内循环水繁育系统主要进口设备关税优惠情况

设备种类	进口价格（万元）	进口最惠国税率（%）	进口增值税税率（%）	海南可优惠金额（万元）
循环水育苗系统孵化器	36—50	10	13	7.8
固液分离器	4—8	10	13	1.25
微滤机	7—9	5	13	1.29
过滤器	1—2	5	13	0.29
二氧化碳脱除器	3—5	10	13	0.78
蛋白分离器	5—7	10	13	1.09
生物过滤器	8—10	5	13	1.43

备注：海南可优惠金额取进口设备价格区间的上限统一估算。

（三）奖补措施分析

依据海南省现行的各类水产繁育奖补措施，预计可获得的补贴分类如表1–8所示。

表1-8 水产种苗繁育企业部分奖补优惠

类 别	最高金额（万元）
电费补贴	10
规上奖补	50
现代种业提升工程	500
国家新品种审定	200
国家级水产原良种场	200
省级水产原良种场	120
国家水产种业阵型企业	200
水族观赏品种驯化繁育	50

六、操作指南

（一）落户指南

1. 登记注册

见附录3 登记注册

2、人才认定

见附录3 人才认定

（二）兑现指南

1. 个人所得税

见附录4 个人所得税申报

2. 企业所得税

见附录4 企业所得税申报

3. “零关税”

见附录4 “零关税”申报

4. 奖补措施

（1）高质量发展激励

见附录4 高质量发展激励

（2）农机购置补贴

见附录4 农机购置补贴工作程序

（3）规上奖补

见附录4　规上奖补工作程序

（4）宣传奖补

见附录4　宣传奖补工作程序

（5）三亚崖州湾科技城产业发展扶持措施

①水产优质品种引育奖励

自《三亚崖州湾科技城产业发展优惠政策实施细则（修订版）》执行之日起，给予满足以下条件的水产引育及相关领域企业相应奖励。

工商注册地、税务征管关系及统计关系在三亚崖州湾科技城。

具备健全的财务制度、实行独立核算。

无违规不良记录。

全国水产原种和良种审定委员会审定通过的水产新品种，或者经省级主管部门组织的专家评审会，评定该品种优质高效，中间育成指标达到评审要求，或者申报主体首次被评定为该申请品种的国家级或省级水产原、良种场。

承诺5年内不搬离三亚崖州湾科技城、注册地址不迁出三亚崖州湾科技城、不改变纳税义务、不减少注册资本。

奖补标准

对满足认定条件的主体开展新品种引进或土著品种改良项目，按实际引种费用的50%给予一次性补助，最高不超过200万元。对满足认定条件的主体开展优质高效品种育苗（允许跨年），满足室内育苗实际培育面积不少于200平方米或育苗水体体积不少于2000立方米，且苗种中间育成指标达到评审要求的，按主体实际育苗费用的50%给予一次性补助，每家企业补助最高不超过300万元。

申报材料

申报主体需提交以下申报材料，申报材料须加盖公章：

三亚崖州湾科技城优质高效品种引育奖励申请表；

工商营业执照副本复印件；

会计师事务所出具的上一年度财务审计报告复印件；

企业引种、育苗实际发生费用的合同及发票复印件；

主体开展奖励申报项目立项文件；

省级以上水产原、良种场出具的优质高效品种评审认定文件或苗种中间育成指标评审文件；

三亚崖州湾科技城专项扶持资金申报信用承诺书。

②高新技术企业研发补贴

自《三亚崖州湾科技城产业发展优惠政策实施细则（修订版）》执行之日起，满足以下条件的高新技术企业：

工商注册地、税务征管关系及统计关系在三亚崖州湾科技城；

具备健全的财务制度、实行独立核算；

无违规不良记录；

科技部财政部国家税务总局最新印发《高新技术企业认定管理办法》以及《高新技术企业认定管理工作指引》认定并尚在有效期内的国家级、省级高新技术企业；

核心团队入驻三亚崖州湾科技城，企业拥有固定办公场所或与科技城管理局认可的租赁单位签订物业租赁协议，核心团队须承诺引进后在其固定办公场所连续工作5年（含）以上，其中，企业负责人须全职在科技城工作，核心团队中至少2人全职在科技城工作；

承诺5年内不搬离三亚崖州湾科技城、注册地址不迁出三亚崖州湾科技城、不改变纳税义务、不减少注册资本。

奖补标准

对满足认定条件的高新技术企业，按上一年度研发经费的10%给予一次性补贴，最高不超过50万元。

申报材料

申报主体需提交以下申报材料，申报材料须加盖公章：

三亚崖州湾科技城高新技术企业研发补贴申请表；

企业工商营业执照副本复印件；

准予变更登记（备案）通知书复印件（外地整体迁入的国家高新技术企业需提供）；

高新技术企业证书复印件；

会计师事务所出具的上一年度研发费用专项审计报告（须含企业上一年度R&D投入审计数据）复印件或企业上一年度R&D投入数据的其他有关证明文件；

企业上一年度研发经费支出税票复印件；

三亚崖州湾科技城专项扶持资金申报信用承诺书；

三亚崖州湾科技城团队入驻承诺书。

（三）落地指南

水产苗种生产许可证的申请是在海南开办水产苗种生产必须的条件，企业可以在海南政务服务网相关事项端口办理。

有如下几条法律法规作为依据。《中华人民共和国渔业法》（1986年1月20日第六届全国人民代表大会常务委员会第十四次会议通过，2013年12月28日第四次修正）第十六条第三款规定，水产苗种的生产由县级以上地方人民政府渔业行政主管部门审批。但是，渔业生产者自育、自用水产苗种的除外。《水产苗种管理办法》（2005年1月5日农业部令第46号修订）第十一条规定，单位和个人从事水产苗种生产，应当经县级以上地方人民政府渔业行政主管部门批准，取得水产苗种生产许可证。但是，渔业生产者自育、自用水产苗种的除外。

步骤1：在海南政务服务网相关端口提交材料。市（县）农业农村局查看网上申请的材料，对材料进行初审，材料符合要求的，相关部门登记在册且收下材料。

步骤2：接受现场踏勘。相关部门对现场进行考核，经现场考核后作出是否发放水产苗种生产许可证的决定。

步骤3：获得水产苗种生产许可证。

申报材料

单位法定代表人或负责人身份证；

技术人员聘书；

技术人员职称证明；

单位营业执照（法人登记证）；

水产苗种生产许可申报审批服务表，从市（县）政府服务网办事大厅下载空表并填写；

由有资质的检测技术部门核发的符合无公害食品淡水养殖用水水质标准的养殖用水水质检验报告；

适宜进行种苗生产的固定场所和必要设施，包括有效的场地协议书；用于繁殖的亲本来源于原良种场，质量符合种质标准的证明材料；水产苗种生产技术操作规程，要求明确技术人员责任。

七、企业分布

国内部分水产种业企业如表1-9所示。

表1-9　国内部分水产种业企业分布情况

企业名称	企业简介	所在地
广东伟业罗非鱼良种有限公司	伟业罗非鱼良种场是国家级良种场，也是大型吉奥、新吉富、奥尼罗非鱼以及鲈鱼种苗基地，总投资近亿元，总面积2750亩。设备先进，采用自动化程序操作生产，是集现代化生产与高科技研究于一体的水产种苗繁育基地。年产全雄性吉奥、新吉富及奥尼罗非鱼苗约5亿尾，是一家运用生物工程高科技培育出全雄性吉奥、奥尼罗非鱼种苗的良种场。	广东
广东恒兴饲料实业股份有限公司	创立于1995年，是一家集饲料产销、种苗繁育、动物保健及兽药、包装制品、进出口贸易于一体的民营企业。旗下拥有子公司48家，分布于广东、广西、海南、福建、江苏、浙江、山东、湖北、吉林等省区及越南、印度尼西亚、马来西亚等东南亚国家。公司生产的特种水产饲料的销量连续多年位居全国前列。该公司与中山大学共同选育第一个国家认定的凡纳滨对虾（南美白对虾）抗病新品种“中兴1号”，与中国水产科学研究院淡水渔业研究中心、南京农业大学无锡渔业学院共同选育新品种红罗非鱼“中恒1号”。	广东
江苏诺亚方舟农业科技有限公司	江苏诺亚方舟农业科技有限公司位于常州市钟楼区现代农业产业园，毗邻新孟河水域，是一家集河蟹新品种选育、生态养殖、水产品深加工、产品销售及服务于一体的综合科技型现代农业企业。荣获水产健康养殖示范场、高新技术企业、国家生态农场、省级巾帼现代农业科技示范基地等荣誉。基地由常州科协委员戴飞参与创办、运营，与中国水产科学研究院、南京农业大学建立合作，育有国家河蟹新品种“诺亚1号”。	江苏

续表

企业名称	企业简介	所在地
广东金阳生物技术有限公司	公司于2003年首次获得广东省省级对虾良种场资格认证，是以海洋生物技术研究、海洋生物育种和养殖为主的现代渔业企业。拥有现代化海洋生物育苗基地5个，工厂化对虾繁育车间面积为38000平方米，海产养殖基地面积为650亩及“正金阳”品牌许可养殖基地面积为5200多亩。年产“正金阳”海洋生物种苗45亿尾，水产品5500多吨。	广东
西双版纳云博水产养殖开发有限公司	该公司基地占地面积538亩，固定资产3500余万元，拥有可繁亲本68个品种，后备种鱼260余吨，其中大宗淡水鱼品种35个、澜沧江土著鱼品种18个、名特优品种15个。该公司是拥有“国家级健康养殖示范场”“省级水产良种场”“版纳州州级龙头企业”等多项荣誉称号的现代种业基地。2020年鱼苗生产量达24亿尾，商品鱼销量达600余吨，产值达2000余万元，生产的鱼苗不但满足了西双版纳州的养殖需求，还远销普洱、临沧、红河、曲靖等市州，同时还销往广东、四川、贵州等地区及老挝、缅甸等周边国家。	云南
山东海洋现代渔业有限公司	公司成立于2018年11月，以践行将山东省建设为海洋强省、推动新旧动能转换、实施乡村振兴战略为己任，以科技创新推动海洋渔业转型升级。建有山东省现代海洋渔业工程技术协同创新中心，拥有国家级海洋牧场示范区1处、省级海洋牧场示范区2处，获批国家级水产原种场、国家级水产健康养殖和生态养殖示范区等荣誉称号10余项，荣获国家科学技术进步奖二等奖等国家级、省部级奖项20余项。公司现已布局现代海洋牧场、苗种繁育、海水养殖、休闲渔业、水产品贸易、海洋装备制造等业务领域，建设运营国际一流、国内领先的现代化海洋牧场综合体平台，掌握优质海水鱼养殖研发核心技术，着力打造现代渔业产业园，提供高端养殖设备、生态围栏设计生产一站式服务，现已发展成为一家具有重要行业地位和影响力的现代化海洋渔业企业。公司实现20多种名贵水产品的人工繁育，拥有自主知识产权23项，获得国家科学技术进步奖2项、省部级科技奖项18项。	山东

第三节　地方特色畜禽种业

海南地方特色畜禽种业是具有海南地域特色的畜禽种质资源繁育的行业总称，包括文昌鸡、海南猪、五指山猪、雷州山羊、雷琼牛、兴隆水牛、中国番鸭（嘉积鸭）、定安鹅等畜禽繁育种行业。

一、产业发展现状分析

海南地方特色畜禽品种被列入《国家畜禽遗传资源品种名录（2021年版）》和《海南地方畜禽遗传资源保护名录》的有：五指山猪、海南猪、两广小花猪（墩头猪）、雷琼牛、兴隆水牛、雷州山羊、文昌鸡、中国番鸭（嘉积鸭）、定安鹅、儋州鸡。

目前，全省开展畜禽繁育的主要企业超过110家，已在定安、屯昌、文昌分别建立了五指山猪、海南猪、文昌鸡等3个国家级保种场。在定安、文昌、儋州等地分别建成定安猪、文昌鸡、雷州山羊等省级保种场9个，先后开展了雷琼黄牛和雷州山羊精液、胚胎采集及冷冻保存工作，制作雷琼黄牛冻精5100支、胚胎200枚，雷州山羊冻精4300支、胚胎220枚，逐步建立了畜禽遗传资源基因库和数据库，实现了活体保护和遗传物质保护相结合。

海南猪养殖企业主要分布在定安、屯昌、临高、琼中等地；文昌鸡养殖企业主要分布在文昌、海口、琼海等地；雷州山羊养殖企业主要分布在万宁、儋州、澄迈等地。

二、产业发展有利条件

（一）区位优势

一是海南岛是我国唯一的全域热带岛屿，独特的气候资源环境形成了具有鲜明地方特色的畜禽种质资源，如文昌鸡，其体形方圆、脚胫细短、皮薄骨酥，肉质香甜嫩滑，营养丰富，具有色、香、味、形、营养俱佳的特点；海南猪具有早熟、耐粗饲、抗病力强、易肥、皮薄、骨细、瘦肉胶质高，肉质结实等优点；黑山羊具有耐粗饲、耐高温高湿、抗病力强、性成熟早、肉用性能好等优点。这些品种为我国畜禽种业自主创新发展奠定了坚实的基础。

二是海南省无规定动物疫病区的建成，动物疫病控制体系、动物防疫监督执法体系、动物疫情监测体系和动物防疫屏障体系以及良种繁育体系和标准化体系的不断完善，较好的控制了口蹄疫、禽流感、新城疫、猪瘟等重大动物疫病，为企业畜禽安全养殖提供了保障。

（二）政策优势

2021年出台的《种业振兴行动方案》将种源安全提升到国家战略高度。《中共中央 国务院关于支持海南全面深化改革开放的指导意见》《海南省“十四五”推进农业农村现代化规划》《海南省农业种质资源保护和利用发展规划（2021—2025年）》等政策文件指出：要建设主要畜禽和特色畜禽育种繁育基地，开展瘦肉型猪、家禽等主要畜禽良种培育和海南猪、文昌鸡等特色畜禽资源保种、良种繁育及模式动物研发。支持海口、乐东、文昌、定安、屯昌等市县培育以畜禽种业为主导产业的省级现代农业产业园。引进和扶持国内外大型畜禽育种企业，发展现代畜禽种业和文昌鸡、嘉积鸭、东山羊、海南猪等地方特色畜禽种业，支持企业建设畜禽核心育种场、良种扩繁场及育繁推示范基地等。继续建设一批国家级和省级畜禽遗传资源保种场、保护区和基因库，培育种业企业，确保畜禽种质资源得到有效保护和开发利用，同时依靠国家南繁硅谷、全球动植物种质资源引进中转基地、全球热带农业中心等重大平台，促进海南畜禽种质资源创新发展。

（三）产业优势

初步建立了与区域布局相适应，以原种场和资源场为核心，以繁育场为支撑，满足不同生产方式和生产规模需求的畜禽良种繁育体系。截至2021年底，海南已建立了五指山猪、海南猪、文昌鸡、雷州山羊等国家和省级保种场11个，初步建成了畜禽遗传资源基因库和数据库，为海南特色畜禽产业提供良好的发展基础。

三、产业发展利好分析

（一）个人所得税

见附录1　个人所得税

（二）企业所得税

见附录1　企业所得税

（三）“零关税”

见附录1 “零关税”

（四）扶持措施

1. 高质量发展激励

见附录2 高质量发展激励

2. 农机购置奖励

见附录2 农机购置奖励

3. 规上奖励

见附录2 规上奖励

4. 特色畜禽养殖奖补

见附录2 特色畜禽养殖项目奖补

5. 动物防疫奖励

根据《国家动物疫病强制免疫指导意见（2022—2025年）》《海南省动物疫病强制免疫计划实施方案》，对高致病性禽流感、口蹄疫、小反刍兽疫等国家规定的强制免疫病种，采用“先打后补”方式补助。

四、产业发展策略

（一）特色畜禽遗传资源保护

开展海南猪、五指山猪、文昌鸡、儋州鸡、雷琼牛、雷州山羊等种质资源的收集、提纯复壮等，并进行原种的活体保护和遗传材料保存，建立国家级、省级保种场，推动特色畜禽遗传资源保护产业发展。

（二）特色畜禽选种选育

开展海南猪、五指山猪、雷州山羊、雷琼牛、文昌鸡、嘉积鸭、儋州鸡等地方特色畜禽现有系谱的遗传资源鉴定、评价，选种选育，培育“生长快、品质优、抗病力强、繁殖力高”的新品种；建立纯血文昌鸡、黑山羊、海南猪等地方特色畜禽的核心育种场、良种扩繁场及育繁推一体化示范基地，推动特色畜禽选种选育产业发展。

（三）特色畜禽开发利用

开展海南猪、五指山猪、雷州山羊、雷琼牛、文昌鸡、嘉积鸭、儋州鸡等地方特色畜禽与引进祖代种公畜资源或冻精等遗传资源进行杂交，提高生产性能及产品品质，推动特色畜禽向开发利用产业发展。

五、案例分析

（一）企业简介

某畜禽养殖有限公司注册资金为10亿元，经营范围包括地方畜禽的保种、育种及开发利用。近期在海南设立子公司，投资3000万元建设育繁场，从事海南猪的育种、繁育、推广等工作。

（二）投资优势

1. 个人所得税

如果年度工资薪金税前收入为60万元，扣除年度费用、五险一金、专项附加等税法允许扣除的项目，全年应纳税所得额为42万元，根据我国现有个人所得税税率计，全年应纳税款是7.31万元，如果按照海南自由贸易港个人所得税优惠政策（对于紧缺人才或年收入30万元以上人才，个人所得税税率最高不超过15%）来计算，那么全年的应纳税额是5.33万元，个人所得税较其他地区减少1.98万元。如果收入达85万元，那么税收较其他地区优惠4.70万元。收入越高，税收优惠将越多。

2. 企业所得税

若企业在海南开展畜禽冻精及胚胎等的生产销售，以经营发展5年为基数，内地的企业所得税税率为25%，海南自由贸易港企业所得税优惠政策适用税率15%，五年经营情况可累计节约350万元所得税（如表1-10所示）。

表1-10　公司所得税对比

（单位：万元）

营业时间	第一年	第二年	第三年	第四年	第五年	累计缴纳
营业收入	1500	1800	2100	2400	2700	—
营业成本	1000	1200	1400	1600	1800	—
内地设厂企业所得税	125	150	175	200	225	875
海南设厂企业所得税	75	90	105	120	135	525

备注：内地设厂企业所得税税率为25%，海南设厂企业所得税税率为15%。

3.“零关税”

根据海南自由贸易港“零关税”优惠政策，畜禽育种企业自用生产设备，可享受“零关税”政策。智能化育繁场主要设备包括全自动喷雾消毒降温系统、自动清粪系统、干饲自动喂饲系统、自动饮水系统、粪便干湿分离机、环境监测传感系统、种猪性能测试系统、栏位系统、猪场监控系统等。其中可进口的设备见表1-11。如果在海南投资3000万元建设种猪育繁场，其设备费用可减少57万元左右。

表1-11 智能化猪育繁场可进口设备

用途	设备种类	进口总价（万元）	进口关税税率（%）	进口增值税税率（%）
智能化消毒降温	全自动喷雾消毒降温系统18套	36—40	10%	13%
智能清粪	自动清粪系统18套	15—20	10%	13%
智能饲喂与能耗监测	干饲自动喂饲系统18套	80—110	10%	13%
粪污处理	粪便干湿分离机9套	13—25	10%	13%
环境监测	环境监测传感系统18套	18—30	10%	13%
种猪性能测定	种猪性能测试系统	20—30	10%	13%

备注：海南可优惠金额取进口设备价格区间的上限统一估算，下同。

（四）奖补措施分析

依据海南省现行的畜禽育繁奖补措施，预计可获得的补贴分类如表1-12所示。

表1-12 海南省畜禽育繁企业奖补优惠

类别	最高金额（万元）
企业创新研发投入奖励	50
特色畜禽高质量发展补贴	300
热带特色高效农业企业营业收入上规模奖补	120
企业技术创新及成果转化奖励	500

六、操作指南

（一）落户指南

畜禽育繁企业落户海南自由贸易港主要涉及公司注册、项目投建、人才认定等事项流程，具体如下。

1. 登记注册

见附录3　登记注册

2. 人才认定

见附录3　人才认定

（二）兑现指南

针对畜禽育种企业落户海南可享受个人及企业所得税优惠政策、“零关税”政策以及研发和成果转化、产业配套等财政奖补措施兑现，责任部门、流程内容、提交材料如下。

1. 个人所得税

见附录4　个人所得税申报

2. 企业所得税

见附录4　企业所得税申报

3. “零关税”

见附录4　“零关税”申报

4. 奖补措施

（1）高质量发展激励

见附录4　高质量发展激励

（2）农机购置补贴

见附录4　农机购置补贴工作程序

（3）规上奖补

见附录4　规上奖补工作程序

（三）落地指南

1. 备案核准

见附录5　备案核准

2. 环评审批

见附录5　环评审批

3. 节能审查

见附录5　节能审查

七、企业分布

国内部分畜禽种业企业分布情况如表1–13所示。

表1–13　国内部分畜禽种业企业分布

企业名称	企业简介	所在地
北京沃德辰龙生物科技股份有限公司	北京沃德辰龙生物科技股份有限公司成立于2015年，旗下拥有北京市华都峪口禽业有限公司、思玛特北京食品有限公司、北京沃德博创信息科技有限公司，是世界三大禽育种公司之一。其中峪口禽业是农业产业化国家重点龙头企业、国家高新技术产业、全球最大的蛋鸡制种公司。自主培育蛋鸡“京”系列品种10个，肉鸡“WOD”系列品种4个。分公司、子公司分布于全国12个省份，存栏祖代种鸡40万套、父母代种鸡500万套、年产商品代雏鸡4亿只，市场占有率50%以上。	北京
北京中育种猪责任有限公司	北京中育种猪责任有限公司是集科研、育种、生产、销售及培训服务于一体的大型种猪生产企业，拥有丰富的种猪遗传资源。目前饲养有美、英、法、丹等各品系大白、长白、杜洛克、圣特西、皮特兰及其美法系、法系、英丹系二元母猪等优秀原种猪，并利用优质的遗传资源，培育出了具有自主知识产权的新品种配套系——中育猪配套系。2020年5月与中国农业大学进行校企合作并签署共建“中国农业大学北京中育教授工作站”合作协议，助力中育种猪产业提档升级，通过与农大的优势互补、深度合作，定会在猪基因组育种、繁育新技术、精准营养及生物安全防控体系建设等方面取得新进展。	北京

续表

企业名称	企业简介	所在地
内蒙古赛诺种羊科技有限公司	内蒙古赛诺种羊科技有限公司成立于1997年，总部位于四子王旗，是一家集羊的育种、繁育、推广与技术服务于一体的现代种业企业。该公司是首批国家肉羊核心育种场、内蒙古自治区农牧业产业化重点龙头企业和内蒙古自治区扶贫龙头企业。主要从事育种、种羊扩繁、标准化肉羊生产和技术服务，下辖7家子公司和15个养殖园区。目前已建成杜泊种羊、萨福克种羊、奶山羊等8个品种，各品种优质种羊核心群数量10000余只，具备每年30万枚胚胎、15万只种羊的生产能力，每年向全国20多个省市提供优质种养及配套标准化技术服务。	内蒙古
江苏立华牧业股份有限公司	江苏立华牧业股份有限公司成立于1997年6月，是一家集科研、生产、贸易于一身、以优质草鸡养殖为主导产业的一体化农业企业，是农业产业化国家重点龙头企业、国家级农业标准化示范区。下设全资子公司30家，范围覆盖江苏、安徽、浙江、山东、广东、河南、四川、湖南、贵州、江西、云南、广西12个省份，2019年2月18日，公司正式在深交所挂牌上市。公司自主培育的当代草鸡优良品种“雪山鸡”于1999年投放市场，先后通过了江苏省畜牧品种审定委员会和国家畜禽遗传资源委员会审定，成为畜禽新品种（配套系）中的一员，是畜牧业优良推广品种。2018年通过了“江南白鹅”新品种（配套系）的审定，2021年又通过了“花山鸡”新品种（配套系）的审定。	江苏
广西金陵农牧集团有限公司	广西金陵农牧集团是一家集养鸡、养猪和饲料、有机肥料生产、销售于一体的大型现代化农牧集团，是农业产业化国家重点龙头企业。公司下设四大事业部：种禽业部、养猪事业部、畜禽事业部、饲料与生物肥料事业部。	广西
山东和康源生物育种股份有限公司	公司成立于2010年，总部设在山东济南高新技术开发区，是一家产业链式经营的畜牧集团企业。经营范围主要分为种畜禽养殖繁育、饲料生产、商品养殖3块业务。目前已有分（子）公司20家，其中，饲料板块5家、育种板块13家。分（子）公司主要分布在省内济南、聊城、泰安，省外江苏睢宁、河北秦皇岛、沧州等地。	山东

续表

企业名称	企业简介	所在地
浙江国伟科技有限公司	浙江国伟科技有限公司始建于1983年，以经营绍兴鸭为主，集绍兴鸭原种保护与开发、种禽种苗繁育、禽蛋与肉制品精深加工、国际高端人才引进与科技研发于一体的国家种业阵型企业、国家高新技术企业、省级骨干农业龙头企业、省级重点种禽企业、省种畜禽生产示范企业、省级农业科技企业。公司种鸭场为国家绍兴鸭保种场、省祖代绍兴鸭原种场，省水禽基因库，是国家农业标准化示范区、农业农村部畜禽养殖标准化示范场。公司培育的“国绍I号”蛋鸭配套系，集“高产抗逆青壳”于一体，是目前国内第一个通过国家新品种审定的三元杂交蛋鸭配套系，综合性能国际领先。	浙江

第四节　种业贸易

种业贸易是指从事动植物种子、种苗、种畜禽、种用花卉、种用苗木等产品、知识产权及相关服务的国际贸易活动。主要包括种业产品的进出口贸易、种业服务贸易。

一、产业发展现状分析

海南省是我国重要的种业生产基地，拥有得天独厚的种业资源和发展条件。海南开展种业贸易的主要企业有海南章鸿贸易有限公司、万宁鸿洋贸易有限公司、海南晨海水产有限公司、海南宝路水产科技有限公司等。海南种业出口主要品种有章雄鱼、金鲳鱼、石斑鱼和罗非鱼等鱼苗，蔬菜种子、种用甜瓜及其他种用苗木等，主要进口品种有改良种用鲸、海豚及鼠海豚，种用海牛及儒艮，受精鱼卵、种用苗木等，主要出口的国家有日本、新加坡、马来西亚、韩国、越南、菲律宾等，主要进口国家有西班牙、古巴、老挝、美国等，截至2022年底，海南省种业进出口贸易额为3004万美元，其中出口额为2549万美元，同比增长77.0%；进口额为454.66万美元，同比增长29.2倍。随着海南自由贸易港建设的推进，海南省将加快实施《海南自由贸易港促进种业发展若干规定》，放宽动植物种子、种苗、种畜禽等产品的进出口管理，加强动植物种质资源引进中转基地建设，促进种业创新发展和国际合作交流。预计未来几年，海南省种业贸易规模将继续扩大，品种结构将更加优化，市场竞争力将得到进一步提升。

二、产业发展有利条件

（一）区位优势

海南地处“海上丝绸之路”重要节点，东南亚和中国大陆两个最活跃市场交汇点，是面向太平洋和印度洋的重要对外开放门户。海南是我国唯一的热带省份，具有得天独厚的自然禀赋和气候条件，适合发展多种热带作物和水产养殖，为种业贸易提供了丰富的产品资源和市场需求。海南是我国重要的南繁育种基地，每年都吸引来自全国各地的科技人员在海南进行农作物和水产的南繁育种，通过南繁育种可以加快品种更新换代，提高品种质量和适应性，满足国内外市场的多样化需求；全球动植物种质资源引进中转基地、南繁科技城等重要平台建设对于加强海南与国际种业科研机构和企业的国际交流与合作，大力引进优质的动植物种质资源，拓展种业国际贸易的市场空间和技术交流渠道具有重要意义。

（二）政策优势

《海南省“十四五”推进农业农村现代化规划》指出：要加快建设“一带一路”种业开放先行区，推进发展泛南海、跨印度洋、跨太平洋三大种业开放合作区域，打造海南国际种业硅谷。建设种业国际贸易中心，探索开展种子、种苗、知识产权等贸易交易。建设种业新品种新技术交易平台，推动跨境种业电商、品种权拍卖、离岸交易等新型贸易形式，促进贸易合作。根据国家的有关规定，已将种子生产经营许可证核发权限下放至海南省农业农村和林业主管部门。《关于支持海南自由贸易港建设放宽市场准入若干特别措施的意见》中明确提出，放宽海南种业市场准入，简化种子质量检验机构资格认定、进出口许可等的审批，促进种业发展。2022年海南出台《海南省落实〈区域全面经济伙伴关系协定〉（RCEP）20条行动方案》推进RCEP与自由贸易港政策形成叠加效应，不断释放更多开放红利，RCEP将为海南种业国际贸易提供更多的区域一体化和互联互通平台，加强海南与RCEP成员国在植物新品种保护、原产地累积规则、海关程序与贸易便利化等方面的协调和互认机制。

（三）市场优势

随着全球人口增长和经济发展，世界各国对粮食、畜禽、水产等农产品的需求不断增加，对品质、安全、多样性等方面的要求也不断提高。这就需要不断推出高产高效、绿色优质、节水节粮、宜机宜饲、专用特用的新品种来满足市场需求。亚太地区是我国种业贸易的主要目标市场，这些地区的农业发展水平、气候条件、消费需求与海南有较高的契合度，对海南提供的种子和种苗有较强的需求和接受度。经多年发展，我国杂交稻种子、南海鱼类种苗、热带水果种苗等产品在东南亚已占据一定市场空间，其中大部分产品是海南出口或在海南繁育的。海南可以利用其热带特色农业和水产优势，向这些地区输出粮食作物、蔬菜、特色作物、水产等良种良苗，提高海南种业贸易的市场占有率和品牌影响力。

三、产业发展利好分析

（一）个人所得税

见附录1　个人所得税

（二）企业所得税

见附录1　企业所得税

（三）“零关税”

见附录1　“零关税”

（四）审批政策

根据十三届全国人大常委会第十七次会议决定，在中国（海南）自由贸易试验区从事种子进出口业务的，其种子生产经营许可证核发权限由国务院农业农村主管部门、林业主管部门下放至海南省农业农村主管部门、林业主管部门。海南省据此制定了《海南自由贸易港种子进出口生产经营许可管理办法》。该政策具有如下亮点。

1. 放宽种业市场准入

一是取消种子生产经营企业在办公场所、检验室、加工厂房及仓储设施等方面的面积要求。二是对仓储设施及检验室，不再要求自有产权，可以租赁。三是取消检验室及检验仪器硬性要求。四是简化申请材料，申请种子生产经营许可证的材料从原来的8项减少为4项。

2. 缩短审批时间

从原来的40个工作日缩短到15个工作日，可采用告知承诺制方式办理。

3. 简化变更程序

企业变更注册地址、法定代表人、作物种类及副证载明事项能当场变更的，予以当场变更。

4. 强化事中事后监管

一是实行严格的监管机制，规定种子企业应建立完整的生产经营档案，确保可追溯。二是省人民政府农业农村主管部门建立进出口农作物种子样品保存库或DNA指纹库，从事农作物种子进出口业务的生产经营者应当在出口种子离境前5日内或进口种子到岸后5日内，提交样品保藏。三是农业农村、林业主管部门应当开展监督检查，对企业的不良行为予以记录，纳入征信系统。四是申请人以欺骗、贿赂等不正当手段取得种子生产经营许可证的，3年内不得再次申请种子生产经营许可证。

（五）扶持措施

1. 激励措施

根据《海口海关海南省农业农村厅关于促进海南热带特色农业外贸发展的若干措施》，有以下措施。

（1）支持种业发展，全力支持全球动植物种质资源引进中转基地建设，服务农作物、种虾、畜禽等优异种质资源引进。

（2）精简申请材料，简化办理流程，提高办理效率，优化进口检疫审批和出口农产品企业注册登记办理。

（3）建立本地农产品认定机制，建立信息平台，实现互信互认，共同推进海南本地农产品认定。

（4）加强农产品品牌建设，加强知识产权海关保护，拓展知识产权优质企业培塑范围，探索地理标志、植物新品种纳入海关知识产权保护范围可行性、必要性，支持海南农产品品牌建设。

（5）加强部门协作提升服务保障水平，加大产业发展调查研究合作交流力度，为海南农产品开拓国际市场提供数据支持与决策参考。

2. 奖补措施

（1）规上奖补

见附录2　规上奖补

（2）农业贸易高质量发展基地奖补

见附录2　农业贸易高质量发展基地项目奖补

（3）市场拓展费用补助

根据《海南省人民政府办公厅关于印发海南省促进经济高质量发展若干财政措施的通知》，支持企业参加境内外贸易展会，对外资企业参加境外展会或在境外自主办展，按照不超过参展或办展项目费用的一定比例给予最高70万元补助；对企业参加国内国家级展会，按照参展项目费用的一定比例给予最高30万元补助。

四、产业发展策略

（一）种子种苗贸易

瞄准高产、优质、抗逆、适销等优良品种需求，拓展种子种苗出口的市场区域，提升种子种苗出口的附加值，提高国际市场占有率。利用海南自由贸易港“零关税”政策，以及进口料件加工增值超过30%的货物转内销的，免征进口关税的优势，开展国外原料种子在海南进行烘干、精选、分级、包衣、包装等加工后，再出口国际市场。利用全球动植物种质资源引进中转基地等平台，引进新奇特热带果蔬、畜禽等种子种苗，丰富海南农业的品种资源和市场供给。

（二）种业服务贸易

借助自由贸易港开放环境和国际影响力，开展种业服务贸易活动，加大种业跨境交付、种业境外销售、种业商业存在和种业自然人流动等，拓展合作伙伴和客户，发展种业涉外知识产权代理、咨询、评估、维权等服务产业，建设种业知识产权“一站式”综合服务体系。

五、案例分析

（一）企业简介

以主要从事农作物种子国际贸易，水稻种子、玉米种子国内销售和海外农业项目等业务的某公司为例，该公司成立于2007年，注册资本5000万元，共有员工68人，现为国内某大型上市种业公司的全资子公司。主要进出口产品包括杂交水稻种子、杂交玉米及蔬菜种子。公司年营业收入达1.5亿元，净利润为2200万元。

（二）投资优势

1. 个人所得税

2025年前，对在海南自由贸易港工作的高端人才和紧缺人才，其个人所得税实际税负超过15%的部分，予以免征。2035年前，对一个纳税年度内在海南自由贸易港累计居住满183天的个人，其取得来源于海南自由贸易港范围内的综合所得和经营所得，按照3%、10%和15%三档超额累进税率征收个人所得税。经测算，个人年收入超过47.02万元（或经营所得应纳税所得额超过31.92万元）时，可享受实际税负超过15%部分免征政策。以两名高管平均薪酬为80万元计，个人所得税较内地可少缴约5万元。

2. 企业所得税

依据《财政部税务总局关于海南自由贸易港企业所得税优惠政策的通知》，相较于在内地缴纳税率为25%的企业所得税，海南自由贸易港企业适用税率为15%的企业所得税优惠政策，该公司正常经营年所交所得税将节省220万元。

3. “零关税”

企业生产经营所涉及机器设备主要包括生产用色选机、洋马半喂入联合收割机、种子生产成套加工设备、制冷设备、自动定量包装秤等。“零关税”政策下种业贸易企业进口自用生产设备免征进口关税以及进口环节增值税，可获得“零关税”政策减免26.9万元（见表1–14）。

表1–14　主要种业贸易企业生产经营用设备进口关税、增值税减免情况

环节	设备种类	进口价格（万元）	进口关税税率（%）（最惠国税率）	进口增值税税率（%）	海南可优惠金额（万元）
种子田间收获机械	半喂入联合收割机	30	8%	13%	6.6
种子筛选设备	色选机	10	8%	13%	2.2
种子生产成套加工设备	清洗机、烘干机、选种机、分离机、抛光机等	60	8%	13%	13.2
种子存储设备	制冷设备	20	9%	13%	4.6
种子包装设备	自动定量包装秤	1.2	10%	13%	0.3

（三）奖补措施分析

依据海南省开展种业贸易业务现行奖补措施，预计可获得的补贴分类如表1-15所示。

表1-15　种业贸易企业可获得部分奖补情况

类别	补贴标准	最高金额（万元）
热带特色高效农业企业营业收入上规模奖励	对企业年度营业收入设定5000万元、1亿元、1.5亿元、2亿元四个档次，对首次突破每个档次的企业分别给予50万元、80万元、100万元、120万元一次性奖励。	120
农业国际贸易高质量发展基地奖励	获“国家级农业国际贸易高质量发展基地”奖励50万元，获“海南省农业国际贸易高质量发展基地”奖励30万元。	50
参加境内外贸易展会	参加境外展会或在境外自主办展最高补助70万元；外资企业参加国内国家级展会最高补助30万元。	70

六、操作指南

（一）落户指南

种业贸易企业落户海南自由贸易港、设立子公司并投资建设研发制造项目主要涉及公司注册、生产经营许可证办理、人才认定事项，具体要求和流程如下。

1. 登记注册

见附录3　登记注册

2. 人才认定

见附录3　人才认定

（二）兑现指南

针对种业贸易企业落户海南可享受个人及企业所得税、“零关税”优惠政策以及产业配套等财政奖补措施兑现，责任部门、流程内容、提交材料如下。

1. 个人所得税

见附录4　个人所得税申报

2. 企业所得税

见附录4　企业所得税申报

3. “零关税”

见附录4　“零关税”申报

4. 奖补措施

（1）高质量发展激励

见附录4　高质量发展激励

（2）规上奖补

见附录4　规上奖补工作程序

（3）农业贸易高质量发展基地奖补

见附录4　农业贸易高质量发展基地奖补工作程序

（三）落地指南

种业贸易企业落户海南自由贸易港开展种业贸易主要涉及种子生产经营许可证获取和种子进出口贸易审批等业务。

1. 从事种子进出口业务的农作物种子生产经营许可证审批

（1）具备条件

在海南自由贸易港内有固定的办公场所；有相应的质量检验能力；有必要的加工设备；有配套的仓储设施；有专业的技术人员；有合法经营的品种；国务院农业农村主管部门规定的其他条件。

外资企业申请种子生产经营许可证的，除具备上述条件外，还应该符合相关负面清单有关规定。

（2）提交材料

农作物种子生产经营许可证申请表。

办公场所、质量检验能力、加工设备、仓储设施、经营品种等的说明材料，说明材料应包括办公场所的位置和面积、设施设备仪器型号及功能、品种权授权书等，固定资产或设备设施应提供资产翔实说明，属于租赁的应提供租赁合同和资金兑付凭据。

种子生产、加工储藏、检验等技术人员基本情况的说明材料。

以告知承诺制办理的还应当提交书面行政审批告知承诺书。

（3）审批受理

申请主要农作物种子生产经营许可证的，应当向省人民政府政务服务中心服务窗口或者在海南政务服务网提交申请材料，由省人民政府农业农村主管部门核发。

省人民政府农业农村主管部门应当及时审核有关材料。对于材料齐全、符合要求的，自受理申请之日起15个工作日内完成核发工作，并及时将相关行政许可信息通过海南一体化在线政务服务平台向社会公开。经审核不符合条件的，书面通知申请人并说明理由。

2. 种子进出口贸易

（1）具备条件

具备中国法人资格，禁止个人从事进出口生产用种子业务和向国（境）外提供种质资源。

具有与其进出口种子类别相符的种子经营权。即必须具有农作物种子经营许可证和营业执照，并且进出口种子的种类是在许可经营范围之内。

具有农作物种子进出口权。没有农作物种子进出口权的，由具有农作物种子进出口权的单位代理。

（2）申报材料

输出国家或地区官方出具的植物检疫证书、进境动植物检疫许可证（仅针对需要海关总署审批的繁殖材料，如禁止进境的特许审批种子苗木）或引进种子、苗木审批单或引进林木种子、苗木和其他植物繁殖材料审批单，如申报为转基因的，还需提供农业转基因生物安全证书、产地证书、贸易合同、发票以及其他必要的单证；跨关区调离时需提供进境植物繁殖材料调入审核表。

（3）办理流程

进口方向输出国家或地区申请植物检疫证书，并向海关总署申请进境动植物检疫许可证或向农业农村部申请引进审批单。

进口方在收到输出国家或地区发来的植物检疫证书后，向海关申报并提供相关单证，接受海关查验和动植物检疫机构检疫。

海关根据检验检疫结果放行或者采取隔离、消毒、退运、销毁等措施。

进口方在海关放行后，按照规定进行隔离试种和风险评估，确认安全后方可使用。

出口方在收到进口方发来的订单后，向输出国家或地区申请植物检疫证书，并向海关申报并提供相关单证，接受海关查验和动植物检疫机构检疫。

海关根据检验检疫结果放行或者采取隔离、消毒、退运、销毁等措施。

出口方在海关放行后，将货物运送至目的地。

七、企业分布

国内部分种业贸易企业分布如表1-16所示。

表1-16　国内部分种业贸易企业分布情况

企业名称	企业简介	所在地
广西万川种业有限公司	广西万川种业有限公司成立于2008年8月，是一家集“育、繁、推，科、工、贸”于一体的种业公司，现注册资金10380万元。公司被评为“中国农业对外合作百强企业”“中国种子行业信用评价AAA企业”“中国种业信用骨干企业”“ISO9001质量管理体系认证企业”“中国种子协会国际交流合作分会副会长单位”“广西农业产业化重点龙头企业”“广西进出口质量诚信企业”“广西种子协会副会长单位”“南宁市农业产业化重点龙头企业”“南宁市种子协会会长单位”。公司种子出口业务主要分布在越南、老挝、柬埔寨等国。公司在自治区以及四川、福建、江苏、海南、新疆、甘肃等地建有“公司+基地+农户”模式的高产示范和繁育生产基地约28600亩，并在广西、广东和东盟国家，设立了多个农作物新品种试验站，为公司生产优质种子提供坚实保障，为新品种的推广打下良好基础。	广西
重庆中一种业有限公司	重庆中一种业有限公司是全国育繁推一体化企业，注册资本1亿元，具有全国农作物种子生产经营许可证，种子进出口许可证。是中国种业骨干企业、国家高技术产业示范基地、中国种子协会AAA企业、农业产业化国家重点龙头企业，2003年通过ISO质量管理体系认证。公司建有农作物研究院，依托公司建有杂交水稻育种重庆市重点实验室、院士专家工作站、重庆市水稻工程技术中心（与重庆市农科院合建），以及国家水稻原种重庆扩繁基地、国家耐热杂交水稻创新基地（垫江）、国家救灾备荒种子储备库等。	重庆

续表

企业名称	企业简介	所在地
江苏中江种业股份有限公司	江苏中江种业股份有限公司是2002年经江苏省人民政府批准，由原江苏省种子公司为主发起建立的股份有限公司，是集种子和种苗的科研、生产、加工、销售于一体的现代农业企业，主要经营水稻、玉米、小麦、油菜、瓜菜等各类农作物种子及园林绿化工程业务。公司在省内外建有10万亩稳定的种子生产基地，常年生产种子8000多万公斤。拥有成套种子加工流水线8条，10000平方米常温库、3000平方米低温库、400平方米标准检验室。公司建有较为完善的试验示范、推广销售体系，拥有销售服务网点700多个，产品辐射全国18个省区以及巴基斯坦、越南、泰国、孟加拉国、科特迪瓦等国家，现已成为国内具有较大影响力的育繁推一体化种子企业之一。	江苏

第二章　种养业

第一节　热带作物产业

椰　子

椰子种植产业是指椰子栽培以及取得椰子产品的行业。

一、产业发展现状分析

海南椰子种植主要分布于文昌市、琼海市、陵水黎族自治县等地，种植品种以本地高种为主，新品种主要有文椰2号、文椰3号（金椰）、文椰4号、文椰5号和文椰6号等。2021年文昌市、琼海市、陵水黎族自治县三市县椰子收获面积分别为11620公顷、6165公顷、3148公顷，产量分别为5918万个、6793万个、511万个，分别占海南省椰子总产量的29.1%、33.4%、2.5%，三市县椰子总产量合计占比为65.0%。2021年海南椰子总产值2.9亿元。椰树集团是我国最大的天然椰子汁饮料生产企业。

表2-1　2017—2021年海南省椰子种植面积和产量

年份	年末面积（公顷）	当年新种面积（公顷）	收获面积（公顷）	总产量（万个）
2017	31424	1227	27231	21770
2018	34396	3153	28121	22677
2019	34527	820	28240	23162
2020	35695	1946	28133	21279
2021	36323	3065	28202	20308

数据来源：2022年海南统计年鉴。

二、产业发展有利条件

（一）区位优势

海南位于我国南端，属热带气候区，高温、光照足、多雨，是我国唯一能够进行椰子规模化种植的地区。目前国内椰子种植只能保障约10%的供应，其余90%以上需从东南亚地区进口。海南与东南亚地区地缘相连，交通便利，正在打造泛南海国际贸易和航运枢纽，大力推进与东南亚地区的空中和海上的互联互通，具有独特的发展椰子产业的区位优势。

（二）政策优势

《海南省“十四五”推进农业农村现代化规划》指出：稳定椰子种植面积，优化品种结构，加快低产低效林改造，调减高种椰子面积，增加水果型矮种椰子比重，加强种植管理，努力提高单产。加强高产、优质椰子新品种选育，加强椰子种苗规模化标准化繁育技术研究，降低种苗生产成本。大力发展林下经济，推广林下种养模式，提高土地利用率。加快海外原料基地建设，鼓励企业收购、并购或控股、参股东南亚国家现有椰子园，建立一批椰子初加工基地，稳定原料来源。推动椰子产业与文化创意、乡村旅游、医疗康养等产业深度融合。到2025年，椰子种植面积稳定在80万亩，其中水果型矮种椰子面积达到25万亩以上，椰果产量达到5亿个以上。《海南省椰子产业高质量发展“十四五”规划》指出：到2025年，新增椰子种植面积25万亩，其中省内种植面积15万亩，境外种植面积10万亩，培育一批产值超过10亿元椰子加工龙头企业，建设一个国际椰子交易中心、一座椰子文化博物馆，打造一批椰子主题旅游景区、休闲农庄、庭院经济示范点，新增椰子标准化良种良苗繁育基地200亩，新增标准化示范园2000亩，扩建1个可保存1000份种质资源的世界级种质资源保存中心。全面推进椰子产业提质增效，实现椰子产业总产值达到230亿元。

（三）市场优势

近年来国内与椰子有关的产品消费增长较快，但供应紧张，供需矛盾突出，我国每年需从东南亚地区进口椰子约25亿个，价格维持在高位运行，海南鲜椰果市场价格常年保持在每个8元及以上。海南椰子种植成本相对较低，市场价格优势明显，经济效益可观。

三、产业发展利好分析

（一）个人所得税

见附录1　个人所得税

（二）企业所得税

见附录1　企业所得税

（三）“零关税”

见附录1“零关税”

（四）扶持措施

1. 激励措施

（1）高质量发展激励

见附录4　高质量发展激励

（2）规上奖励

见附录4　规上奖励

2. 奖补措施

（1）特色种植标准化生产项目奖补

见附录2　特色种植标准化奖补

（2）农产品加工奖补

见附录2　农产品加工业发展项目奖补

（3）共享农庄奖补

见附录2　共享农庄项目奖补

（4）农产品认证奖补

见附录2　农产品认证项目奖补

（5）农机购置补贴

见附录2　农机购置补贴

四、产业发展策略

（一）集约化育苗

充分利用海南适合椰子种植的特点，建立椰子种质资源圃，通过引种试种和自我培育相结合的方式，开展椰子新品种选育，培育优良品种。开展组织培养，培育椰子组培苗。利用现代化育苗设施，选用优良椰果开展集约化、工厂化、标准化、健康化育苗。

（二）标准化种植

按照椰子标准化种植的要求，完善椰林田间道路、水利设施、植保工程等配套设施设备，提高开垦、种植、采收、植保等环节的自动化、数字化、机械化水平，因地制宜发展南药、食用菌、可可、养殖等林下经济，建设环境友好型生态椰园。

（三）农文旅融合

利用海南生态环境良好、自然景观众多、椰树风光独特、椰子文化底蕴深厚的特点，打造集椰子种植采摘、工艺品制作、婚纱摄影、文创产品开发、休闲旅游康养等于一体的农文旅融合发展示范基地。

五、案例分析

（一）企业简介

以国内某椰子生产企业在海南文昌建设椰子种植基地为例。某公司注册资金为3000万元，经营范围主要包括椰子种植、加工等业务，已在海南文昌建设2000亩椰子种植基地。

（二）投资优势

1. 个人所得税

若年度的工资薪金税前收入为100万元，那么按照我国现行的个人所得税法来计算，扣除年度费用、五险一金、专项附加等税法允许扣除的项目，全年应纳税所得额为80万元，全年应纳税款是19.4万元，如果按照海南自由贸易港个人所得税优惠政策来计算，那么全年的应纳税额就是80万元×15%=12万元，实际税负超过15%的部分，19.4万元-12万元=7.4万元，免征7.4万元。

2. 企业所得税

若公司年营业收入约为1000万元，受益于市场需求不断扩大、生产技术不断提升等因素影响，生产基地年营业收入可以实现10%—20%的增长率，企业所得税缴纳情况如表2-2所示。

表 2-2　椰子种植经营公司所得税缴纳对比

（单位：千万元）

营业时间	第一年	第二年	第三年	第四年	第五年	累计缴纳
营业收入	1	1.1	1.22	1.4	1.68	—
营业成本	0.75	0.79	0.83	0.91	0.98	—
内地公司企业所得税	0.06	0.08	0.1	0.12	0.18	0.54
海南公司企业所得税	0.04	0.05	0.06	0.07	0.11	0.33

备注：内地公司企业所得税税率为25%，海南公司企业所得税税率为15%。

综上分析，以椰子种植经营发展五年为基数，相较内地设立公司，在海南自由贸易港可累计节省约0.21千万元。

（三）奖补措施分析

依据现有的种植业奖补措施，预计可获得补贴分类如表2-3所示。

表 2-3　椰子种植基地可获得奖补优惠

类　别	最高金额（万元）
“三品一标”基地或标准化示范园	100
认定省级共享农庄	50
国家农产品地理标志登记保护产品（个）	50
国家有机农产品（个）	20
国家绿色食品（个）	10
GAP良好农业规范农产品（个）	10

六、操作指南

（一）落户指南

针对椰子种植企业落户海南自由贸易港、设立子公司并投资建设研发制造项目主要涉及公司注册、项目投建、人才认定事项，具体要求和流程如下。

1. 登记注册

见附录3　登记注册

2. 人才认定

见附录3　人才认定

（二）兑现指南

1. 个人所得税

见附录4　个人所得税申报

2. 企业所得税

见附录4　企业所得税申报

3. “零关税”

见附录4　“零关税”申报

4. 奖补措施

（1）高质量发展激励

见附录4　高质量发展激励

（2）农机购置补贴

见附录4　农机购置补贴工作程序

（3）规上奖补

见附录4　规上奖补工作程序

（三）落地指南

1. 备案核准

见附录5　备案核准

2. 环评审批

见附录5　环评审批

3. 节能审查

见附录5　节能审查

七、企业分布

国内部分椰子种植加工企业如表2-4所示。

表2-4　国内部分椰子种植加工企业分布

企业名称	企业简介	所在地
广东百森食品饮料有限公司	公司成立于1990年，旗下拥有香港、广东两大运营中心和广东佛山、广东肇庆、湖南岳阳、黑龙江大庆四大生产中心。企业横跨广东、湖南、黑龙江三大省份，实力雄厚。 2014年，百森投资数亿元全面进军植物蛋白饮料行业，打造从研发、跨国原料种植（越南、泰国、菲律宾）、采摘、加工、生产、检测、运输、营销的全产业链模式。公司集印铁、制罐、生产于一体，形成了一条技术领先，标准化、规模化、整合化的运作模式，确保产品质量标准高、安全性高。公司视消费者利益为核心，塑造“7天采摘，3小时生榨”的生榨椰汁行业标准，逐步让品牌成为生榨椰汁行业的领导者，成为纯植物新鲜营养领域的健康专家，让消费者喝到新鲜、营养、健康的植物蛋白饮品。	广东
广东椰泰生物科技有限公司	广东椰泰生物科技有限公司于2017年7月5日成立，总部位于广州市番禺区，工厂位于惠州博罗新世纪工业园，是一家集研发、生产、销售于一体的大型现代化生产企业，拥有多条不同品项规格的全自动一体化无菌生产线、超洁净生产线，是国内首家采用无菌技术生产果肉椰子汁的生产企业和国内为数不多的无菌生产企业。 生产品类有生榨椰汁，生榨果汁，植物蛋白饮品，咖啡饮品，冷泡茶饮料，益生菌酸奶，益生菌乳酸菌，维生素营养饮品，菊花、金银花、罗汉果凉茶植物饮料等九大健康饮品系列。	广东
江苏苏萨食品有限公司	苏萨食品有限公司是一家专注从事饮品开发、生产、销售、进出口贸易的大型食品企业集团，目前拥有苏萨食品国际集团股份有限公司、广东苏萨食品有限公司、佛山苏萨食品有限公司、江苏苏萨食品有限公司、湛江市苏萨食品有限公司、湛江市苏特食品有限公司、苏萨咔乐饮品有限公司、苏萨嘉之味食品有限公司8家成员企业，拥有员工2100人，拥有包括热罐装饮料生产线、塑瓶装植物蛋白饮料生产线、玻璃瓶装植物蛋白饮料生产线、吹瓶制瓶生产线在内的27条生产线。2012年该公司被认定为“中国生榨椰子汁创始企业”“中国椰子汁品牌”。	江苏

槟　榔

槟榔种植产业是指槟榔栽培以及取得槟榔产品的行业。

一、产业发展现状分析

海南是中国槟榔主产区，其中琼海市、万宁市、三亚市、定安县和琼中黎族苗族自治县种植面积、产量相对较大。2011—2021年，全省种植面积年均增长8.09%，产量年均增长3.76%，2021年种植面积17.30万公顷，产量27.62万吨（如图2-1）。槟榔品种主要有海南种、云南种和台湾种三大类。产业规模以每年30%的速度递增。2020年，全国槟榔全产业链规模超过700亿元。2015—2022年槟榔鲜果价格呈上升趋势，年均增长14%。目前，海南槟榔企业共有10402家，其中代表性企业有海南多元槟榔产业发展有限公司、万宁郑九槟榔种植有限公司、万宁大气槟榔种植有限公司、海南雅利农业开发有限公司等。

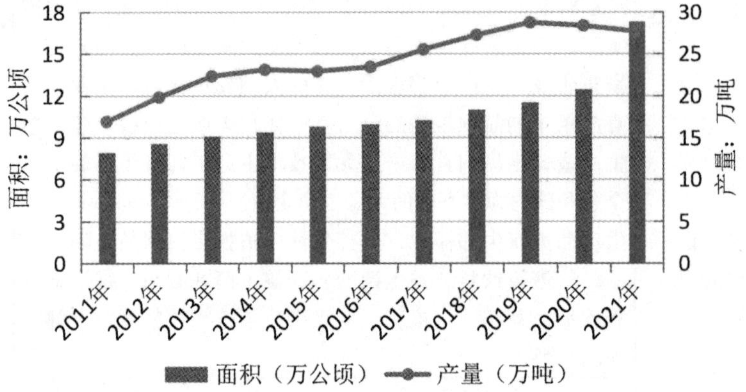

图2-1　海南省2011—2021年槟榔种植面积、产量

数据来源：全国热带、南亚热带作物生产情况（2011—2021年）。

二、产业发展有利条件

（一）区位优势

海南气候温暖湿润，年平均气温在22℃以上，阳光充足、雨量充沛、土地肥沃，是全球最适宜种植槟榔的区域。极佳的自然条件使得槟榔的产量更高、品质更优。海南槟榔鲜果肉质厚、纤维少，是槟榔加工企业的首选原料。国内槟榔深加工企业纷纷来海南布局，争夺海南优质的槟榔鲜果。例如槟榔行业的龙头企业口味王集团就是选用海南万宁“万里挑一”槟榔果打造百元新品“和成天下”。

（二）政策优势

《海南省“十四五”推进农业农村现代化规划》指出：建设槟榔标准化基地；加强抗病、高产、高功效槟榔新品种选育，加强种苗快繁和脱毒技术研究，建设优质脱毒种苗繁育基地；建立槟榔黄化病联防联控机制，落实黄化病统防统治工作方案，逐步解决槟榔黄化病问题；推动槟榔产品安全性确认；加强海外拓展，努力掌握一批海外原料基地、初加工基地和仓储物流基地，推动槟榔深加工产品海外销售；建立槟榔产业市场预测预警机制，引导槟榔行业组织健康发展。

《海南省热带特色高效农业全产业链培育发展三年（2022—2024）行动方案》明确：海南省三年内聚焦农业主导产业，实施槟榔、水稻、冬季瓜菜等17个产业全产业链培育发展任务。根据“一链一策”原则出台槟榔、胡椒、咖啡等13个产业实施方案及配套支持政策等有关措施，全面铺开产业链培育发展工作。

（三）市场优势

近年来槟榔相关产品消费增长较快，供不应求，供需矛盾突出，鲜果价格上涨较快，年均价格常年保持在高位运行，达13元/斤以上。海南槟榔种植成本相对较低，市场价格优势明显，经济效益可观。海南槟榔鲜果兼具药用价值，是四大南药之首，市场开发前景广阔。

三、产业发展利好分析

（一）个人所得税

见附录1　个人所得税

（二）企业所得税

见附录1　企业所得税

（三）“零关税”

见附录1　“零关税”

（四）扶持措施

1. 激励措施

（1）特色种植标准化奖补

见附录2　特色种植标准化生产项目奖补

（2）农产品认证奖补

见附录2　农产品认证项目奖补

（3）高质量发展激励

见附录2　高质量发展激励

2. 奖补措施

（1）规上奖补

见附录2　规上奖补

（2）农机购置补贴

见附录2　农机购置补贴

（3）农产品加工奖补

见附录2　农产品加工业发展项目奖补

3. 地方扶持措施

槟榔种植在海南历经千年，发展至今，已经逐步形成产业集群，形成了完整的产业链。2017年，海南省还评选万宁后安和东澳食用槟榔产业园为省级现代农业产业园，享有在用地、财政、金融、保险等方面优惠政策。以万宁市为例，2016年，万宁市发布《万宁市人民政府办公室关于印发万宁槟榔产业园招商引资优惠政策的通知》，制定了一系列招商引资优惠政策。

（1）基础设施

优化槟榔产业园周边交通路网，保证周边基础设施的“五通一平”（给水、排水、通电、通路、通讯、场地平整）。

（2）营商环境

对投资企业办理各类政务服务事项实行联审联批制度，由万宁槟榔产业园有限公司（以下简称“槟榔产业园公司”）牵头，采取一站式服务。缩短政务服务事项的审批时间。园区内项目各类政务服务事项审批一律不超过3个工作日。

（3）科研项目

对入驻槟榔产业园的企业需要申报高科技项目的，市政府将创造条件积极配合企业争取列入国家、省、市级科技项目。

（4）土地政策

槟榔产业园内企业建设槟榔种植基地，可按照“依法、自愿、有偿”的原则，采取租赁、转包、入股、互换等形式流转土地，也可通过合作制、股份制等形式，与农民共同开发、经营。直接用于农业的工厂化作物栽培及相应附属设施用地按照设施农用地进行管理。槟榔产业园非农业建设用地实行“以项目带土地”的供应政策，以招拍挂方式出让。属于直接为项目配套的科研用地，符合国家规定的按核准的科研实际用地面积予以划拨。槟榔和农副产品研发和加工的核心项目，按照项目用地实际缴纳土地出让金的50%进行补贴，专项用于项目建设。项目用地优先纳入市土地年度利用计划，保障项目用地计划指标。

（5）资金扶持

年销售收入2000万元（含2000万元）至1亿元，且收入增速连续两年超过40%或上一年增长超过100%的企业，奖励20万元至50万元；销售收入1亿元（含1亿元）至5亿元，且上年收入增速超过40%的企业，奖励50万元至100万元；销售收入5亿元（含5亿元）以上，且上年收入增速超过30%的企业，奖励100万元至150万元。

市政府对企业或个人自主创新年获发明专利3件（含3件）以上，且有1件或以上已实施的一次性奖励3万元；自主创新年获发明专利5件（含5件）以上，且有3件或以上已实施的一次性奖励10万元。经国家知识产权局考核合格的国家级知识产权试点企业给予一次性奖励5万元；经国家知识产权局确认的国家级知识产权示范企业给予一次性奖励10万元。对获得中国专利金奖、优秀奖的专利权人分别一次性奖励15万元和10万元。国内外科技人员、海外留学人员携带可转化为产品的科技成果来槟榔产业园创办科技企业进行产业化，市政府将进行奖励。奖励产业孵化经费数额一般不超过30万元，个别重大项目最高不超过50万元。槟榔产业园内从事种植、加工、物流、休闲农业开发和经营的独资或合资合作项目，取得的收入，依法征税。凡投资金额在20000万元（含20000万元）人民币以上、50000万元人民币以下的，企业缴纳的所得税的市级地方留成部分（下同），前5年按30%补贴企业，第6年至第10年按25%补贴企业；投资50000万元（含50000万元）人民币以上的，前5年按40%补贴企业，第6年至第10年按30%补贴企业。槟榔种植、加工企业参加各类展销会的参展费，由槟榔产业园公司限额补贴。对组织收购、销售槟榔的企业和中介组织，每收购或销售100吨，给予1万元的奖励，最高奖励金额不超过10万元。鼓励企业开发国外市场，出口额达到5000万元（含5000万元）人民币，按5‰奖励。

（6）贷款贴息扶持

对投资企业的银行贷款给予建设期（2年）贷款利息（银行基准利息）的40%补息。

四、产业发展策略

（一）集约化育苗

选择产量高、品质好、无病虫害的优质槟榔种子，采用现代化育苗设施设备，在适宜的育苗地点，开展集约化育苗，减少病害传播风险。引导农民采用小拱棚小面积集中育苗，提高育苗效率和质量。

（二）数字化种植

通过先进的数字化设备，利用种植水肥水药一体化、土壤环境自动监测、智能化管理、机械化采收、质量全程可追溯等技术，借助数字化平台对槟榔种植进行自动管理和协调作业，提升槟榔产业标准化、数字化、规模化种植水平。

（三）绿色种植

通过施用有机肥、生物农药、绿色防控、间作套种等技术，降低病虫害发生率，提升槟榔绿色种植水平，提高槟榔鲜果品质及产量。

（四）农文旅融合

挖掘槟榔文化内涵，开发槟榔文化体验馆、文化展示馆等；推广槟榔采摘、品尝、加工品制作等农文旅休闲活动；组织槟榔文化节、美食嘉年华、文化展览、文化讲座等活动；打造槟榔园、博物馆、休闲广场等主题景区；开发槟榔手工艺品、文创产品及特色食品，提升槟榔产业农文旅融合发展水平。

五、案例分析

（一）企业简介

以某槟榔生产企业在海南万宁建设槟榔种植基地为例。该企业注册资金为8000万元，经营范围包括槟榔种植、加工、销售等业务。计划投资5000万元，在海南万宁种植3000亩槟榔。

（二）投资优势

海南省各级政府在基础设施、实验设备、人才补贴、进出口贸易、税收优惠等方面都给予公司扶持。

1. 个人所得税

结合海南自由贸易港个人所得税政策给予的个人所得税优惠减免可知，槟榔种植公司高层人员若年薪超过47.2万元可享受个人所得税优惠政策红利。若年度工资薪金的税前收入为100万元，按照我国现行的个人所得税法计算全年纳税额，扣除年度费用、五险一金、专项附加等税法允许扣除的项目，全年应纳税所得额为80万元，全年应纳税额为19.4万元。若按海南自由贸易港个人所得税优惠政策计算，则全年应纳税额为80万元×15%=12万元，实际税负超过15%的部分为19.4万元-12万元=7.4万元，免征7.4万元。

2. 企业所得税

若公司年营业收入约为2300万元，受益于市场需求不断扩大、生产技术不断提升等因素影响，生产基地年营业收入可以10%—20%的增长率实现稳步增加，加工企业所得税对比情况如下表2-5所示。

表2-5　槟榔加工企业所得税对比

（单位：千万元）

营业时间	第一年	第二年	第三年	第四年	第五年	累计缴纳	备注
营业收入	2300	2530	2806	3220	3864	14720	—
营业成本	1725	1998.7	2328.98	2930.2	3786.72	12769.6	—
内地企业所得税	143.75	132.8	119.26	72.45	19.32	487.58	内地企业所得税税率为25%
海南企业所得税	86.25	79.7	71.55	43.47	11.59	292.56	自由贸易港特色支持政策，优惠降至15%，海南企业所得税税率为15%
海南企业所得税	55.79	66.41	50.09	30.43	8.11	210.83	槟榔产业园的优享政策核减30%，海南企业所得税税率为10.5%

综上分析，以槟榔种植经营发展五年为基数，相较内地设厂，在海南自由贸易港设立企业可累计节省约195.02千万元，在槟榔产业园设厂可累计节省约276.75千万元。

（三）奖补措施分析

依据现有的种植业奖补政策，预计可获得补贴情况如下表2-6所示。

表2-6　槟榔企业可获得各类奖补优惠

类别	未优惠的情况	享有优惠后的情况	奖补依据
厂宿用地80亩	2400万元	节省1200万元	槟榔产业园的优享政策
各类审批手续	3个月	节省2个月27日	槟榔产业园的优享政策
每年申报1个槟榔类项目	无	获批项目经费50万元	槟榔产业园的优享政策
年销售收入2300万元	无	奖励20万元	槟榔产业园的优享政策
税收贡献奖励	15%税率	前5年10.5%税率	槟榔产业园的优享政策
“三品一标”基地或标准化示范园	无	100万元	槟榔产业扶持政策
认定省级共享农庄	无	50万元	槟榔产业扶持政策
国家农产品地理标志登记保护产品（个）	无	50万元	槟榔产业扶持政策
GAP良好农业规范农产品（个）	无	10万元	槟榔产业扶持政策

六、操作指南

（一）落户指南

针对槟榔种植企业落户海南自由贸易港、设立子公司并投资建设研发制造项目主要涉及公司注册、项目投建、人才认定事项，具体要求和流程如下。

1. 登记注册

见附录3　登记注册

2. 人才认定

见附录3　人才认定

（二）兑现指南

槟榔种植企业落户海南可享受“零关税”政策、个人及企业所得税优惠政策以及研发和成果转化、产业配套等财政奖补政策兑现，责任部门、流程内容、提交材料如下。

1. 个人所得税

见附录4　个人所得税申报

2. 企业所得税

见附录4　企业所得税申报

3. “零关税”

见附录4　“零关税”申报

4. 奖补措施

（1）高质量发展奖补

见附录4　高质量发展激励

（2）农机购置补贴

见附录4　农机购置补贴工作程序

（3）规上补贴

见附录4　规上奖补工作程序

（4）农产品加工补贴

见附录4　农产品加工奖补工作程序

（三）落地指南

1. 备案核准

见附录5　备案核准

2. 环评审批

见附录5　环评审批

3. 节能审查

见附录5　节能审查

七、企业分布

国内部分槟榔种植企业如表2-7所示。

表2–7　国内部分槟榔种植企业分布

企业名称	企业简介	所在地
海南多元槟榔产业发展有限公司	海南多元槟榔产业发展有限公司汇聚科技、金融、市场、政策和园区资源，携手槟榔产业链各主体共同做大做强槟榔产业。以国家级科技创新平台推进产业升级；以信息数据平台引导产业理性发展；以资源整合平台集约产业资源配置；以产业孵化平台培育多元产业主体；以产业交互平台引领市场有序竞争。公司重点发展槟榔标准化种植示范园，力求改变海南槟榔种植靠天吃饭、重收轻管、产量下滑、品质不一的现状，为槟榔产业的健康发展夯实基础。	海南
海南雅利农业开发有限公司	海南雅利农业开发有限公司是海南槟榔加工行业的重点企业，位于拥有中国槟榔之乡盛名的万宁市长丰镇，是集槟榔种植、产品研发、生产加工、技术培训、销售及槟榔文化观光于一体的现代化槟榔生产基地，公司槟榔加工项目总投资1.2亿元，占地面积为146.1亩，是拥有国内先进生产和检测设备的现代化槟榔食品企业。	海南
海南省鑫东槟榔种植专业合作社联合社	海南省鑫东槟榔种植专业合作社联合社成立于2021年2月3日。经营范围包括林木种子生产经营，中草药种植，农产品的生产、销售、加工、运输、贮藏及其他相关服务，农业生产资料的购买、使用，农村民间工艺及制品、休闲农业和乡村旅游资源的开发经营，与农业生产经营有关的技术、信息、设施建设运营等服务（一般经营项目自主经营，许可经营项目凭相关许可证或者批准文件经营，依法须经批准的项目，经相关部门批准后方可开展经营活动）。	海南
陵水南平枫棵槟榔种植农民专业合作社	陵水南平枫棵槟榔种植农民专业合作社成立于2013年6月9日，注册地位于陵水黎族自治县南平农场。经营范围包括槟榔种苗提供、技术栽培、病虫害防治；槟榔产品采收、销售；槟榔产品加工、包装、运输、储藏；与槟榔产品相关的业务咨询服务。	海南
万宁郑九槟榔种植有限公司	企业位于海南省万宁市长丰镇福田村委会，经营范围包含：槟榔、水果、谷物、食用菌、园艺作物、中药材、诺丽果种植，槟榔初加工，农产品初加工服务。	海南

续表

企业名称	企业简介	所在地
琼海长坡华兴槟榔种植专业合作社	琼海长坡华兴槟榔种植专业合作社成立于2014年，位于海南省琼海市，是一家以从事农业为主的企业，企业注册资本600万人民币。为合作社成员提供槟榔种植、组织采购等服务；供应成员所需的槟榔种植生产资料；组织收购、加工、储存、运输、销售成员的产品；引进新技术、新品种；开展与农产品经营有关的技术培训、技术交流和咨询服务等。	海南

咖　啡

海南种植的咖啡主要是罗布斯塔品种，为中粒种，油脂含量高，风味醇厚，在海南一年多次结果。

一、产业发展现状分析

海南咖啡种植始于19世纪末，由文昌华侨从马来西亚引进，距今已超百年历史。现今咖啡已经在文昌、万宁、澄迈、五指山、琼中、白沙等地种植，形成多个产区，各有特色。截至2021年，海南咖啡种植面积达到1185公顷，产量1338吨，产值5200万元，如表2-8所示。

表2-8　海南省历年咖啡生产情况

年份	年末面积（公顷）	当年新种（公顷）	收获面积（公顷）	总产量（吨）	产值（万元）
2015	499	58	148	259	500
2016	656	68	162	342	600
2017	679	38	183	406	810
2018	887	209	187	406	722
2019	909	32	216	435	869
2020	1053	172	209	398	795
2021	1185	54	577	1338	5200

数据来源：历年海南统计年鉴、农业农村部农垦局《全国热带、南亚热带作物生产情况》。

海南咖啡主要种植在万宁、澄迈、琼中和白沙，这4个市县的咖啡种植面积占到全省面积的99.43%。万宁咖啡种植区域主要分布在三更罗镇、长丰镇、北大镇、礼纪镇、南桥镇和兴隆区；澄迈咖啡种植区域主要分布在福山、金江、大丰、桥头等乡镇；琼中咖啡种植区域主要分布在阳江农场、和平镇；白沙咖啡种植区域主要分布在牙叉、元门、细水一带。现有咖啡企业4828家，其中注册资本在100万元以内的企业占64%；在200万元至500万元以内的企业占13%。咖啡相关的农民合作社累计超过10000家，表2-9列出了2021年海南各市县咖啡生产情况。

表2-9　2021年海南各市县咖啡生产情况

市县	年末面积（公顷）	当年新种（公顷）	收获面积（公顷）	总产量（吨）
文昌	1	—	1	1
万宁	307	3	269	402
澄迈	398	—	212	767
儋州	3	—	—	—
琼中	262	25	53	56
白沙	213	26	42	111

数据来源：2022年海南统计年鉴。

经过多年发展，海南已有“兴隆咖啡”“福山咖啡”“侯臣咖啡”“森谷咖啡”“敦隆山咖啡”“古色咖啡”等咖啡品牌，其中“福山咖啡”被国家市场监督管理总局评为国家地理标志保护产品，“兴隆咖啡”入选中欧地理标志首批保护清单。

二、产业发展有利条件

（一）区位优势

海南具有适宜种植咖啡树的良好生态资源环境，是我国唯一的单一罗布斯塔咖啡产区。从经纬度上看，海南正处于全球咖啡最佳种植区域，平均温度20度左右，没有霜降，光照充足、热量丰富、光合潜力大，气候和土壤条件与著名的牙买加“蓝山咖啡”类似。在海南种植的咖啡豆味道浓郁而不苦，咖啡因含量在1.12%左右。特别是在澄迈县的火山地区，该处土壤有机物含量高，在此处种植的咖啡具有独特的风味和品质。

（二）政策优势

《海南省“十四五”推进农业农村现代化规划》指出：做大咖啡产业，打造咖啡品牌，扩大咖啡境外加工原料进口，加快发展来料加工业和拓展“一带一路”市场的外向型加工业，建设咖啡国际交易中心。《中共海南省委海南省人民政府关于做好2023年全面推进乡村振兴重点工作的实施意见》明确：聚焦优势主导产业，培育发展咖啡等十五大产业全产业链。《海南省咖啡全产业链培育发展三年（2023—2025）行动方案》提出：到2024年底，咖啡种植面积达到5万亩，培育出不少于5家“海南咖啡”企业品牌，打造3个咖啡标准化示范基地或林下套种示范基地，全省年加工咖啡成品达到8000吨，产值达到80亿元，创建1个省级咖啡优势特色产业集群。目前，海南已把建设国家咖啡重点实验室、咖啡良种繁育中心、咖啡创新中心、咖啡交易中心、咖啡质量监督检验中心、研究院等列入议事日程，不断探索咖啡产业精深化发展道路。

（三）市场优势

由于海南独特的气候条件和自然资源，咖啡树可以一年多次结果，所产的咖啡油脂含量高，且带一点坚果香气，口味独特，深受消费者喜爱。但海南咖啡产量仅占全国咖啡总产量的0.94%，供不应求，市场缺口巨大。面对巨大的市场发展潜力，海南咖啡种植优势显著。

三、产业发展利好分析

（一）个人所得税

见附录1　个人所得税

（二）企业所得税

见附录1　企业所得税

（三）“零关税”

见附录1　“零关税”

（四）扶持措施

1. 激励措施

（1）高质量发展激励

见附录2　高质量发展激励

（2）规上奖补

见附录2　规上奖补

2. 奖补措施

（1）特色种植标准化奖补

见附录2　特色种植标准化生产项目奖补

（2）农产品认证奖补

见附录2　农产品认证项目奖补

（3）农机购置补贴

见附录2　农机购置补贴

（4）农产品加工奖补

见附录2　农产品加工业发展项目奖补

四、产业发展策略

（一）标准化种植

可以进行咖啡标准化和复合间作种植，从育苗、选地、规划、开发、定植、套种、日常管理、施肥、修枝、病虫害防治、果实采收等方面进行标准化高效栽培和绿色防控，建立咖啡标准化示范基地，通过绿色有机种植，提升咖啡亩产量及品质，实现咖啡产业标准化、品质化、高效化。

（二）咖啡进出口贸易

利用自由贸易港政策和RCEP叠加效应，与国际咖啡贸易商建立合作关系，积极开展咖啡进出口贸易，利用咖啡加工增值政策优势，打造具有地域特色和独特风味的咖啡品牌，提高知名度和市场价值，延长咖啡产业链，拓展销售渠道，打造咖啡新型国际专业市场。

（三）农旅融合

挖掘海南咖啡文化，结合咖啡产业，打造集咖啡豆采摘体验、民俗文化、观光旅游、生产教育实践、文创产品于一体的咖啡农旅基地，建设咖啡农庄和咖啡文化小镇，推动咖啡农旅融合发展。

五、案例分析

（一）企业简介

某咖啡企业在海南注册，注册资金为8000万元，经营范围包括咖啡产业种植、储存、加工、运输、贸易，农业观光，休闲农庄等。现有员工100人。

（二）投资优势

1. 个人所得税

结合海南自由贸易港个人所得税政策给予的个人所得税优惠减免可知，企业高层人员若年薪超过47.2万元可享受个人所得税优惠政策红利。若年度工资薪金的税前收入100万元，按照现行的个人所得税法计算，扣除年度费用、五险一金、专项附加等税法允许扣除的项目，全年应纳税所得额为80万元，全年应纳税额为19.4万元。若按海南自由贸易港个人所得税优惠政策计算，则全年应纳税额为80万元×15%=12万元，实际税负超过15%的部分为19.4万元−12万元=7.4万元，免征7.4万元。

2. 企业所得税

与我国法定企业所得税税率25%相比，海南自由贸易港企业所得税优惠政策适用税率15%，政策适用企业税后利润可增加10%以上。相较同为自由贸易港的中国香港、新加坡企业所得税税率分别为16.5%与17%，海南自由贸易港企业所得税政策对国内外企业均具有一定吸引力。以在海南生产咖啡，经营发展五年为基数，企业所得税在内地缴纳25%，海南自由贸易港企业所得税优惠政策适用税率15%，五年经营情况可累计节约所得税340万元（见表2−10）。

表2−10　咖啡种植企业所得税缴纳对比情况

（单位：万元）

营业时间	第一年	第二年	第三年	第四年	第五年	累计缴纳
营业收入	1500	1800	2000	2200	2300	—
营业成本	1000	1200	1300	1400	1500	—
内地设厂企业所得税	125	150	175	200	200	850
海南设厂企业所得税	75	90	105	120	120	510

备注：内地设厂企业所得税税率为25%，海南设厂企业所得税税率为15%。

3. “零关税”

在海南自由贸易港以“前店后厂”模式做咖啡加工制造，可以享受进口关税和增值税的双重减免。如进口未焙炒咖啡，可以减免8%的关税；而进口已焙炒咖啡，可以减免15%的关税。咖啡加工好后，进入免税城销售还可再减免13%的进口增值税。

（三）奖补措施分析

依据现有的奖补政策，预计可获得各类补贴如表2-11所示。

表2-11　咖啡种植基地可获得各类奖补优惠

类别	最高金额（万元）
“三品一标”基地或标准化示范园	100
认定省级共享农庄	50
国家农产品地理标志登记保护产品（个）	50
国家有机农产品（个）	20
国家绿色食品（个）	10
GAP良好农业规范农产品（个）	10

六、操作指南

（一）落户指南

1. 登记注册

见附录3　登记注册

2. 人才认定

见附录3　人才认定

（二）兑现指南

1. 个人所得税

见附录4　个人所得税申报

2. 企业所得税

见附录4　企业所得税申报

3. “零关税”

见附录4　“零关税”申报

4. 奖补措施

（1）高质量发展激励

见附录4　高质量发展激励

（2）农机购置奖补

见附录4　农机购置补贴工作程序

（3）规上奖补

见附录4　规上奖补工作程序

（三）落地指南

1. 备案核准

见附录5　备案核准

2. 环评审批

见附录5　环评审批

3. 节能审查

见附录5　节能审查

七、企业分布

国内外部分咖啡企业如表2-12所示。

表2-12　国内外部分咖啡企业分布

企业名称	企业简介	所在地
雀巢咖啡	世界上第一个速溶咖啡品牌，总部位于瑞士，在全球180多个国家都有销售，引领着咖啡饮料品类的潮流。产品涵盖了速溶咖啡、胶囊咖啡、挂耳咖啡等。2020年，雀巢咖啡名列福布斯2020全球品牌价值100强第33位。	瑞士
普洱凌丰咖啡公司	公司位于云南省普洱市思茅区，2014年成立，注册资本500万元，累计建成优质自有咖啡基地23万亩，已经成为中国咖啡种植面积最大的企业。	中国云南
肆只猫咖啡	云南肆只猫咖啡有限公司在云南怒江的高黎贡山拥有5000多亩咖啡种植基地，种植有高品质云南小粒咖啡，在保山建成大型咖啡加工基地，能够同时加工鲜果咖啡豆和速溶咖啡粉。自种自产自销，剔除咖啡销售的中间环节，保证产品利润的同时也提高了产品品质。	中国云南

续表

企业名称	企业简介	所在地
捷荣咖啡	捷荣集团1932年于香港成立，是新加坡的上市集团公司，业务地域包括中国、澳洲、加拿大、马来西亚、新加坡。主要经营三合一咖啡、奶茶，炒磨咖啡粉/豆以及连锁咖啡店，在香港的市场占有率高达80%。	中国香港

海南茶

海南茶指海南生产的茶叶，主要产品有红茶、绿茶、白茶等，国家地理标志产品有“五指山红茶”和“白沙绿茶”。

一、产业发展现状分析

海南茶叶种植主要分布在琼中、五指山、白沙、澄迈、保亭、定安，2021年各市县种植面积、收获面积和产量如表2-13所示。2012—2021年，海南茶叶种植面积、产量总体呈增长趋势，2021年海南茶种植面积2334公顷、产量1320吨（见图2-2）。海南省最大的茶叶龙头企业是海南省农垦五指山茶业集团股份有限公司，拥有白沙绿茶、白马骏红茶、金鼎茶、南海茶、瑞军潭茶等多个茶叶品牌，旗下有白沙、乌石、五指山、南海四大茶叶生产基地及三道、金江等茶文化产业园。其他有影响力的茶叶企业有椰仙、水满润红、妙自然、苗绿香、水满红、薄纱、天然、五里路等。

表2-13　2021年部分市县茶叶种植面积、收获面积和产量数据

市县	年末面积（公顷）	收获面积（公顷）	总产量（吨）
琼中	682	244	93
五指山	626	447	221
白沙	581	487	606
澄迈	287	287	300
保亭	81	81	42
定安	34	34	23
万宁	31	26	31
儋州	11	5	5

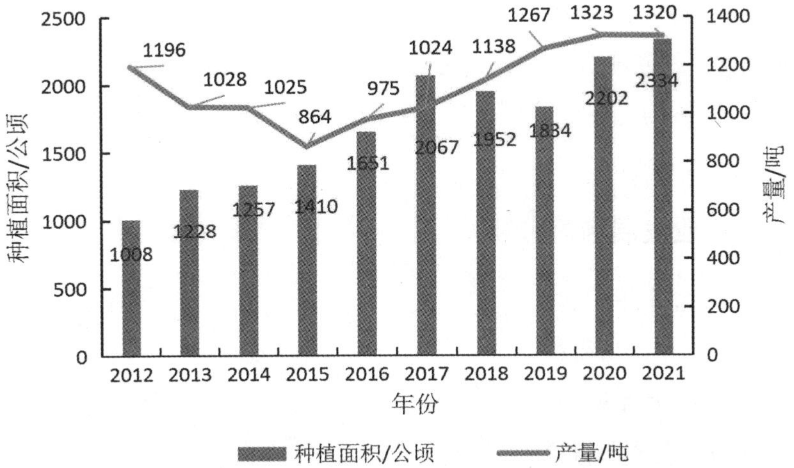

图2–2　2012—2021年海南茶叶种植面积与产量

二、产业发展有利条件

（一）区位优势

海南是我国唯一的一个低纬度高海拔热带雨林红茶产区。海南茶叶的核心产区（五指山、白沙、琼中）在亚洲热带雨林和世界季风常绿阔叶林交错带上，生态环境优良，负氧离子含量高，空气和水源良好，阳光辐射量大，降雨充沛，土壤湿润，茶树内含物质丰富，茶叶风味独特。

（二）政策优势

《海南省“十四五”推进农业农村现代化规划》指出，扶持五指山、琼中、白沙等市县发展茶产业，打造五指山红茶、白沙绿茶等产业基地，建设集茶文化、民俗文化、禅文化及休闲度假于一体的休闲康养旅游产业。《海南省热带特色高效农业全产业链培育发展三年（2022—2024）行动方案》指出，挖掘五指山大叶茶等海南特色茶叶资源，加大引进培育优质品种资源，推进品种培优，品质提升，打造特色茶叶产品，创新农文旅发展模式，推进产业融合。

（三）品种优势

海南茶叶种植有1000多年的历史，现有100多个品种，主要种植品种有海南大叶种、云南大叶种、福鼎大白茶、福云6号、金萱等。海南大叶种芽叶肥壮、发芽早、生育力强、采摘时间长、产量高，茶多酚含量高，适合制作红茶，滋味醇厚。云南大叶种在海南表现芽头粗壮、密披茸毛、萌芽力强、采摘时间长、茶多酚含量高，也适合制作红茶，但滋味浓烈。福鼎大白茶、福云6号、金萱均有生长旺盛、抗逆性强、发芽早、产量高的特点，泡成的红茶、绿茶、白茶品质均佳。

三、产业发展利好分析

（一）个人所得税

见附录1　个人所得税

（二）企业所得税

见附录1　企业所得税

（三）“零关税”

见附录1　“零关税”

（四）扶持措施

1. 激励措施

（1）高质量发展激励

见附录2　高质量发展激励

（2）规上奖补

见附录2　规上奖补

2、奖补措施

（1）农机购置补贴

见附录2　农机购置补贴

（2）特色种植标准化奖补

见附录2　特色种植标准化生产项目奖补

（3）农产品加工奖补

见附录2　农产品加工业发展项目奖补

（4）共享农庄补贴

见附录2　共享农庄项目奖补

（5）农产品认证补贴

见附录2　农产品认证项目奖补

四、产业发展策略

（一）标准化种植

结合海南区域茶叶的发展状况，践行“把生态装进茶杯里”的绿色发展理念，建设规模化标准化生态茶种植基地，配套建立喷灌、水肥一体化、物联网等基础设施，引入种植管理机械、绿色防控等设备，提升基地规范化、标准化、数字化水平。

（二）规范化加工

引进信息化、智能化设备，提高茶叶加工的效率，降低生产成本，提升经济效益。优化绿茶、红茶、白茶等初加工产品工艺与流程，增强产品市场竞争力；发展茶叶精深加工产品（如茶氨酸护肤品、茶酒等），延伸产业链；叠加海南自由贸易港和RCEP政策效应，以茶叶鲜叶、半成品、成品茶或副产品为原料，开展来料加工，开发新的茶饮料，提取茶叶中的功能性成分用于医药、食品、化工等行业，销往国内外市场。

（三）农文旅融合

通过挖掘茶文化，打造采茶、制茶、品茶、评茶、吃茶、游茶等全产业链体系，发展集采摘体验、民俗文化、观光旅游、休闲康养、生产教育实践于一体的农文旅基地，打造热带雨林山地茶园碳中和与高质量综合开发样板区。

五、案例分析

（一）企业简介

以国内知名企业在海南建设茶叶种植加工基地为例。某公司注册资金为500万元，该公司经营范围包括海南大叶茶种植、加工、营销等业务。计划年度投资100万元，在海南建设300亩茶叶种植基地。

（二）投资优势

1. 个人所得税

2025年前，对在海南自由贸易港工作的高端人才和紧缺人才，其个人所得税实际税负超过15%的部分，予以免征。2035年前，对一个纳税年度内在海南自由贸易港累计居住满183天的个人，其取得来源于海南自由贸易港范围内的综合所得和经营所得，按照3%、10%和15%三档超额累进税率征收个人所得税。经测算，个人年收入超过47.02万元（或经营所得应纳税所得额超过31.92万元）时，可享受实际税负超过15%部分免征政策。

2. 企业所得税

与我国法定企业所得税税率25%相比，海南自由贸易港企业所得税优惠政策适用税率15%，政策适用企业税后利润可增加10%以上。相较同为自由贸易港的中国香港、新加坡企业所得税税率分别为16.5%与17%，海南自由贸易港企业所得税政策对国内外企业均具有一定吸引力。结合海南自由贸易港个人所得税政策给予的个人所得税优惠可知，企业高层人员可享受海南自由贸易港个人所得税优惠政策红利。以在海南种茶企业经营发展五年为基数，内地的企业所得税税率为25%，海南自由贸易港企业所得税优惠政策适用税率15%，五年经营情况可累计节约200万元所得税（见表2-14）。

表2-14　茶叶种植企业所得税对比情况

（单位：万元）

营业时间	第一年	第二年	第三年	第四年	第五年	累计缴纳
营业收入	500	500	500	500	500	—
营业成本	100	100	100	100	100	—
内地设厂企业所得税	100	100	100	100	100	500
海南设厂企业所得税	60	60	60	60	60	300

备注：内地设厂企业所得税税率为25%，海南设厂企业所得税税率为15%。

3. “零关税”

在海南自由贸易港可以享受进口关税和增值税的双重减免。茶叶加工好后，可减免13%的进口增值税。

（三）奖补措施分析

海南省各级政府在农机购置、标准化种植、加工、茶园共享、产品认证和宣传等方面都给予公司最大的帮助和支持。

1. 农机购置补贴措施。海南省农机购置补贴资金实行定额补贴，即同一种类、同一档次的农业机械在省域内实行统一的补贴标准。其中，一般补贴机具单机补贴限额原则上不超过5万元；烘干机单机补贴限额不超过12万元。

2. 规上奖补措施。对企业年度营业收入（以审计报告数据为准）设定5000万元、1亿元、1.5亿元、2亿元四个档次，对首次突破每个档次的企业分别给予50万元、80万元、100万元、120万元一次性奖励。

3. 特色种植奖补措施。对获评（认）定的种植业“三品一标”基地或标准化示范园，年度生产实际投入资金额不低于300万元的，给予投入资金的20%，一次性最高不超过300万元的奖补。

4. 加工奖补措施。属于农产品初加工业、特色农产品精深加工业、国际农产品来料加工业和外向型农产品加工业等领域。按项目年度实际投资规模的20%给予一次性最高不超过500万元奖补。

5. 进出口贸易扶持政策。企业茶叶深加工生产设备“零关税”政策享惠资格，作为“零关税”清单商品可享受优先通关、优先出证、优先处置等便捷服务，极大地提高了进口效率。若采购进口设备如一套高效液相色谱仪（德国原产）货值36万元人民币，在本政策下可享受免征税款4.68万元人民币。

6. 共享农庄奖补措施。省级共享农庄认定或任意一次监测合格的当年及上一年实际投资额合计超过1000万元（含）的，按照实际投资总额的10%进行一次性奖补，金额不超过500万元。新认定的省级共享农庄可在下一年或任意一次监测合格的下一年申请奖补。

7. 农产品认证奖补措施。国家农产品地理标志登记保护产品，每个产品一次性奖励50万元。国家有机农产品，每个产品一次性奖励20万元。国家绿色食品，每个产品一次性奖励10万元。GAP良好农业规范农产品，每个产品一次性奖励10万元。同一农业生产经营主体，年度多个不同认证奖补总额不得超过200万元。

六、操作指南

（一）落户指南

1. 登记注册

见附录3　登记注册

2. 人才认定

见附录3　人才认定

（二）兑现指南

1. 个人所得税

见附录4　个人所得税申报

2. 企业所得税

见附录4　企业所得税申报

3. “零关税”

见附录4　“零关税”申报

4. 奖补措施

（1）高质量发展激励

根据《海南省促进经济高质量发展若干财政措施》及相关惠农奖补文件，企业到海南省农业农村厅进行申请，具体流程及要求通过关注海南省农业农村厅等相关政府部门的公告，一般情况需要提交的证明材料如下。

申报材料

申报单位营业执照、税务登记证、组织机构代码证复印件；申报项目的相关证书、合同复印件等；

申报单位对资金申请报告内容和附属文件真实性负责的声明；

申请银行贷款财政贴息的企业，须提供银行贷款合同、完息证明；

申请固定资产投资、产值、研发经费投入、升规纳统、营业收入奖励的需提供相关证明等；

主营产品符合《海南省促进经济高质量发展若干财政措施》中有关规定的相关证明材料。

（2）农机购置补贴

见附录4　农机购置补贴工作程序

（3）规上奖补

见附录4　规上奖补工作程序

（三）落地指南

1. 食品流通许可证办理流程

领取并填写食品流通许可申请书，同时准备相关材料；递交相关文书材料，材料齐全的，可领取受理通知书后等待许可核准结果，需要现场核查的配合工商机关现场核查；自受理之日起，20日内凭通知或通知书领取食品流通许可证。

提交材料

食品流通许可申请书；名称预先核准通知书或营业执照复印件；与食品经营相适应的经营场所使用证明以及经营场所的具体方位图；负责人及食品安全管理人员的身份证明（委托办理的，还需提供委托书及委托代理人身份证明）；与食品经营相适应的经营设备、工具清单；与食品经营相适应的经营设施空间平面布局图和操作流程的文件；食品安全管理制度文本；委托书以及委托代理人或者指定代表的身份证明（申请人委托他人提出申请时提交）；已经取得营业执照且经营场所未作变更的，可以不再提供经营场所的使用证明和负责人的身份证明材料。

2. 注册商标

办理流程：商标起名；商标查询；商标申请；商标审查；商标核准。

提交材料：申请人主体资格证明（企业营业执照复印件加盖公章）；商标样式；商标注册申请书；网上申请确认书。

3. 从业人员健康证

办理流程：按照卫生监督机构确定的人员名单到健康体检单位进行预防性健康检查，统一使用国家卫生健康委员会制定的中华人民共和国预防性健康检查用表。

提交材料：加盖公章的工作单位证明（单位地址+联系电话）；身份证和个人免冠一寸彩色照片2张；体检报告。

4. 卫生许可证

办理流程：到受理窗口递交食品卫生许可证申请书；相关部门受理后，按《中华人民共和国食品卫生法》等法律法规要求进行资料和现场审核，依据审核结果作出准予（或不予）行政许可的审批决定；食品卫生许可证办理工作人员审批，在收到申请后5个工作日内作出是否受理决定，受理后20个工作日内作出审批决定；作出准予决定后10个工作日内发放食品卫生许可证。

提交材料：食品卫生许可证申请书；法定代表人（负责人、业主）相关证明；委托办理的提交委托代理人资格证明等资料。

5. 出口备案

办理流程：出口茶叶种植基地备案；出口茶叶生产企业备案。

提交材料：出口茶叶种植基地备案申请表；安全用药使用保证书；出口茶叶加工企业生产、出口资格证明材料；基地安全用药管理制度、田间管理制度及溯源管理制度等相关材料；基地土壤、灌溉水环境质量检测报告；出口食品生产企业备案申请表。

七、企业分布

国内部分茶叶企业分布如表2–15所示。

表2–15　国内部分茶叶企业分布情况

企业名称	企业简介	所在地
中国茶叶股份有限公司	中国茶叶股份有限公司是世界500强企业中粮集团有限公司（COFCO）成员企业，总部设在北京，是由原中国茶叶进出口公司改制设立。中国茶叶股份有限公司集茶叶种植、加工、贸易、科研于一体，拥有现代化的茶叶加工厂和知名品牌，拥有的全资或控股实业有：福建茶叶进出口有限责任公司、厦门茶叶进出口有限公司、福建泉州瑞龙茶业有限公司、浙江开化瑞龙茶业有限公司、宁波瑞龙茶业有限公司、上海申德可可食品有限公司、湖南猴王茶业有限公司、湖南中茶茶业有限公司、湖南省安化茶厂等。公司在东北、西北、华北、华东、华南地区设有区域销售公司，在中国香港、日本等地设有分支机构，形成了遍布国内外市场的销售网络。公司经营的商品包括红茶、绿茶、乌龙茶、花茶、白茶、黑茶、咖啡及可可食品等，其中绿茶、乌龙茶在世界市场中处于主导地位。公司创造了一批畅销海内外的知名品牌，如“中茶”“猴王”“蝴蝶”“海堤”“瑞龙”“新芽”“向阳花”等。	北京
浙江省茶叶集团股份有限公司	浙江省茶叶集团股份有限公司（简称浙茶集团）为浙江省供销社主管企业，其前身是成立于1950年的浙江省茶叶公司，集茶叶种植、加工、科研开发和国内外贸易于一体，是农业产业化国家重点龙头企业，30余年保持茶叶出口量全国领先，拥有10余个涵盖行业不同领域的知名品牌，是具备全球茶叶资源供应链整合、运营能力的茶叶全产业链品牌运营商。浙茶集团年经营规模约10亿元，出口茶叶3万—4万吨，位居全国茶叶出口企业前列。浙茶集团生产基地面积覆盖国内主要产茶省份和茶区达20余万亩，拥有的茶叶加工厂数量为21家。	浙江

续表

企业名称	企业简介	所在地
湖南省茶业集团股份有限公司	湖南省茶业集团股份有限公司是一家集茶叶种植、加工、科研、销售和茶文化传播于一体全产业链经营、专业制茶、内外贸并举的农业产业化国家重点龙头企业。公司下设10个业务部门，参控股60多家企业，拥有3个部、省级科研平台，在全省建立了99个优质茶园基地，总面积达64万亩，联结带动了50万户茶农，与100多个国家和地区保持了稳定的贸易联系。公司以茶为主，现有白沙溪、湘益、臻溪、君山、潇湘等品牌产品，主要加工经营红茶、绿茶、黄茶、黑茶、白茶、青茶及茉莉花茶、特种茶、小包装茶、袋泡茶、茶饮料、速溶茶粉、茶食品、提取物等。	湖南
安徽茶叶进出口有限公司	安徽茶叶进出口有限公司，诞生于建国初期，自营出口于20世纪80年代，2001年改制，是一个以茶为主、以出口为主、内外并举、集产加销于一体的外向型企业。公司总资产达2亿多元人民币，年销售额超9亿元人民币，进出口额超6000万美元。其中茶叶年经营量1.8万吨左右，占安徽省茶叶出口总量的70%，位居全国茶叶出口企业前三名。公司系农业产业化国家重点龙头企业、中国茶叶行业信用等级评价“AAA”级企业、安徽省农业产业化省级先进龙头企业、安徽省首批十大农产品出口基地。	安徽
福建安溪铁观音集团股份有限公司	福建省安溪铁观音集团是一家专业从事乌龙茶生产、加工、销售、科研及茶文化传播的综合性茶叶集团。公司的前身是创建于1952年的国营福建省安溪茶厂。公司是乌龙茶精制加工行业中最先拥有自营进出口权、唯一产品荣获国家金质奖并被指定为钓鱼台国宾馆专用茶的企业，是全国乌龙茶行业中最早获得农业产业化国家重点龙头企业称号的企业。	福建
福建省八马茶业有限公司	八马茶业源自百年制茶世家，汇聚中国原产地好茶，是中国茶叶连锁领先品牌、高端茶市场领先品牌，公司董事长王文礼为国家级非物质文化遗产项目乌龙茶制作技艺（铁观音制作技艺）代表性传承人。截至2022年3月31日，全国门店超2700家。连续6年入选“中国品牌价值500强”，2021年品牌价值达178.77亿元。	福建

第二节 热带水果产业

热带水果是指生长在热带以及亚热带地区的水果，主要包括菠萝、荔枝、香蕉、龙眼、芒果、火龙果以及莲雾、百香果、燕窝果、释迦等优稀特色水果。

一、产业发展现状分析

海南各市县均种有热带水果，其中芒果种植主要集中于三亚市、东方市、乐东黎族自治县；荔枝、菠萝种植主要集中于海口市、琼海市、万宁市；香蕉种植主要集中于海口市、琼海市、澄迈县；龙眼种植主要集中于乐东县、保亭黎族苗族自治县、陵水黎族自治县。2021年，海南热带水果种植面积19.10万公顷，同比增长7.08%，收获面积16.52万公顷，同比增长3.66%，总产量367.78万吨，同比增长5.15%，总产值约145亿元，主要热带水果的种植面积和产量如表2-16、表2-17所示。海南现有国家级热带水果龙头企业约30家，省级企业约200家，其中有名的有海南陵水鲁宏农业开发有限公司、海南天地人生态农业股份有限公司、海南北纬十八度果业有限公司、三亚福返热带水果农民专业合作社、三亚南鹿实业股份有限公司、海南陆侨控股集团有限公司等。

表2-16 2012—2021年海南省主要热带水果种植面积

（单位：公顷）

年份	菠萝	荔枝	香蕉	龙眼	芒果
2012	15725	22947	60933	9569	46017
2013	15254	21158	53183	9005	45203
2014	15372	20555	44572	9047	46862
2015	15194	20604	39038	8869	47570
2016	15903	19351	35339	8269	48256
2017	16372	19151	34389	7913	54459
2018	16683	20423	34759	8137	56687
2019	16135	20444	33273	8023	56934
2020	16308	20579	31916	7832	58160
2021	15322	21539	29940	9914	66169

表2-17　2012—2021年海南省主要热带水果产量

（单位：吨）

年份	菠萝	荔枝	香蕉	龙眼	芒果
2012	342721	146941	2091019	42370	411243
2013	383258	170569	2027519	44330	446596
2014	373075	182340	1600406	48060	452518
2015	374680	156513	1400951	53970	508943
2016	398031	153533	1256274	54222	537810
2017	409891	157980	1271723	55985	567304
2018	439997	189435	1216285	55548	682889
2019	451885	172660	1218004	54917	675805
2020	467335	198256	1129169	60918	764772
2021	450392	218566	1158089	59955	830771

二、产业发展有利条件

（一）区位优势

海南是我国唯一的全域热带省份，阳光充足、日照时间长、雨量充沛、全年无冬、地势平坦。热带水果生长周期短、上市时间早、品种丰富、品质优良，种植管理相对简单、成本较低，适合发展热带特色水果产业。

（二）政策优势

《海南省“十四五”推进农业农村现代化规划》指出，要做优热带水果。推动琼海农业对外开放合作试验区建设，建设名优水果种苗繁育基地。调优品种结构，推动香蕉、芒果、菠萝、荔枝、龙眼等传统水果的迭代更新，扩大新优品种种植面积，逐步调减老品种种植，调整火龙果、莲雾和百香果集中上市时间。推动水果区域化布局，形成“一镇一品”或“一村一品”水果生产基地。建设标准水果种植基地，推广应用绿色生产技术，努力提高水果品质。《海南省热带特色高效农业全产业链培育发展三年（2022—2024）行动方案》指出：聚焦农业主导产业，对荔枝、火龙果、菠萝、榴莲、芒果等17个产业开展全产业链培育。建立集生产、保鲜、加工、流通、科技、服务于一体的结构合理、链条完整的优势特色全产业链，壮大海南热带特色高效农业。《海南热带优异果蔬开发利用规划（2022—2030年）》指出：将加大热带同纬度国家果蔬资源引进开发力度，推进热带果蔬规模化、差异化、标准化、精品化发展，在全岛培育热带果蔬农业产业园、产业集群甚至农业产业强镇，做强做优热带特色高效农业。

（三）市场优势

热带水果销量持续走俏，市场需求旺盛，供需矛盾突出。年出岛量为280万吨，仅占全国进口量的40%。各品种热带水果上市价格均优于国内其他产区，例如海南荔枝上市均价较其他产区高50%、海南芒果春节前后市场均价高达20—24元/公斤，价格优势明显。

三、产业发展利好分析

（一）个人所得税

见附录1　个人所得税

（二）企业所得税

见附录1　企业所得税

（三）“零关税”

见附录1　“零关税”

（四）扶持措施

1. 激励措施

（1）高质量发展激励

见附录2　高质量发展激励

（2）规上奖补

见附录2　规上奖补

2. 奖补措施

（1）特色种植标准化奖补

见附录2　特色种植标准化生产项目奖补

（2）农产品加工奖补

见附录2　农产品加工业发展项目奖补

（3）共享农庄奖补

见附录2　共享农庄项目奖补

（4）农产品认证奖补

见附录2 农产品认证项目奖补

（5）宣传奖补

见附录2 农产品宣传推广项目奖补

四、产业发展策略

（一）集约化育苗

结合海南热带水果产业发展的优势，建立热带水果优良品种示范园，通过引种试种和自我培育相结合的方式，培育新品种；通过组织培养、嫁接等开展热带水果集约化育苗，实现种苗繁育规模化、健康化。

（二）标准化种植

按照主要热带水果产前、产中、产后等各个环节的生产和技术标准体系，完善果园道路、水利设施、植保工程等配套设施设备，通过集成开垦、种植、采收、植保等环节的先进技术，提升果园的自动化、数字化、机械化水平，打造成为品种优良、管理规范的热带水果标准化生产示范园。

（三）农文旅融合

利用海南生态环境良好、自然景观众多、热带果园风景秀丽、农耕文化底蕴深厚的特点，将热带水果产业元素植入旅游景点，探索“农业+旅游”融合发展的新模式新业态，深入挖掘农业文化遗产、美丽乡村、康养、民俗和农耕文化，打造集热带水果种植采摘、果品品鉴、果汁加工、绘画写生、休闲旅游康养等于一体的农文旅融合发展示范基地。

五、案例分析

（一）企业简介

以国内某水果企业在海南建设荔枝种植基地为例。某公司注册资金为2000万元，经营范围主要包括妃子笑、白糖罂等荔枝品种种植及部分副产品加工业务，已在海南海口建设1000亩荔枝种植基地。

（二）投资优势

1. 个人所得税

若年度工资薪金的税前收入100万元，那么按照我国现行的个人所得税法来计算，扣除年度费用、五险一金、专项附加等税法允许扣除的项目，全年应纳税所得额为80万元，全年应纳税款是19.4万元，如果按照海南自由贸易港个人所得税优惠政策来计算，那么全年的应纳税额就是80万元×15%=12万元，实际税负超过15%的部分，19.4万元-12万元=7.4万元，免征7.4万元。

2. 企业所得税

基于对荔枝种植公司的调研，若公司年营业收入约为2000万元，受益于市场需求不断扩大、生产技术不断提升等因素影响，生产基地年营业收入可以10%—20%的增长率实现稳步增加，所得税对比情况如表2-18所示。

表2-18　荔枝种植公司所得税缴纳对比

（单位：千万元）

营业时间	第一年	第二年	第三年	第四年	第五年	累计缴纳
营业收入	2	2.2	2.53	2.65	2.71	—
营业成本	1.3	1.42	1.56	1.7	1.9	—
内地公司企业所得税	0.18	0.2	0.24	0.24	0.2	1.06
海南公司企业所得税	0.11	0.12	0.15	0.14	0.12	0.64

备注：内地公司企业所得税税率为25%，海南公司企业所得税税率为15%。

综上分析，以荔枝鲜果经营发展五年为基数，相较内地设厂，在海南自由贸易港设立分公司可累计节省企业所得税约0.42千万元。

（三）奖补措施分析

依据现有的种植业奖补政策，预计可获得各类补贴如表2-19所示。

表2-19　荔枝种植基地可获得各类奖补优惠

类　别	最高金额（万元）
“三品一标”基地或标准化示范园	200
认定省级共享农庄	100
国家农产品地理标志登记保护产品（个）	50
国家有机农产品（个）	20
国家绿色食品（个）	10
GAP良好农业规范农产品（个）	10

六、操作指南

（一）落户指南

1. 登记注册

见附录3　登记注册

2. 人才认定

见附录3　人才认定

（二）兑现指南

1. 个人所得税

见附录4　个人所得税申报

2. 企业所得税

见附录4　企业所得税申报

3. “零关税”

见附录4　“零关税”申报

4. 奖补措施

（1）高质量发展激励

见附录4　高质量发展激励

（2）农机购置补贴

见附录4　农机购置补贴工作程序

（3）规上奖补

见附录4　规上奖补工作程序

（三）落地指南

1. 备案核准

见附录5　备案核准

2. 环评审批

见附录5　环评审批

3. 节能审查

见附录5　节能审查

七、企业分布

国内部分水果种植企业如表2-20所示。

表 2–20　国内部分水果种植企业分布

企业名称	企业简介	所在地
北京顺鑫农业股份有限公司	是一家集粮食作物、经济作物、蔬菜、瓜果加工及销售，白酒生产与销售，肉食品加工与销售，良种繁育，肥料开发与销售，农业技术开发、技术服务等于一体的多元化大型企业。	北京
重庆洪九果品股份有限公司	是全国领先、体量高速增长的多品牌鲜果集团，专注于高端进口水果和高品质国产水果的全产业链运营，通过“端对端”的先进数字化供应链，将美味优质的鲜果产品从全球各地果园直接送达全国水果零售终端。	重庆
鲜丰水果股份有限公司	鲜丰水果是一个水果零售连锁品牌，通过与水果种植基地深度合作，直接参与基地优培、水果优选、精细储运各环节，进行果品冷链配送。旗下拥有鲜丰水果、水果码头、杨果铺、鲜果码头四大品牌。	浙江
宏辉果蔬股份有限公司	主要从事果蔬产品的种植管理、采后收购、产地预冷、冷冻仓储、预选分级、加工包装、冷链配送业务，是一家专业农产品服务商，产品主要包括约42个品类的水果以及约43个品类的蔬菜产品，品种涵盖全国南北各式特色果蔬。	广东
梅州市荣胜水果贸易有限公司	梅州市荣胜水果贸易有限公司成立于2010年4月26日，公司坐落在广东省，注册资本为2000万，企业的经营范围为：农业、林业种植；水果、食品销售及进出口；金柚初加工；互联网销售（除销售需要许可的商品外）；包装服务；装卸搬运；普通货物仓储服务（不含危险化学品等需许可审批的项目）；信息技术咨询服务；技术服务、技术开发、技术咨询、技术交流、技术转让、技术推广；会议及展览服务。	广东

第三节　蔬菜产业

海南省蔬菜产业包括冬季瓜菜、常年蔬菜以及拇指小黄瓜、贝贝南瓜、彩色西瓜等特色瓜菜。

一、产业发展现状分析

海南蔬菜产业目前形成了两大基地、四类蔬菜和五大区域布局的格局，两大基地即冬季瓜菜生产基地和常年蔬菜生产基地，四类蔬菜即瓜类、茄果类、豆类和叶菜类蔬菜，五大区域布局包括：南部三亚、陵水、乐东等地，主要种植甜瓜、豇豆、樱桃番茄等；东部琼海、文昌等地，主要种植黑皮冬瓜、泡椒、线椒等；西部东方、昌江、儋州等地，主要种植南瓜、辣椒、樱桃番茄、茄子、黑皮冬瓜等；北部海口、澄迈、定安等地，主要种植丝瓜、菜豆、苦瓜、樱桃番茄、豇豆、叶菜类蔬菜等；中部屯昌、保亭等地，主要种植苦瓜等。2021年海南瓜菜种植面积26.29公顷，产量588.92万吨（冬季瓜菜占总产量的70%以上），产值258.45亿元，各市县生产情况见表2-21，现有蔬菜种植专业合作社超过3000家。

表2-21　2021年海南各市县蔬菜生产情况

市县	播种面积（公顷）	总产量（吨）
海口	25174	502621
三亚	9723	363744
五指山	3504	58315
文昌	20147	445940
琼海	15437	528316
万宁	16770	456904
定安	13566	301598
屯昌	11566	195578
澄迈	30417	841395

续表

市县	播种面积（公顷）	总产量（吨）
临高	11334	266881
儋州	16186	367876
东方	15974	254463
乐东	31354	570136
琼中	3832	33239
保亭	4346	79120
陵水	11705	245636
白沙	2735	27203
昌江	19133	350196

数据来源：2022年《海南统计年鉴》。

海南是我国重要的冬季瓜菜生产基地，年种植面积300万亩，年产量400万吨，年出岛瓜菜约300万吨，主要品种有椒类、冬瓜、玉米、南瓜、豇豆、毛豆、茄子、青瓜、苦瓜和甘薯，瓜菜出岛带动了分拣、包装、加工、物流等全产业链一体化发展。

二、产业发展有利条件

（一）区位优势

海南是唯一的全域热带省份，拥有独特的地理区位和资源条件，年平均气温为22.5—25.6℃，全年无冬，日照时间长，光热充足，雨量充沛，是全国的天然大温室，为瓜菜生产提供了极其有利的区位优势，为培育和自主开发新品种提供了良好的环境。海南大部分地区地势平坦，土层深厚，土壤肥力高，非常适合规模化、现代化的种植。

（二）政策优势

《海南省“十四五”推进农业农村现代化规划》提出：要建设冬季瓜菜和常年蔬菜基地，冬季瓜菜种植面积稳定在300万亩左右，常年蔬菜基地规模保持在15万亩；大力发展集约化育苗，调整瓜菜种植结构。《中共海南省委海南省人民政府关于做好2023年全面推进乡村振兴重点工作的实施意见》明确：加强常年蔬菜基地监管，稳步提高种植率；调整优化瓜菜种植结构，完成冬季瓜菜种植面积达290万亩、产量达450万吨以上。《海南省热带特色高效农业全产业链培育发展三年（2022—2024）行动方案》提出：要推动冬季瓜菜生产工作提质增效，加快推进培育蔬菜全产业链。

（三）种业优势

海南是我国育种南繁“硅谷”，每年有超过100万份的植物育种材料进入南繁进行新品种培育，涉及近40个作物种类。目前，海南冬季瓜菜90%以上的品种经过南繁选育。可依托南繁育种基地选育更多蔬菜新品种，推动蔬菜品种结构多元化，带动相关产业发展。

（四）市场优势

海南冬季瓜菜畅销全国180多个大中城市。冬季生产种植优势明显，冬季瓜菜比大陆地区提前上市1—2个月，填补了大陆冬春季节自然种植蔬菜的空档期。同时海南地处“海上丝绸之路”重要节点、东南亚和中国大陆两个最活跃市场的交汇点，是我国面向太平洋和印度洋的重要对外开放门户，可利用自由贸易港物流资金流的便利优势，开发海南瓜菜产业国内外市场巨大潜力。

三、产业发展利好分析

（一）个人所得税

见附录1　个人所得税

（二）企业所得税

见附录1　企业所得税

（三）“零关税”

见附录1　“零关税”

（四）扶持措施

1. 激励措施

（1）高质量发展激励

见附录2　高质量发展激励

（2）规上奖补

见附录2　规上奖补

2. 奖补措施

（1）特色种植标准化奖补

见附录2　特色种植标准化生产项目奖补

（2）农产品认证奖补

见附录2　农产品认证项目奖补

（3）宣传奖补

见附录2　农产品宣传推广项目奖补

（4）农机购置补贴

见附录2　农机购置补贴

（5）农产品加工奖补

见附录2　农产品加工业发展项目奖补

四、产业发展策略

（一）集约化育苗

海南得天独厚的环境特别适合冬季瓜菜集约化育苗。蔬菜生产企业通过购置和建设育苗设施，如温室、育苗箱等；引进育苗技术和设备，如喷洒式育苗装置、电磁波育苗装置等，提高育苗的自动化、智能化和高效化水平，实现规模化、标准化和市场化育苗。

（二）数字化种植

推进5G、物联网、大数据、区块链、人工智能等信息技术在产地环境监测、种苗培育、生产种植、采摘收获、加工储藏、包装运输、质量控制、废弃物利用等各个环节的应用，实现蔬菜产业标准化、数字化、优质化、可追溯化。

（三）设施蔬菜生产

设施蔬菜亩产量高、病虫害防控成本低、生产周期短，叠加水肥一体化、智能温控系统、自动采光系统、自动采收系统等，可实现蔬菜智能化、自动化，提高蔬菜生产效率和生产环节的管理水平，设施蔬菜品质优良、价格高，市场潜力巨大。

五、案例分析

（一）企业简介

以国内知名企业在海南进行蔬菜种植为例。注册资金为2000万元，在三亚进行冬季瓜菜生产种植，种植规模达2000亩，经营范围包括蔬菜种植生产、加工、运输、贮藏及销售，现有员工50人。

（二）投资优势

1. 个人所得税

结合海南自由贸易港个人所得税政策给予的个人所得税优惠减免可知，蔬菜加工企业高层人员若年薪超过47.2万元可享受个人所得税优惠政策红利。若年度工资薪金的税前收入为100万元，按照现行的个人所得税法计算，扣除年度费用、五险一金、专项附加等税法允许扣除的项目，全年应纳税所得额为80万元，全年应纳税额为19.4万元。若按海南自由贸易港个人所得税优惠政策计算，则全年应纳税额为80万元×15%=12万元，实际税负超过15%的部分为19.4万元−12万元=7.4万元，免征7.4万元。

2. 企业所得税

与我国法定企业所得税税率25%相比，海南自由贸易港企业所得税优惠政策适用15%的税率，政策适用企业税后利润可增加10%以上。相较同为自由贸易港的中国香港、新加坡企业所得税税率分别为16.5%与17%，海南自由贸易港企业所得税政策对国内外企业均具有一定吸引力。以在海南蔬菜种植企业经营发展五年为基数，内地的企业所得税税率为25%，海南自由贸易港企业所得税优惠政策适用15%的税率，5年经营情况可累计节约340万元所得税（见表2−22）。

表2−22　蔬菜种植企业所得税缴纳对比情况

（单位：万元）

营业时间	第一年	第二年	第三年	第四年	第五年	累计缴纳
营业收入	1500	1800	2000	2200	2300	—
营业成本	1000	1200	1300	1400	1500	—
内地设厂企业所得税	125	150	175	200	200	850
海南设厂企业所得税	75	90	105	120	120	510

备注：内地设厂企业所得税税率为25%，海南设厂企业所得税税率为15%。

3.“零关税”

基于对我国目前的数字化蔬菜种植的设备调查，所需要的设备主要包括智慧农业自动化控制设备、智慧大棚控制模块自动控制设备、智慧农业物联网设备、无人机、智能灌溉系统等。结合对海南自由贸易港零关税政策下进口设备关税减免的综合评估，蔬菜种植企业采购设备可实现20.71万元税收减免，如表2–23所示。

表2–23　主要蔬菜种植智能化设备税收减免情况

设备种类	进口价格（万元）	进口关税（%）	进口增值税（%）	海南可优惠金额（万元）
智慧农业自动化控制设备	3—5	8	13	1.10
智慧大棚控制模块自动控制设备	5—10	12	13	2.66
智慧农业物联网设备	15—30	7	13	6.27
无人机	15—30	7	13	6.27
智能灌溉系统	10—20	8	13	4.41

（三）奖补措施分析

依据现有的奖补政策，预计可获得各类补贴如表2–24所示。

表2–24　蔬菜种植基地可获得各类奖补优惠

类　别	最高金额（万元）
“三品一标”基地或标准化示范园	100
认定省级共享农庄	50
国家农产品地理标志登记保护产品（个）	50
国家有机农产品（个）	20
国家绿色食品（个）	10
GAP良好农业规范农产品（个）	10
广告宣传	10

六、操作指南

（一）落户指南

针对蔬菜种植企业落户海南自由贸易港、设立子公司并投资建设研发制造项目主要涉及公司注册、项目投建、人才认定事项，具体要求和流程如下。

1. 登记注册

见附录3　登记注册

2. 人才认定

见附录3　人才认定

（二）兑现指南

1. 个人所得税

见附录4　个人所得税申报

2. 企业所得税

见附录4　企业所得税申报

3. “零关税”

见附录4　“零关税”申报

4. 奖补措施

（1）高质量发展激励

见附录4　高质量发展激励

（2）农机购置补贴

见附录4　农机购置补贴工作程序

（3）规上奖补

见附录4　规上奖补工作程序

（三）落地指南

1. 备案核准

见附录5　备案核准

2. 环评审批

见附录5　环评审批

3. 节能审查

见附录5　节能审查

七、企业分布

国内部分蔬菜种植企业如表2-25所示。

表2-25 国内部分蔬菜种植企业分布

企业名称	企业简介	所在地
山东寿光蔬菜产业控股集团	成立于1998年，是一家以蔬菜产业为主，多业并举，集蔬菜品牌营销、种苗研发推广、基地标准化与物流配送、加工出口、批发市场运营管理、新技术新产品研发推广、科技培训与信息服务于一体的企业。该集团的蔬菜产品种类有樱桃西红柿、水果黄瓜、香椿、日本迷你小南瓜、白灵菇、彩椒、球茎茴香、黄瓜、西红柿、茄子、芸豆、西葫芦、山药等。	山东
多利农庄	多利农庄以横跨不同经纬带的生产基地为依托，确保上海和北京两地会员一年四季均能享用到新鲜、健康、品种丰富的有机及天然蔬菜。多利农庄生产基地主要分布在黑龙江、北京、上海、浙江、四川、云南、福建、海南、宁夏等省区市，为消费者提供多品种蔬菜及具有地方特色的农副产品，有机种植面积总量达30000亩。	上海
寿光乐义蔬菜有限公司	该公司是寿光市较大的蔬菜产品出口、内销龙头企业之一，也是潍坊市农业产业化龙头企业。经营范围包括高科技蔬菜示范园基地建设，无公害、有机蔬菜种植、加工、销售，农业科技引进推广，农业科技人员培训等多项涉农业务，公司占地60000平方米，公司致力于开发有机质无土栽培、标准化生产无公害蔬菜和有机蔬菜，并逐年扩大无公害、有机蔬菜基地的种植规模。	山东

续表

企业名称	企业简介	所在地
广东东升农业集团	东升农场于20世纪80年代由区景泰先生（广州市荣誉市民）投资兴办，从事蔬菜水果种植、畜禽养殖等农副产品的生产、加工与销售一条龙服务。经过40余年辛勤耕耘，农场从初期50亩发展至目前3万多亩规模，在全国各地拥有10多个绿色、有机种植大型农场，构建优势互补的大型蔬果种植基地，实现了新鲜蔬果周年供应配送。东升集团拥有ISO、GAP、绿色、有机认证，同时建立了网络信息化的安全和质量追溯体系，使产品质量达到了国际水平。多年来，公司产品除了供应珠三角、港澳外，也远销海外市场，如北美、欧洲、非洲及东南亚等地区的国家。	广东
惠州市四季绿农产品有限公司	惠州市四季绿农产品有限公司创建于1995年，已经投资原始资本13亿元左右，是一家专业从事健康循环大农业全产业链产销的农业产业化企业。目前公司在全国6个省区及马来西亚，储备可耕种及养殖用地30多万亩，共有生产基地28个，投资创建农业科学研究院3家。	广东

第四节　地方特色畜禽产业

海南地方特色畜禽产业是指具有海南地域特色的畜禽产业总称，包括文昌鸡、海南猪、五指山猪、雷州山羊、雷琼牛、兴隆水牛、中国番鸭（嘉积鸭）、定安鹅等产业。

一、产业发展现状分析

（一）文昌鸡

文昌鸡产业现有国家农业产业化重点龙头企业1家，省级龙头企业7家，主要分布在文昌市。文昌鸡年出栏量逐年递增，2021年，出栏量10690.54万只，较2012年增加38.3%。2013—2021年，海南鸡肉年均价格高于全国平均水平，也远高于欧盟（见图2-3）。从国内看，福建、广东、海南的市场价格明显高于其他省份，2021年海南鸡肉价格高出全国平均价的48.18%，其中2021年12月份全国鸡肉价格监测见图2-4。

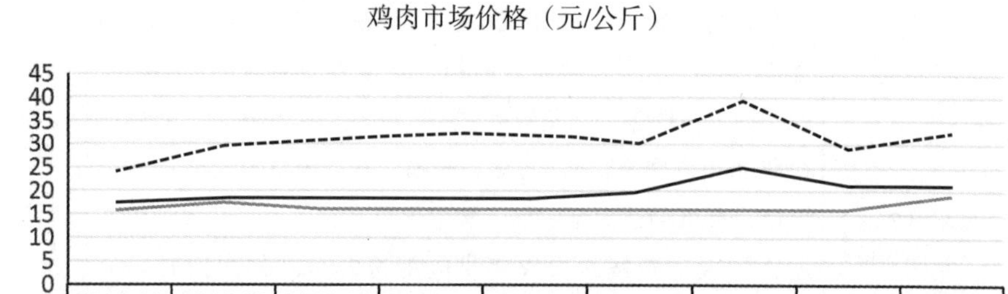

	2013.12	2014.12	2015.12	2016.12	2017.12	2018.12	2019.12	2020.12	2021.12
欧盟	16.1	17.6	16.4	16.9	16.8	16.8	16.8	16.5	19.4
国内	17.5	19	18.9	19	19.1	20.3	25.3	21.5	22
海南	24.8	29.6	31.2	32.4	32.3	30.9	39.6	29.7	32.6

——欧盟 ——国内 ------海南

图2-3 2013—2021年鸡肉市场价格趋势

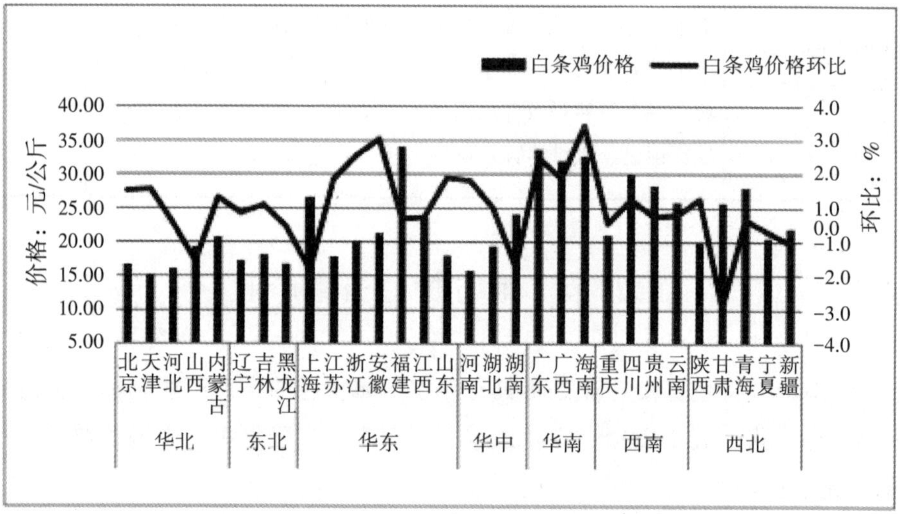

图2-4 2021年12月份全国鸡肉价格变化情况

（二）雷州山羊

雷州山羊分为普通黑山羊、东山羊、壅羊3种，是地方特色畜禽品种。全省现有黑山羊养殖场（户）1449个，其中养殖规模为100只以下的养殖场（户）1078个，养殖规模为100—1000只的331个，1000只以上的40个。养殖规模较大的澄迈福羊牧业有限公司、海南老羊倌农业开发有限公司、海南福瑞喜科技牧业有限公司等企业，主要分布在澄迈、海口、万宁等地。雷州山羊年出栏量总体上呈现稳中小幅增长趋势，2021年出栏量79.61万只，较2012年增加3.3%。2013—2021年，海南羊肉年均价格高于全国平均水平，也远高于全球羊肉主产区（见图2-5）。从国内市场看，海南的市场价格明显高于其他省份，2021年海南羊肉价格高出全国平均价的41.61%。其中2021年12月份全国羊肉价格监测见图2-6。

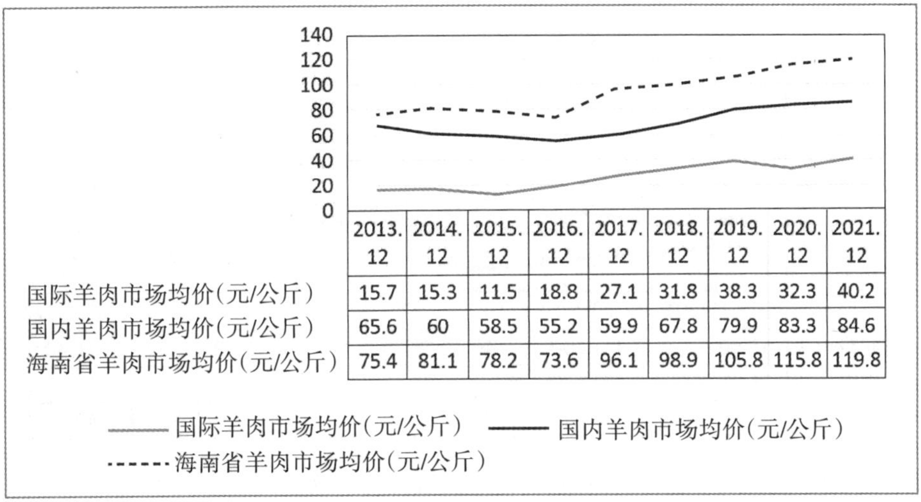

	2013.12	2014.12	2015.12	2016.12	2017.12	2018.12	2019.12	2020.12	2021.12
国际羊肉市场均价(元/公斤)	15.7	15.3	11.5	18.8	27.1	31.8	38.3	32.3	40.2
国内羊肉市场均价(元/公斤)	65.6	60	58.5	55.2	59.9	67.8	79.9	83.3	84.6
海南省羊肉市场均价(元/公斤)	75.4	81.1	78.2	73.6	96.1	98.9	105.8	115.8	119.8

图2-5　羊肉价格变化趋势

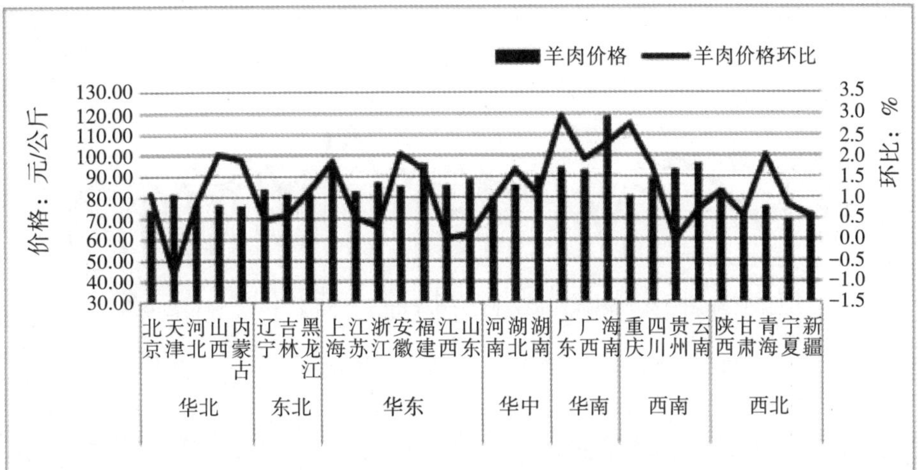

图2-6　2021年12月份全国羊肉价格变化情况

（三）海南猪

海南猪包括屯昌猪、定安猪、临高猪、文昌猪等品种。2021年，海南黑猪商品猪出栏131万头。2013—2021年，海南猪肉年均价格高于全国平均水平，也远高于欧盟（见图2-7）。从国内看，海南的市场价格明显高于其他省份，2021年海南猪肉平均价格高出全国平均价的43.66%，而海南黑猪肉价格高于全省猪肉平均价。其中2021年12月份全国猪肉价格监测见图2-8。

猪肉市场价格（元/公斤）

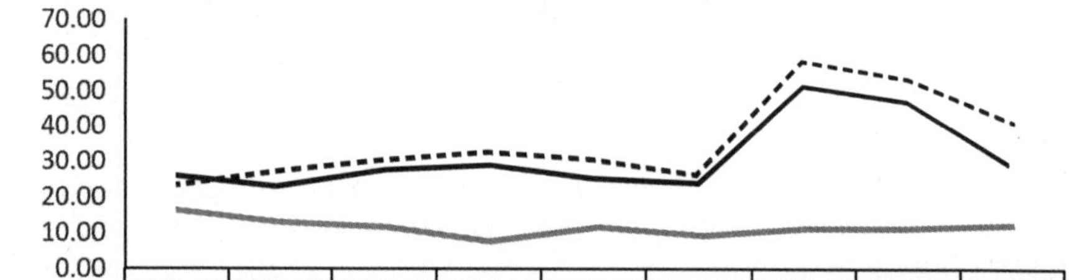

	2013.12	2014.12	2015.12	2016.12	2017.12	2018.12	2019.12	2020.12	2021.12
欧盟市场	15.60	12.70	11.00	7.40	11.20	9.38	11.00	10.80	11.40
国内市场	25.20	22.90	26.70	28.10	25.10	23.70	51.10	46.30	28.40
海南市场	23.60	26.50	30.10	32.30	30.10	25.20	58.20	53.60	40.80

——欧盟市场 ——国内市场------海南市场

图2-7　2013—2021年猪肉市场价格趋势

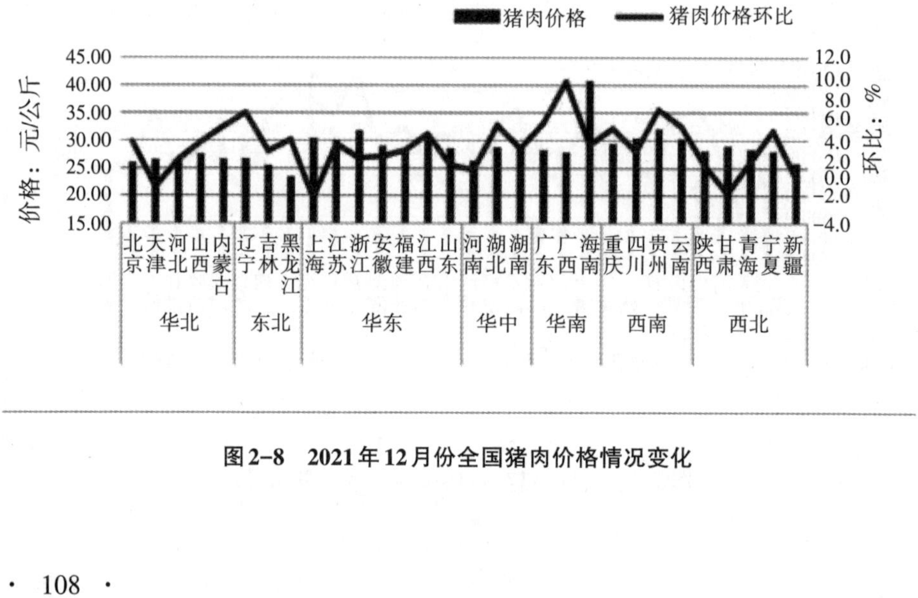

图2-8　2021年12月份全国猪肉价格情况变化

二、产业发展有利条件

（一）区位优势

一是海南王草、木薯、柱花草等本地饲草资源丰富，收获周期短，产量高；二是海南畜禽种质资源丰富，品种独特；三是海南岛四面环海，具有天然的防御屏障，能够有效阻止动物疫病的传播；四是相关产业链体系初步建成，配套设施日益完善，为畜牧业发展提供了扎实的基础。

（二）政策优势

《海南省“十四五”推进农业农村现代化规划》《海南省农业种质资源保护和利用发展规划（2021—2025年）》等均提出，强化畜禽遗传资源保种场、保护区、基因库建设，开展海南猪、文昌鸡、雷州山羊、海南黄牛、嘉积鸭等地方特色品种资源收集保护、提纯复壮、选育开发利用。支持文昌鸡产业发展，推进产业集群化。因地制宜推进牛羊等草食畜牧产业适度规模化经营，健全饲草料供应体系，提升养殖场设施装备水平。

（三）市场优势

海南地方特色畜禽产品良好的品质，丰富的口感，较高的安全性受到广大消费者的青睐，市场需求旺盛，具有明显的优势。无论是羊肉、猪肉还是鸡肉价格均排在国内前列，2021年，海南羊肉全年均价115.62元/公斤，比国内均价（75.25元/公斤）高出40.37元/公斤，鸡肉全年均价32.5元/公斤，比国内均价（22元/公斤）高出10.5元/公斤，猪肉全年均价41.2元/公斤，比国内均价（29元/公斤）高出12.2元/公斤。

三、产业发展利好分析

（一）个人所得税

见附录1　个人所得税

（二）企业所得税

见附录1　企业所得税

（三）“零关税”

见附录1　“零关税”

（四）扶持措施

1. 奖补措施

（1）高质量发展激励

见附录2　高质量发展激励

（2）农机购置补贴

见附录2　农机购置补贴

（3）规上奖补

见附录2　规上奖补

（4）特色畜禽养殖奖补

见附录2　特色畜禽养殖项目奖补

2. 地方扶持政策

根据海南省文昌市《关于加快推进现代农业产业发展若干扶持政策措施（试行）》，经营主体在文昌市新建牛养殖场标准牛舍（投影）面积1000平方米及以上的，按每平方米200元标准一次性给予补助；经营主体新建羊养殖场标准羊舍（投影）面积500平方米及以上的，按每平方米200元标准一次性给予补助；分散的生猪养殖户联合成立养殖专业合作社发展集约化、规模化、标准化养殖，在一个区域内（养殖小区）新建养猪场标准猪舍（投影）总面积2000平方米及以上的，按每平方米200元标准一次性给予补助；经营主体新建文昌鸡育肥场标准鸡舍（投影）面积4000平方米及以上的，按每平方米100元标准一次性给予补助。

四、产业发展策略

（一）特色畜禽标准化生产

建立海南特色畜禽产业标准化、规模化养殖场。在场址布局、栏舍建设、生产设施配套、良种选择、投入品使用、卫生防疫、粪污处理等方面强化法律法规和相关标准，实现畜禽良种化、养殖设施化、生产规范化、防疫制度化、粪污处理无害化和监管常态化。

（二）特色畜禽遗传资源开发与利用

以海南猪、五指山猪、文昌鸡、儋州鸡、雷琼牛、雷州山羊等地方特色畜禽为母本，利用全球动植物种质资源中转基地建设的优势引进优质种畜禽为父本，培育优质畜禽品种，提高海南特色畜禽的生产性能和商品品质，推动特色畜禽遗传资源开发与利用。

（三）特色畜禽产业集群建设

依托文昌鸡、海南猪、雷州山羊等海南热带特色畜禽优良品种，申报省级、国家级优势产业集群，建设从生产、加工、冷链物流等全产业链的现代化养殖基地，实现特色畜禽产业现代化、规模化、标准化、集群化发展。

五、案例分析

文昌鸡养殖案例

（一）企业简介

某畜禽养殖有限公司注册资金为2000万元，经营范围主要包括畜禽养殖、加工、销售等。计划投资800万元在海南设立子公司，建设智能化养鸡场，年出栏40万只肉鸡。

（二）投资优势

1. 个人所得税

如果年度工资薪金税前收入为60万元，扣除年度费用、五险一金、专项附加等税法允许扣除的项目，全年应纳税所得额为42万元，根据我国现有个人所得税税率计，全年应纳税款是7.31万元，如果按照海南自由贸易港个人所得税优惠政策（对于紧缺人才或年收入30万元以上人才，个人所得税最高不超过15%）来计算，那么全年的应纳税额是5.33万元，个人所得税较其他地区减少1.98万元。如果收入达到85万元，那么税收较其他地区优惠4.70万元。收入越高，税收优惠将越多。

2. 企业所得税

若企业开展肉鸡养殖，年营业收入为25亿元，营业成本在18亿元左右，在内地企业所得税税率为25%，需缴纳所得税1.75亿元，在海南自由贸易港企业所得税优惠政策适用税率15%，需缴纳所得税1.05亿元，较内地减少0.70亿元。营业收入越高，优惠越多。

3. “零关税”

根据海南自由贸易港“零关税”优惠政策，畜禽养殖企业自用生产设备，可享受“零关税”政策。现代化肉鸡养殖场可选用的进口设备见表2-26。如果在海南投资800万元建设养鸡场，年出栏规模40万只，设备费用可减少15万元左右。

表2–26　现代化肉鸡养殖场可进口设备

用途	设备种类	进口总价（万元）	进口关税	进口增值税
自动喂料	驱动系统及传感器12套	4.0—6.0	10%	13%
通风降温	横向-纵向联合通风系统24套	14.5—18.5	10%	13%
环境监测	环境控制系统6套	9.0—12.0	10%	13%
远程控制	远程控制系统6套	7.0—9.0	10%	13%
喷雾消毒	移动式喷雾剂6套	3.5—5.5	10%	13%
清粪	牵引式清粪系统3套	3.0—5.0	10%	13%
粪污处理	粪污烘干发酵一体机2套	5.0—10.0	10%	13%

4. 经营成本

以在海南养殖文昌鸡和在广西养殖三黄鸡为例进行分析。

经营成本主要包括鸡苗、饲料、人工、固定资产折旧（土建和设备）及水电等成本。人工及水电等其他成本基本相同的情况下，在海南建厂，折旧费每年可减少1.5万元；肉鸡混合饲料根据玉米和豆粕价格算，每吨多100元，地方肉鸡品种料肉比为4.0，按照出栏时，产肉1.5公斤计，每只鸡可消耗饲料6kg，根据饲料现价计算，每只鸡饲料成本多0.6元；每只雏鸡成本增加0.2元。

5. 效益分析

根据养殖公司提供的实际数据显示，2021年文昌鸡肉年均价格较三黄鸡肉每公斤增加2元，所以在海南养殖文昌鸡较广西养殖三黄鸡增加3元/只。

根据2021年鸡养殖价格分析，在海南建设年出栏40万只文昌鸡的养殖企业，在人工和水电等其他成本一样的情况下，每只鸡成本较广西养殖三黄鸡增加0.76元，销售收入增加3元。综合分析，海南养一只鸡的利润为13.19元，广西养一只鸡的利润为10.95元（表2–27），出栏40万只鸡时海南较广西利润增加89.6万元。本案例仅分析海南文昌鸡和广西三黄鸡，如果与其他地区或者其他肉鸡品种相比，利润增加空间更大。

表2-27 海南与广西地方肉鸡养殖效益对比分析

地区	成本测算						效益测算				
	折旧（元/只）	饲料（元/只）	雏鸡（元/只）	人工（元/只）	其他（元/只）	总成本（元/只）	料肉比	重量（公斤/只）	单价（元/公斤）	销售收入合计（元/只）	利润（元/只）
广西	1.13	23.22	4.5	1.4	0.8	31.05	4.0	1.5	28	42.0	10.95
海南	1.09	23.82	4.7	1.4	0.8	31.81	4.0	1.5	30	45.0	13.19

雷州山羊养殖案例

（一）企业简介

某畜禽养殖有限公司注册资金1000万元，经营范围主要包括草畜动物养殖生产、加工、销售等。计划在海南投资500万元，建设雷州山羊标准化养殖场，年出栏1万只黑山羊。

（二）投资优势

1. 个人所得税

如果年度工资薪金税前收入60万元，扣除年度费用、五险一金、专项附加等税法允许扣除的项目，全年应纳税所得额为42万元，根据现有个人所得税税率计，全年应纳税款是7.31万元，如果按照海南自由贸易港个人所得税优惠政策（对于紧缺人才或年收入30万元以上人才，个人所得税最高不超过15%）来计算，那么全年的应纳税额是5.33万元，个人所得税较其他地区减少1.98万元。如果收入达到85万元，那么税收较其他地区优惠4.70万元。收入越高，税收优惠将越多。

2. 企业所得税

若企业开展黑山羊养殖，年营业收入25亿元，营业成本在18亿左右，在内地企业所得税税率为25%，需缴纳所得税1.75亿元，在海南自由贸易港企业所得税优惠政策适用税率15%，需缴纳所得税1.05亿元，较内地减少0.70亿元。营业收入越高，优惠越多。

3. “零关税”

根据海南自由贸易港“零关税”优惠政策，畜禽养殖企业自用生产设备，可享受“零关税”政策。现代化养羊场可选用的进口设备见表2-28。如果在海南投资500万元建设黑山羊养殖场，设备费用可减少10万元左右。

表2-28　养羊场所需进口设备

用途	设备种类	进口总价（万元）	进口关税税率（%）	进口增值税税率（%）
粉碎饲草、谷物等制造颗粒饲料	粉碎、搅拌、制粒一体机1台	18—28	10%	13%
秸秆、饲草等收割、青贮	秸秆粉碎青贮一体机1台	6—12	10%	13%
投料	自动喂料设备4套	12—20	10%	13%

4. 经营成本

以在海南养殖雷州山羊和在广西养殖广西黑山羊为例进行分析。

经营成本主要包括羔羊、饲草料（其中16%—20%精料）、人工、固定资产折旧及水电等成本。人工及水电等其他成本基本相同的情况下，在海南建厂，设备折旧费每年可减少1.0万元，相当于每只羊减少1元；根据现有市场价格，精饲料每吨多75元，草料每吨多60元，按照每只羊日平均1.5公斤草料加0.5公斤精饲料计，240天出栏时，每只羊消耗360公斤草料和120公斤精料，饲料成本增加30.6元/只；每只羔羊成本增加100元。

5. 效益分析

经营10个月时，生产羔羊约9000只，此时成年羊以35公斤计，根据养殖场提供的2021年活羊平均价格，海南每只羊销售价为1470元，较广西增加315元；海南每只羔羊销售价为450元，较广西增加100元。

根据2021年羊养殖年均价格分析，在海南开办年养殖1万只雷州山羊的养殖企业，在人工和其他成本一样的情况下，每只羊生产成本增加129.6元，销售收入增加了300元。海南饲养一只羊的毛利润为399.4元，广西饲养一只羊的毛利润为229.0元（见表2-29）。出栏1万只羊一年的利润海南比广西增加170.4万元。本案例分析以养殖肉羊进行计算，如果是养殖种母羊利润空间更大。

表2-29　海南与广西肉用黑山羊养殖效益对比分析

地区	成本测算						效益测算					
	折旧（元/只）	饲料（元/只）	羔羊（元/只）	人工（元/只）	其他（元/只）	总成本（元/只）	重量（公斤/只）	活体单价（元/公斤）	产羔（公斤/只）	羔羊单价（元/公斤）	总收入（元/只）	利润（元/只）
广西	20.0	736.0	350	150	20	1276	35	34	0.9	350	1505	229
海南	19.0	766.6	450.0	150	20	1405.6	35	40	0.9	450	1805	399.4

海南猪养殖案例

（一）企业简介

某畜禽养殖有限公司注册资金5000万元，经营范围主要包括生猪养殖生产、加工、销售等。计划在海南投资3000万元建设生猪智能化养殖场，年出栏5万头肥猪。

（二）投资优势

1. 个人所得税

如果年度工资薪金税前收入60万元，扣除年度费用、五险一金、专项附加等税法允许扣除的项目，全年应纳税所得额为42万元，根据我国现有个人所得税税率计算，全年应纳税款是7.31万元，如果按照海南自由贸易港个人所得税优惠政策（对于紧缺人才或年收入30万元以上人才，个人所得税最高不超过15%）来计算，那么全年的应纳税额是5.33万元，个人所得税较其他地区减少1.98万元。如果收入达85万元，那么税收较其他地区优惠4.70万元。收入越高，税收优惠将越多。

2. 企业所得税

若企业开展海南猪养殖，年营业收入25亿元，营业成本在18亿左右，在内地，企业所得税税率为25%，需缴纳所得税1.75亿元；在海南自由贸易港，企业所得税优惠政策适用税率为15%，需缴纳所得税1.05亿元，较内地减少0.70亿元。营业收入越高，优惠越多。

3. “零关税”

根据海南自由贸易港“零关税”优惠政策，畜禽养殖企业自用生产设备，可享受“零关税”政策。智能化养猪场可选用的进口设备见表2–30。如果在海南投资3000万元建设海南猪智能化养殖场，年出栏肥猪5万头设备费用可减少50万元左右。

表2–30 智能化养猪场可进口设备

用途	设备种类	进口总价（万元）	进口关税	进口增值税
智能化消毒降温	全自动喷雾消毒降温系统18套	36—40	10%	13%
智能清粪	自动清粪系统18套	15—20	10%	13%
智能饲喂与能耗监测	干饲自动喂饲系统18套	80—110	10%	13%
粪污处理	粪便干湿分离机9套	13—25	10%	13%
环境监测	环境监测传感系统18套	18—30	10%	13%

4. 经营成本

以在海南养殖海南猪和在广西养殖陆川猪为例进行分析。

经营成本主要包括仔猪、饲料、人工、固定资产折旧及水电等成本。人工及水电等其他成本基本相同的情况下，在海南建厂，设备折旧费每年可减少3.33万元，相当于每头猪减少0.67元。根据现有市场价格，在海南猪全价料和育肥料平均每吨较广西多80元，按照料肉比3.8计，体重达到80公斤出栏时，消耗饲料304公斤，每头猪饲料成本增加24.32元，每头仔猪成本增加40元。

5. 效益分析

养殖场提供数据显示，海南屯昌猪2021年活体销售均价为30.0元/公斤，广西陆川猪活体销售均价为28.0元/公斤，以80公斤出栏时，海南养殖猪较广西养殖猪每头销售额增加160.0元。根据2021年地方猪年均销售价格分析，以全进全出制在海南投资建设年出栏5万头屯昌猪的养殖企业，在人工和其他成本一样的情况下，每头猪生产成本较广西增加63.5元，销售收入增加了160.0元。海南饲养一头猪的利润为499.85元，广西饲养一头猪的利润为403.5元（见表2–31）。一年出栏5万头猪的利润比广西多了481.75万元。本案例分析以全进全出制养殖育肥猪进行计算，如果是自繁自养，首先设备投资享受优惠更多，其次生产成本会降低，因此，综合利润空间更大。

表2-31　海南与广西地方品种育肥猪养殖成本效益对比分析

地区	成本测算						效益测算			
	折旧（元/头）	饲料（元/头）	仔猪（元/头）	人工（元/头）	其他（元/头）	总成本（元/头）	重量（公斤/头）	活体单价（元/公斤）	总收入（元/头）	利润（元/头）
广西	26.70	1124.8	480	185.0	20.0	1836.5	80	28.0	2240	403.5
海南	26.03	1149.12	520	185.0	20.0	1900.15	80	30.0	2400	499.85

六、操作指南

针对畜禽养殖企业（野生动物驯养等特殊养殖除外）落户海南自由贸易港、设立子公司并投资建设，具体要求和流程如下。

（一）落户指南

1. 登记注册

见附录3　登记注册

2. 人才认定

见附录3　人才认定

（二）兑现指南

针对畜禽养殖企业落户海南可享受“零关税”政策、个人及企业所得税优惠政策以及研发和成果转化、产业配套等财政奖补政策，责任部门、流程内容、申报材料如下。

1. 个人所得税

见附录4　个人所得税申报

2. 企业所得税

见附录4　企业所得税申报

3. “零关税”

见附录4　“零关税”申报

4. 财政奖补

（1）高质量发展激励

根据《海南省促进经济高质量发展若干财政措施》及相关惠农奖补文件，企业到海南省农业农村厅进行申请，具体流程及要求通过关注海南省农业农村厅等相关政府部门的公告获知。

见附录4　高质量发展激励

（2）农机购置补贴

见附录4　农机购置补贴工作程序

（3）规上奖补

见附录4　规上奖补工作程序

（三）落地指南

1. 备案核准

见附录5　备案核准

2. 环评审批

见附录5　环评审批

3. 节能审查

见附录5　节能审查

七、企业分布

国内部分畜禽养殖企业分布情况如表2–31所示。

表2–31　国内部分畜禽养殖企业分布

企业名称	企业简介	所在地
唐人神集团	唐人神集团是专注于生猪全产业链经营的农业产业化国家重点龙头企业。自1988年创业以来，唐人神集团以“致力农家富裕、打造绿色食品、创造美好生活”为使命，培育了“骆驼”“唐人神”和“美神”等多个品牌，打造了生猪育种、饲料营养、健康养殖、生猪屠宰、肉品加工、品牌连锁、小风唐餐饮的生猪全产业链核心竞争力。	湖南

续表

企业名称	企业简介	所在地
傲农生物科技集团股份有限公司	傲农生物科技集团股份有限公司成立于2011年4月，是一家以标准化、规范化、集约化和产业化为导向的高科技农牧食品企业，主营业务包括饲料、养猪、食品等产业。	福建
金新农科技股份有限公司	金新农科技股份有限公司成立于1999年11月6日，2011年2月18日在深交所上市。目前已由单一研发、生产、销售猪饲料的企业转型升级为主营业务涵盖全系猪用饲料研产销、种猪繁育、动保兽药、互联网通信技术、品牌肉及深加工产品等业务的企业。	广东
湖南湘佳牧业股份有限公司	湖南湘佳牧业股份有限公司成立于2003年，是湖南一家从农场到餐桌、从农场到农场的优质家禽养殖加工和有机肥加工全产业链企业，也是新三板挂牌企业。目前，年优质鸡养殖规模达5000万羽，湘佳有机肥年加工产能达15万吨。	湖南
湖南新五丰股份有限公司	湖南新五丰股份有限公司于2001年成立，是以生猪养殖出口为主业的外向型上市公司，2004年6月9日公司在上海证券交易所上市。新五丰以生猪养殖为基础，建立了集原料加工、饲料仓储、种猪繁育、商品猪饲养、生猪屠宰及肉品加工、生猪交易于一体的生猪全产业链布局，通过构建高效的整体运营体系，实现了对产业链中各环节产品质量的控制、产品结构的优化，使公司拥有生猪、鲜肉、冻肉等生猪产业链上的多样化产品种类以及生猪出口、内销、鲜肉商超专柜、电话订购等丰富的多层次产品销售渠道。	湖南

第五节 现代渔业产业

现代渔业是指以现代科学技术和管理理念、方法改造渔业和管理渔业，提高渔业生产效率和经济效益。现代渔业产业主要包括深远海养殖、工厂化养殖、现代渔业园区建设、渔港经济区建设、现代化海洋牧场建设等。

一、产业发展现状分析

海南省海域面积200多万平方千米，海洋资源丰富，光温充足、水质优良，具有发展现代渔业得天独厚的优势。海南现代渔业主要分布在琼海、临高、儋州、文昌、澄迈等市县，其中海洋捕捞以琼海、临高、儋州为主；海水养殖以文昌、儋州、万宁、临高为主，主要养殖石斑鱼、南美白对虾、牡蛎等品种，石斑鱼产量占全国石斑鱼总产量的32.59%；南美白对虾产量占全国总量的5%；淡水养殖以文昌、澄迈、儋州、琼海、万宁等为主，主要养殖罗非鱼，产量占全国总产量的19.19%，2016—2020年海南主要养殖产品产量如表2-32所示。

2022年海南省水产品产量达170.31万吨，同比增长3.79%，其中海水养殖产量26.26万吨，淡水养殖产量41.08万吨；海洋捕捞产量101.79万吨，占水产品总量的59.77%。渔业产值达466.57亿元，占农林牧渔总产值的20.54%，同比增长3.6%，渔业经济发展呈现持续向好态势。

经过多年发展，海南已有渤海水产、蓝海水产、鲲诚水产、海壹水产、晨海水产、勤富水产、宝路水产、中正水产、翔泰渔业等1000余家水产企业，其中海南翔泰渔业股份有限公司、海南勤富食品有限公司入选海南省级农业国际贸易高质量发展基地。文昌、万宁、三亚、乐东、儋州、昌江等市县推动了一批特色养殖渔业产业园的建设。

表2-32　2016—2021年海南主要养殖产品产量

种类	2016年	2017年	2018年	2019年	2020年	2021年
罗非鱼（吨）	378896	303756	305571	310020	317653	316762
南美白对虾（吨）	94643	116147	106679	103449	93399	78550
石斑鱼（吨）	30846	43971	52367	66290	62579	70178
观赏鱼（万尾）	1000	871	150	100	687	526

数据来源：《2021年中国渔业统计年鉴》。

二、产业发展有利条件

（一）区位优势

海南岛属热带季风海洋性气候，夏无酷暑、冬无严寒，阳光充足，年平均气温为22.5—25.6℃，雨量充沛、水质优良，是发展现代渔业的理想之地。

海南岛水产种质资源丰富，有经济鱼类80多种，虾类17种，贝类150多种，藻类162种；海岸线长1944.35千米，有大小港湾68处，环海南本岛海域使用管理面积约2×104平方千米，其中20米深以内海域面积约5568平方千米；拥有北部湾海域、三亚、清澜和三沙四大著名渔场，南沙海区是我国最为典型的热带渔场，开发潜力极大，是未来捕捞业发展的重点区域。2020年，海南省近岸海域水质总体为优，优良水质面积比例为99.88%，优良水质站位比例为95.6%。

海南地处“海上丝绸之路”重要节点、东南亚和中国大陆两个最活跃市场的交汇点，是我国面向太平洋和印度洋的重要对外开放门户，发展海南现代渔业优势明显。

（二）政策优势

《海南省“十四五”推进农业农村现代化规划》指出按照“往岸上走、深海走、休闲渔业走”的思路推进渔业转型升级，提升海洋捕捞现代化水平，引进和发展远洋捕捞；推动水产养殖生态绿色健康发展，支持发展生态型、高产值深远海装备养殖，建设大型深水网箱、智能化养殖渔场、养殖工船、增殖型现代化海洋牧场；重点发展金鲳鱼、罗非鱼、对虾、石斑鱼和东风螺五大优势产业，探索发展金枪鱼、鲕鱼、观赏鱼、淡水龙虾及罗氏沼虾等新兴产业。进一步提升淡水渔业，重点发展海南中华花龟、山瑞鳖、大刺鳅等高价值海南名特优品种养殖，推广菜渔种养、稻渔种养等生态绿色养殖模式。提升深水网箱养殖规模，完善渔港配套设施建设。发展现代化渔港建设工程、国家级海洋牧场示范区建设工程等农业公共服务领域重大项目。

《关于支持海洋渔业高质量发展有关用海政策的若干意见》针对工厂化养殖、深水网箱养殖、海洋牧场、休闲渔业等业态对自然资源要素需求的堵点和难点，提出11条用海保障措施助推海洋渔业高质量发展，明确提出保障工厂化养殖用海、鼓励发展深水养殖和扶持海洋牧场发展，并降低渔业用海成本、优化渔业用海审批出让程序等以确保海洋渔业高质量发展。

由海南省人民政府办公厅印发的《关于加快渔业转型升级促进海南渔业高质量发展若干措施》强调要大力发展深远海养殖、工厂化养殖，支持现代渔业园区建设、现代化海洋牧场建设、发展深远海捕捞以及在水产养殖装备、海洋捕捞技术装备等方面的渔业科技创新攻关，从政策资金上给予海南现代渔业发展保驾护航。

《海南省海洋经济发展“十四五”规划（2021—2025年）》提出要面向国家总体布局与海南省功能定位，支持澄迈、乐东、儋州、临高、昌江、东方等市县发展海洋渔业，其中临高打造海洋现代渔业创新发展综合体，文昌发展海水精品养殖。

（三）市场优势

随着全球人口数量的增加，全球水产品的增长速度跟不上人口增长速度，导致全球性水产品短缺，预计到2030年，水产品人均消费量将达到21.5千克。全球海洋捕捞渔业资源日益衰退，国际国内市场对水产养殖品种的需求将越来越大，特别是优质水产品；在国内市场上，近年来中国从国外进口的罗非鱼、石斑鱼及其制品几乎很少，海南的水产品在品质和价格上的优势将使其在国内市场中获得更多的份额。海南处于中国大陆、东亚及东南亚三者核心交汇处，可利用自由贸易港物流资金流的便利优势，提升国内外市场的拓展潜力。

三、产业发展利好分析

（一）个人所得税

见附录1　个人所得税

（二）企业所得税

见附录1　企业所得税

（三）“零关税”

见附录1　“零关税”

（四）扶持措施

1. 激励措施

（1）高质量发展激励

见附录2　高质量发展激励

（2）加快渔业转型升级促进海南渔业高质量发展措施

《海南省人民政府办公厅关于印发加快渔业转型升级促进海南渔业高质量发展若干措施的通知》提出，大力发展深远海养殖和工厂化养殖。对海南企业投资并在海南作业的桁架类大型养殖装备（包围水体3万立方米以上），在中央给予装备造价补助的基础上，省级财政按照每个桁架类大型养殖装备实际造价的20%给予补助，最高不超过1000万元。通过竞争性评选方式，对我省企业投资并在我省作业的大型养殖工船（载重30000吨以上），在国家补助政策尚未明确前，省级财政给予每艘大型养殖工船不超过实际造价的30%，最高1.5亿元的补助；国家补助政策明确后，积极协助企业申请国家补贴，省级财政按照国家补助金额的100%给予补助，国家和省级财政补助总金额最高为1.5亿元。深远海养殖项目采取“建补结合”方式，开工建设后拨付补助资金总额的30%，剩余补助资金按照项目进度分批拨付。允许大型桁架类深远海养殖装备和养殖工船在全省适宜港口码头停靠，进行维修和补给。鼓励企业开展工厂化循环水养殖，对养殖车间不少于8000平方米且循环水养殖水体不少于6000立方米的养殖项目、育苗水体不少于2000立方米的育苗项目，每个项目给予不超过新增固定资产投资的20%，最高300万元的补助。

持续支持文昌冯家湾现代化渔业产业园发展，省级财政按照文昌市财政补贴金额1∶1对园区养殖主体养殖用电和尾水处理费用给予补贴，补贴金额最高不超过养殖用电和尾水处理总费用的10%，每年最高2000万元，连续补助三年。借鉴文昌冯家湾现代化渔业产业园模式，鼓励市县跨区域合作建设现代渔业特色产业园，参照自由贸易港重点园区和省重点（重大）项目给予同等力度的政策支持，在用地用海用林等方面依法依规给予优先保障。通过竞争性评选方式，对于市县政府主导建设的现代渔业产业园，每年度固定资产投资额1亿元以上的，按照其年度固定资产投资额的20%给予最高不超过3000万元的资金补助，补助不超过三年；对企业主导建设的现代渔业产业园，建设完成后按照实际固定资产投资的10%给予最高不超过2000万元一次性资金补助。

支持现代化海洋牧场建设。继续落实国家海洋牧场建设补助政策，加大招商引资力度，引进龙头企业，积极协助企业申请国家补助资金，做大做强关联产业。以企业为主体建设的休闲型和增殖型海洋牧场，已建成的人工渔礁规模不少于1.5万空方且未获得国家补助资金的，省级财政给予每空方渔礁500元补助，每个项目补助资金不超过2000万元。政府主导建设的养护型海洋牧场建成后，可以采取委托、出让等方式交由企业进行后期管护和适度经营。

支持发展深远海捕捞。鼓励高品质远洋捕捞产品回运，对国内远洋渔业企业进入我省卸载的远洋自捕水产品，给予一定的运输费用（不含运输保险费）补贴，其中海运超低温金枪鱼每吨补贴800元，冷冻回运其他远洋捕捞水产品每吨补贴200元。

2. 奖补措施

（1）规上奖补

见附录2　规上奖补

（2）农产品认证奖补

见附录2　农产品认证项目奖补

（3）宣传奖补

见附录2　农产品宣传推广项目奖补

（4）农业贸易高质量发展基地奖补

见附录2　农业贸易高质量发展基地项目奖补

（5）农机购置补贴

见附录2　农机购置补贴

（6）保险奖补

根据《海南省市县渔业养殖保险奖补实施方案》，各市县可结合自身渔业发展规划需求，自主推动辖区内渔业养殖特色农产品保险，省财政将结合推动成效，按照绩效评价结果，适当给予一定比例的奖补支持。在参保农户自缴保费比例不低于20%的前提下，对险种绩效评价结果达标的市县，省级财政给予最高保费补贴25%的奖励资金。每个市县申请奖补资金的渔业养殖保险项目不超过2个（含），单个项目的省级财政奖补金额最高不超过100万元。

（7）现代农业全产业链标准化示范基地建设奖补

根据《2022年海南省现代农业全产业链标准化示范基地创建实施方案》，结合产业实际和海南特色，2022年海南省拟从东风螺、冬季瓜菜、芒果、荔枝、文昌鸡5个全产业链创建标准化示范基地。水产养殖面积不低于500亩和100亩的国家级和省级基地，申报国家级和省级基地总产值分别为2000万元和1000万元以上，一产比例不低于40%。优先支持地理标志农产品保护工程、国家农产品质量安全县、农业现代化示范区、国家现代农业产业园、国家农业绿色发展先行区、优势特色产业集群、产业强镇、绿色食品标准化原料基地、脱贫县的有关主体，以及省级以上农业产业化重点龙头企业、现代农业全产业链标准化试点基地。

3. 地方扶持措施

（1）文昌冯家湾现代化渔业产业园

①现代渔业产业研发转化扶持措施

根据《文昌市支持科技创新企业的若干措施》的通知，在文昌市注册的企业可享受以下优惠政策措施。

企业创新研发投入奖励。落实国家支持企业技术创新的研发费用加计扣除、高新技术企业所得税优惠等政策。按规定可享受研发费用加计扣除所得税优惠政策的企业，对企业研发经费增量给予奖励，每年额度为企业年度研发经费增量的10%，规模以上高新技术企业最高奖励不超过50万元人民币，其他高新技术企业最高奖励不超过30万元人民币，非高新技术企业最高奖励不超过10万元人民币；研发经费以企业所得税纳税申报表中“可加计扣除研发费”为准。

新增高新技术企业奖励。对首次通过高新技术企业认定的企业给予奖励20万元人民币。对重新认定为高新技术企业的企业给予奖励10万元人民币。

引进高新技术企业奖励。对有效期内整体迁入文昌市的高新技术企业，按企业完成迁入注册后12个月的固定资产投资、研发投入等给予奖励，额度为企业完成固定资产投资的5%或研发投入的10%，最高不超过30万元人民币。

②渔业产业园优惠奖励措施

根据文昌市人民政府印发的《冯家湾现代化渔业产业园招商引资优惠奖励政策》，冯家湾现代化渔业产业园重点鼓励海水养殖（育种、育苗和工厂化循化水养殖）企业落户产业园。

土地供应扶持。在土地供应方面可根据类别采取先租后让、弹性年期等差别化供地方式，保障项目建设用地需求的同时降低土地使用成本。企业用于产业发展的300亩以上用地（建设用地不超过100亩）的项目，由市政府根据园区渔业产业融合发展需要，按照“一企一策”的议事规则对建设方案等具体情况进行研究确定。

前期工作扶持。对入园用地的企业（机构）项目前期工作经费（项目可行性报告、环境影响评价报告、节能评估报告、安全评估报告、勘察、设计和相关论证等费用）一次性补贴，按合同约定时间内完成项目建设并投产的，按项目建筑安装工程费的1%进行补助，同一项目如有不同性质用地可叠加补助，最高不超过100万元。

投资扶持。扶持完成项目建设并达到投产条件的海水养殖项目，固定资产投资强度达到250万元/亩以上的，按照实际固定资产投资额的1%给予奖励，最高不超过300万元。对第一家拿地并于2022年上半年前投产的企业，给予一次性奖励50万元。

运营扶持。自注册或迁入的企业按上一年度产值给予奖励，连续奖励5年，产值大于等于200万元且小于等于500万元的奖励5万元/年，产值大于500万元且小于等于2000万元的奖励8万元/年，产值大于2000万元且小于等于5000万元的奖励10万元/年，产值大于5000万元且小于等于1亿元的奖励15万元/年，产值大于1亿元的奖励20万元/年。注册或迁入的协会或社会公益组织按以上一年度投入经费并实际开展社会活动的给予一次性奖励，获得经费大于等于50万元且小于等于200万元的奖励3万元，当年获得经费大于200万元的奖励5万元。

一个会计年度内，对一般水产品贸易类企业（总部企业除外），年营业收入累计1亿元以上的，按其年营业收入的2%给予奖励，最高不超过500万元。对年营业收入达1亿元以上且年营收额增速超过10%的，每新增1000万元，奖励2万元；年营收额增速超过20%的，每新增1000万元，奖励3万元；年营收额增速超过30%的，每新增1000万元，奖励5万元。

金融扶持。支持海水养殖企业贴息借款，参照人民银行同期贷款基准利率给予30%一次性贴息补助，单一企业贴息最高不超过100万元。

总部扶持。依据《海南省总部企业认定管理办法》，对落户产业园的跨国公司地区总部、综合型（区域性）总部、高成长型总部，按实际缴纳资本分5年给予开办补助，实缴资本小于或等于5000万元的部分，补贴1.5%；实缴资本大于5000万元且小于或等于2亿元的部分，补贴2.5%；实缴资本大于2亿元的部分，补贴3.5%；补贴最高总额不超过2000万元。

人才扶持。全职引进人才奖励标准为：A类人才400万元/人，B类人才320万元/人，C类人才240万元/人，D类人才160万元/人，E类人才80万元/人。柔性引进人才奖励标准为：A类人才200万元/人，B类人才160万元/人，C类人才120万元/人，D类人才80万元/人，E类人才40万元/人。奖励按照5年服务期分5次等额发放，服务期每满12个月发放一次。对入园全职工作的海南自由贸易港E类及以上人才，以及兼职的正高级研究员/教授及以上人才，在文昌享受落户、医疗、购房、教育“一事一议”待遇服务。

科技扶持。对育种、育苗领域企业、科研机构，经相关部门认定的研发成果在产业园落地推广的，按照技术研发费用的10%给予一次性奖励，每项研究成果不超过100万元。对产业园注册水产引育及相关领域企业，开展优质高效新品种选育，获得农业农村部水产新品种认定的，每一个品种给予100万元一次性奖励，获得国家级水产健康养殖和生态养殖示范区称号的，单个企业给予50万元一次性奖励。

③其他保险及补贴

水产综合保险试点。在保险试点期限内入驻园区并投保的个体和企业养殖户，市级财政保费补贴比例为80%，农户自缴保费比例为20%，试点期结束后根据实际情况灵活调整财政补贴比例。水产综合保险包含两个险种，分别为工厂化水产品养殖保险和水产品育种保险，投保人可以选择其中一个或两个险种同时投保。在园区内育种如果出现无法孵化的情况或者在养殖过程中出现意外事故、疾病等原因造成养殖户损失，保险公司将按合同约定进行赔付。

（2）万宁现代农业产业园

根据《万宁市促进科技创新发展的若干措施》的通知，对于在万宁实质性运营的企事业单位可享受以下优惠政策措施。

①高新技术企业奖励。对首次申报并通过认定的高新技术企业，除享受省级政策扶持资金奖励外，一次性给予每家高新技术企业20万元奖励；对有效期满后再次申报通过认定的高新技术企业一次性给予10万元奖励；企业提供的高新技术企业申报材料，经市科工信局初审通过后向省科技厅推荐，一次性给予每家企业3万元的申报费奖励。

②引进高新技术企业奖励。对迁入的高新技术企业，综合企业贡献、产业带动、创新带动、就业带动等因素给予奖励。在认定有效期内，对整体迁入万宁市的高新技术企业，符合自由贸易港发展方向且签署三年内不迁出承诺书的，一次性给予每家企业最高不超过20万元奖励。

③八大产业链产业项目扶持。万宁市八大产业链主管单位根据产业发展需求，向市科工信局推荐立项的科研项目，经组织评审通过后，每个产业链项目按总投资的50%一次性给予项目申报单位资金扶持（不高于30万元）

(海洋渔业产业为八大产业链之一)。

(3)临高现代海洋渔业产业发展扶持措施

①土地优惠。根据《临高县招商引资扶持办法(暂行)》,作为临高优势产业的海洋渔业,固定资产投资10亿元(含)以上的海洋渔业重大产业项目优先保障用地需求。

②投资奖励。A.对新引进固定资产投资额不少于1亿元的内资类项目,在项目落地形成产能后,按项目竣工决算的固定资产投资总额(不含土地款,下同)的一定比例给予奖励,固定资产投资额1亿元(含)至1.5亿元(含)之间的部分,按2.5‰奖励;1.5亿元至5亿元(含)之间的部分按3.5‰奖励;5亿元以上的部分按4.5‰奖励,单个项目奖励金最高不超过1000万元。中国500强企业投资项目(占股40%以上),固定资产投资额按1.2倍计算(仅指用于奖励计算标准)。B.对新引进实际到位注册资金不低于800万美元(仅为我县注册公司)的外资项目,实际到位注册资金800万美元的部分,按6‰奖励;800万美元至3000万(含)美元之间的部分按7‰奖励;3000万美元至6000万(含)美元之间的部分按8‰奖励;6000万美元以上的部分按10‰奖励,奖励金按县政府批准奖励当日国家外汇管理局公布的汇率中间价结算为人民币发放,单个项目最高奖励1000万元人民币。世界500强企业投资项目(占股40%以上),实际到位注册资金按1.2倍计算(仅指用于奖励计算标准)。

③人才优惠。高层次人才与本县用人单位签订合同3年以上的,按高层次A类、B类、C类、D类和E类人才分别给予50万元、40万元、30万元、20万元、10万元的一次性安家补助费。

④租金优惠。对租赁厂房、办公用房和宿舍用房的高新技术落户企业,在实际投资完成额达到协议投资额后,项目投产之后3年内,按核定租用面积,以每月4元/平方米的标准给予补贴,单个企业补贴金额累计最高不超过100万元。

四、产业发展策略

(一)金鲳鱼、对虾、石斑鱼和东风螺等优势品种的智慧化深远海养殖

充分利用海南自然资源优势和政策优势,在海南投资开展养殖包围水体3万立方米以上,作业水深约30米,能够抗击12级台风的桁架类大型深远海养殖设备(深水网箱)和大型养殖工船,投放海南重点发展海水养殖品种金鲳

鱼、对虾、石斑鱼和东风螺，实现全部投产后年可养殖各类海产品10万吨，年产值50亿元以上。同时利用5G、物联网、大数据、人工智能等信息技术，网箱搭载智能监测、自动投喂、机器人洗网等设备，实现工程化、智慧化深远海养殖。

（二）罗非鱼、罗氏沼虾等种类的封闭式循环工厂化养殖

投资建设养殖车间不少于8000平方米且循环水养殖水体不少于6000立方米的罗非鱼、罗氏沼虾等种类的封闭式循环工厂化养殖基地，配套现代水质处理设备人工控制水体水质、水温、溶氧、光照、投饵等，营造最适宜养殖品种生长和发育的生态条件。在只添加少量补充水的前提下，利用循环水从事工厂化高密度的水生生物的强化培育，从而达到低耗、高效、保护养殖环境，实现水产养殖业提质增效、转型升级。

（三）现代化海洋牧场建设

在近岸或岛屿周边建设现代化海洋牧场，开展石斑鱼、金鲳鱼、牡蛎等底播增殖和海面筏式养殖生产项目，通过不断投放石块礁、构建礁等将普通海区改造升级为生物资源丰富，上层吊养扇贝、中层增殖鱼类、底层底播海参的高产海区，通过科学增殖实现高效产出，年产值上亿元。

五、案例分析

以国内某知名水产养殖企业在海南成立为例，养殖基地从事罗非鱼、金鲳鱼、虾等水产品养殖，基于目前在内地开展水产养殖基地实际运营情况进行对比分析。

（一）企业简介

公司注册资金2亿元，主要开展金鲳鱼、石斑鱼、军曹鱼等鱼类、海珍品、藻类的育种、养殖、生产、加工和销售等，申请使用海域350公顷，海上分为深海养殖、休闲渔业、旅游观光、增殖放流、人工鱼礁培育等；投资建设海洋牧场，年产鱼类可达120万斤。在陆域工程方面，配套设施包括了冷链仓储物流、水产品加工厂、饲料加工、苗种繁育、技术研发实验室、种质资源实验室以及生活配套设施等。

（二）投资优势

1. 个人所得税

结合海南自由贸易港个人所得税政策给予的优惠减免可知，水产繁育公

司高层人员若年薪超过47.2万元可享受个人所得税优惠政策红利。若年度工资薪金的税前收入100万元，按照我国现行的个人所得税法计算，扣除年度费用、五险一金、专项附加等税法允许扣除的项目，全年应纳税所得额为80万元，全年应纳税额为19.4万元。若按海南自由贸易港个人所得税优惠政策计算，则全年应纳税额为80万元×15%=12万元，实际税负超过15%的部分为19.4万元−12万元=7.4万元，免征7.4万元。

2. 企业所得税

与我国法定企业所得税税率25%相比，海南自由贸易港企业所得税优惠政策适用税率15%，政策适用企业税后利润可增加10%以上。相较同为自由贸易港的中国香港、新加坡企业所得税税率分别为16.5%与17%，海南自由贸易港企业所得税政策对国内外企业均具有一定吸引力。

以在海南开展水产养殖销售公司经营发展五年为基数，内地的企业所得税税率为25%，海南自由贸易港企业所得税优惠政策适用税率15%，五年经营情况可累计节约350万元所得税（见表2−33）。

表2−33 水产养殖公司所得税缴纳对比

（单位：万元）

营业时间	第一年	第二年	第三年	第四年	第五年	累计缴纳
营业收入	1500	1800	2100	2400	2700	—
营业成本	1000	1200	1400	1600	1800	—
内地设厂企业所得税	125	150	175	200	225	875
海南设厂企业所得税	75	90	105	120	135	525

备注：内地设厂企业所得税税率为25%，海南设厂企业所得税税率为15%。

3. “零关税”

通过对目前国内水产养殖企业的调研，海水养殖系统主要包括自动化投料船、升降式网箱、水质监控设备、蛋白质分离器、杀菌消毒设备、全自动滚筒微滤机（生物过滤系统）、恒温设备、循环水泵、生化过滤器、臭氧发生器、脱气塔等；其中自动化投料船、升降式网箱等可从日本引进，其他部分设备也可根据情况从国外引进，如果从国外进口，均可享受自由贸易港优惠政策。粗略估算从国外进口部分设备建成一套海水养殖系统可节约474.16万元，直接从国外引进一套深远海网箱式养殖平台可节约5824万元的成本，如表2–34所示。

表2–34　主要水产养殖进口设备情况

设备种类	进口价格（万元）	进口关税税率（%）	进口增值税税率（%）	海南可优惠金额（万元）
海水养殖				
自动化投料船	700—1000	9	13	364
升降式网箱（8口一组）	10—12	—	13	1.87
蛋白质分离器	6—8	10	13	1.25
桶式生化过滤器	8—10	5	13	1.43
养殖污水处理设备	9—12	—	13	1.87
捕鱼船	500—700	7	—	103.74
深远海网箱式养殖平台				
可伸缩式深海网箱	30000—40000	6	13	5824

备注：海南可优惠金额取进口设备价格区间的上限统一估算。

（三）奖补措施分析

依据海南省现行的各类水产繁育奖补政策，预计可获得的补贴分类如表2–35所示。

表2–35　现代渔业企业部分奖补优惠

类　别	最高金额（万元）
电费补贴	10
热带特色高效农业企业营业收入上规模奖补	50
高密度聚乙烯（HDPE）、钢质深水网箱及其配套设施设备奖补	40
桁架类深水网箱及其配套设施设备奖补	1000
大型围栏及其配套设施设备奖补	1000
国家农产品地理标志登记保护产品	50
国家有机农产品	20
国家绿色食品	10

续表

类　别	最高金额（万元）
GAP良好农业规范农产品	10
农产品宣传推广项目	50
农业国际贸易高质量发展基地	50
深远海养殖：桁架类大型养殖装备	1000
深远海养殖：大型养殖工船	15000
工厂化循环水养殖	300
现代渔业园区建设	2000
深远海捕捞	800元/吨
现代化海洋牧场	2000

六、操作指南

（一）落户指南

1. 登记注册

见附录3　登记注册

2. 人才认定

见附录3　人才认定

（二）兑现指南

针对水产养殖企业落户海南可享受“零关税”政策、所得税优惠政策以及研发和成果转化、产业配套等财政奖补政策兑现，责任部门、流程内容、提交材料如下。

1. 个人所得税

见附录4　个人所得税申报

2. 企业所得税

见附录4　企业所得税申报

3. “零关税”

见附录4　“零关税”申报

4. 奖补措施

（1）高质量发展激励

根据《海南省促进经济高质量发展若干财政措施》及相关惠农奖补文件，企业到海南省农业农村厅进行申请。具体流程及要求通过关注海南省农业农村厅等相关政府部门的公告。

申报材料

申报单位营业执照、税务登记证、组织机构代码证复印件；

申报项目的相关证书、合同复印件等；

申报单位对资金申请报告内容和附属文件真实性负责的声明；

申请银行贷款财政贴息的企业，须提供银行贷款合同、完息证明；

申请固定资产投资、产值、研发经费投入、升规纳统、营业收入奖励的需提供相关证明等；

主营产品符合《海南省促进经济高质量发展若干财政措施》中有关规定的相关证明材料。

（2）深水抗风浪网箱养殖奖补

①满足条件

项目实施单位条件项目所在市县政府已完成养殖水域滩涂规划发布工作；

具有深水网箱养殖生产相关技术和管理能力的养殖企业、合作社和养殖生产者；

项目选址在规划养殖区或限养区内，项目实施单位持有深水网箱建设区域的水域滩涂养殖证或不动产权证书（海域使用权证书）；

优先支持淘汰普通鱼排式网箱发展规模化养殖、具有深水网箱或大型围栏设施养殖经验、已经投保养殖设施保险和养殖生物险的单位。

项目建设区域

高密度聚乙烯（HDPE）、钢质深水网箱项目须建设在水深大于12米的开放海域；

桁架类深水网箱项目须建设在离大陆岸线3千米以上、水深大于20米的开放海域；

大型围栏养殖设施项目须建设在离大陆岸线3千米以上、水深大于10米的开放海域。

②奖补标准

深水抗风浪网箱项目采取预申报、评估立项、先建后补的补助方式。建成后的深水抗风浪网箱应达到可使用状态。已获得其他财政专项扶持项目资金的深水网箱不得重复申报补助。

高密度聚乙烯（HDPE）、钢质深水网箱及其配套设施设备根据网箱周长（40米及以上）细分为4个补助档次，网箱设计容积不低于700立方米、有效容积不低于350立方米。其中，周长40—60米（含40米）的补助上限为10万元/口，周长为60—90米（含60米）的补助上限为20万元/口，周长90—120米（含90米）的补助上限为30万元/口，周长120米及以上的补助上限为40万元/口。中央转移支付补助资金不超过以上最高控制资金额，补助比例不超过总体造价的50%，市县根据补助资金总额及实际情况在市县补助方案中明确补助标准。

桁架类深水网箱及其配套设施设备，根据桁架主尺度包围水体（1万立方米及以上）及中央转移支付补助资金补助最高控制额分为4个档次，其中1万—2万立方米（含1万立方米）包围水体的补助上限为300万元/个，2万—3万立方米（含2万立方米）包围水体的补助上限为400万元/个，3万—5万立方米（含3万立方米）包围水体的补助上限为700万元/个，5万立方米及以上包围水体的补助上限为1000万元/个。中央转移支付补助资金补助比例不超过以上最高控制资金额，补助比例不超过总体造价的30%，市县根据补助资金总额及实际情况在市县补助方案中明确补助标准。

大型围栏及其配套设施设备，根据围栏包围水体（3万立方米及以上）及中央转移支付补助资金补助最高控制额分为4个档次。其中3万—6万立方米（含3万立方米）包围水体的补助上限为300万元/个，6万—10万立方米（含6万立方米）包围水体的补助上限为500万元/个，10万—15万立方米（含10万立方米）包围水体的补助上限为800万元/个，15万立方米及以上包围水体的补助上限为1000万元/个。中央转移支付补助资金补助比例不超过以上最高控制资金额，补助比例不超过总体造价的20%，市县根据补助资金总额及实际情况在市县补助方案中明确补助标准。

③支持方向

支持购置深水网箱箱体（包括网箱框架、网衣和锚泊设施），配套投饵机、洗网机、起网机、看护平台、物联网信息系统等相关生产设施设备和养殖废弃物收集装置，具备收集生活污水的生态卫生间等环保设施设备。其中，养殖废弃物收集装置必须配备。

④项目申报

各市县根据项目需要及时发布申报指南或资金申报有关文件，明确本区域项目补助对象、补助标准、申报流程、申报材料要求等，符合条件的单位可根据自身实际情况自愿申报。

申报材料

营业执照、法人代表身份证或养殖生产者身份证复印件；

水域滩涂养殖证或不动产权证书（海域使用权证书）复印件；

HDPE、钢质深水网箱须提交网箱总体设计图纸、抵御12级或以上等级台风的网箱结构安全应用证明（如合同证明、网箱结构图中抗风浪装置配件清单等），其中HDPE主浮管材料密度应达到HDPE100以上、直径不小于250mm、管道外径与管壁厚度比（SDR）不大于17，主拉力绳有效长度不低于80m、直径不小于36mm；

桁架类深水网箱须提交网箱总体设计图纸、海洋生存工况结构安全设计评估报告；

大型围栏养殖设施须提交围栏设施总体设计图纸、结构参数、工程方案与高海况设施安全评估报告；

市县渔业主管部门认为需要提供的其他材料。

（3）规上奖补

见附录4　规上奖补工作程序

（4）农机购置补贴

见附录4　农机购置补贴工作程序

（三）落地指南

（1）水产养殖——水域滩涂养殖证

①申请前须先办理由省市场监督管理局颁发的营业执照；

②国家对水产养殖内陆水域实行养殖证制度。利用内陆水域从事养殖生产活动的单位和个人，必须依法取得养殖证。

全民所有的内陆水域依照《渔业法》和《中华人民共和国土地管理法》

（简称《土地管理法》）的规定，确定内陆水域养殖使用权；

集体所有或者全民所有由农业集体经济组织使用的内陆水域，依照《渔业法》《土地管理法》和有关土地承包经营的规定，确定内陆水域养殖承包经营权；

对已养内陆水域，符合养殖规划并持有养殖证的，可简化审核程序予以换证。尚未领取养殖证应尽快审核补发。不符合养殖规划但已持有养殖证的，限期予以调整。无证使用内陆水域从事养殖生产的，县级以上地方人民政府渔业主管部门应当进行登记，限期拆除养殖设施。

使用内陆水域从事养殖生产活动的单位和个人应当向县级以上地方人民政府渔业行政主管部门提出申请。

申报材料

由农业农村厅核发的水域滩涂养殖证，水域滩涂面积在3公顷以下的可以采用手工绘制界至图；

水域滩涂开发使用情况证明材料以及水域滩涂界至图；

公民个人身份证明、法人或其他组织资格证明、法定代表人或者主要负责人的身份证明。

（2）现代海洋捕捞——海洋捕捞渔船审批

①渔船审批包括：渔船报废、购置、制造和更新改造等审批事项。

报废渔船是指对不能或不再从事海洋捕捞生产的渔船进行后续处理，主要包括拆解、销毁或用于人工渔礁等方式。

购置渔船是指从国内买入渔船，购置的渔船其船网工具指标必须随船转移。

制造渔船是指新建造渔船，《海南省海洋捕捞渔船审批管理办法（暂行）》中的制造渔船是指旧船淘汰后再建造渔船。

更新改造渔船是指通过更新主机或对船体和结构进行改造改变渔船主机功率、作业类型、主尺度或总吨位。

②渔船购置、制造和更新改造按下列权限进行审批：

船长大于或者等于12米的大、中型渔船，由船籍港所在地市、县、自治县渔业主管部门审核，省级渔业主管部门审批；

船长小于12米的小型渔船，由船籍港所在地市、县、自治县渔业主管部门审批；

跨省购置，由省级渔业主管部门报农业农村部审批；

小型渔船不得跨市、县、自治县购置。

③办理程序

申请渔船审批：向户籍所在地、法人或非法人组织登记地县级以上人民政府渔业主管部门提出。

申请购置、制造和更新改造渔船：由市、县、自治县渔业主管部门审批的，应当自申请受理之日起12个工作日内完成审批。

申请购置、制造和更新改造渔船：由省级渔业主管部门审批的，应当自收到报送的材料之日起12个工作日内作出是否批准船网工具指标的决定。由政务服务中心窗口受理，提交材料审查，审批签发渔业船网工具指标批准书。

申请跨省购置：按照《渔业捕捞许可管理规定》的有关要求办理。

申请拆解渔船：船籍港所在地市、县、自治县渔业主管部门对申请材料进行审查，确认实船勘验、现场拆解监管和拆船时间等事项，在5个工作日内作出审查意见。审查通过后，填写海洋捕捞渔船拆解确认表，明确渔船拆解时间、地点等事项，并告知船舶所有人。

④申报材料

申请购置的，由买入方向当地市、县、自治县渔业主管部门提出申请，并提交下列材料：

渔业船网工具指标申请书；

买卖双方企业（合作社）营业执照或个人户籍证明；

申请人所属渔业组织出具的意见；

渔船买卖协议（合同）和能反映渔船总体面貌、当前停靠地、船名及其他标志的照片；

渔业船网工具指标转移证明；

被购置渔船的渔业捕捞许可证注销证明；

被购置渔船的国内海洋渔船安全证书、渔业船舶国籍证书、渔业船舶所有权登记证书，相关证书必须合法，并年检合格，且在有效期内。

申请制造的，申请人应向当地市、县、自治县渔业主管部门提出申请，并提交下列材料：

渔业船网工具指标申请书；

企业（合作社）法人营业执照或个人户籍证明；

申请人所属渔业组织出具的意见；

船网工具指标来源证明材料（渔船报废证明材料和现场监督管理的影像资料，以及原发证机关出具的渔业船舶证书注销证明）；

渔船设计图纸（包括总布置图、渔捞设备布置图和船体说明书等主要图纸），且设计图纸应依法经过有审批权限的部门批准，在图纸上有图纸审查批准印章或者单独出具的图纸审批函。

申请更新改造的，申请人应向当地市、县、自治县渔业主管部门提出申请，并提交下列材料：

渔业船网工具指标申请书；

企业（合作社）法人营业执照或个人户籍证明；

申请人所属渔业组织出具的意见；

被改造渔船的渔业捕捞许可证注销证明；

被改造渔船的国内海洋渔船安全证书、渔业船舶国籍证书和渔业船舶所有权登记证书，相关证书必须合法，并年检合格，且在有效期内。

渔船设计图纸（包括总布置图、渔捞设备布置图和船体说明书等主要图纸），且设计图纸应依法经过有审批权限的部门批准，在图纸上有图纸审查批准印章或者单独出具的图纸审批函。

申请更新改造，增加主机功率的，申请人还须提供增加部分功率指标来源的证明材料（渔船报废证明材料和现场监督管理的影像资料，以及原发证机关出具的渔业船舶证书注销证明）。

⑤各类证书的获取

渔业船网工具指标申请书，海洋捕捞渔船拆解确认表，渔业船舶拆解、销毁或处理证明，渔业船网工具指标转移证明，渔业船舶国籍证书，渔业船舶所有权登记证书，渔业捕捞许可证和渔业捕捞许可证注销证明均为中国渔政管理指挥系统生成并打印。

⑥证书证件办理

申请渔船报废的，市、县、自治县渔业主管部门和渔业船舶检验部门凭渔业船舶拆解、销毁或处理证明原件，办理国内海洋渔船安全证书、渔业船舶国籍证书、渔业船舶所有权登记证书及渔业捕捞许可证的注销手续，收回原件并出具注销证明。

申请渔船购置的，渔业船舶检验部门及卖方所在地渔业主管部门凭渔业船网工具指标批准书办理国内海洋渔船安全证书和渔业船舶国籍证书及渔业船舶所有权登记证书的注销手续，收回原件并出具注销证明。

渔业船舶检验部门及买方所在地市、县、自治县渔业主管部门凭渔业船网工具指标批准书和注销证明，办理购置渔船的检验、变更登记，换发新证书证件。

申请渔船制造的，市、县、自治县渔业主管部门按照渔业船网工具指标批准书核发渔业船舶船名核准书，渔业船舶检验部门按规定受理检验。

渔船制造完成后，市、县、自治县渔业主管部门和渔业船舶检验部门按规定办理国内海洋渔船安全证书、渔业船舶国籍证书、渔业船舶所有权登记证书和渔业捕捞许可证。

申请渔船更新改造的，申请人须严格按照渔业船网工具指标批准书核定的内容实施更新改造。渔船更新改造完成后，由渔业船舶检验部门凭渔业船网工具指标批准书办理被改造渔船国内海洋渔船安全证书的注销手续；由市、县、自治县渔业主管部门凭渔业船网工具指标批准书办理被改造渔船渔业船舶国籍证书及渔业船舶所有权登记证书的注销手续。

渔船更新改造完成后，市、县、自治县渔业主管部门及渔业船舶检验部门凭渔业船网工具指标批准书和原证书证件注销证明进行变更登记，重新办理相关证书。

（3）现代海洋捕捞——渔业捕捞许可证审批

渔业捕捞许可证向市县农业农村局申报。

①受理条件

《中华人民共和国渔业法》第二十四条：具备下列条件的，方可发给捕捞许可证：有渔业船舶检验证书；有渔业船舶登记证书；符合国务院渔业行政主管部门规定的其他条件。县级以上地方人民政府渔业行政主管部门批准发放的捕捞许可证，应当与上级人民政府渔业行政主管部门下达的捕捞限额指标相适应。

②申报材料

渔业捕捞许可证申请书（参照“海南政务服务网”提供的渔业捕捞许可

证申请书样表自行填写)。

有效身份证明和营业执照;

渔业船舶检验证书(由农业农村部门核发);

渔业船舶登记(国籍)证书(由农业农村部门核发);

渔具和捕捞方法符合国家标准;

渔业船网工具指标批准书或原渔业捕捞许可证或渔捞日志(申请海洋渔业捕捞许可证,除提供第一款规定的资料外,还需提供:首次申请和除作业方式变更外重新申请的,提供渔业船网工具指标批准书原件;重新申请和换发捕捞许可证的,提供原渔业捕捞许可证原件和复印件;海洋大型、中型渔船再次申请渔业捕捞许可证的,提供渔捞日志)。

农业农村部远洋渔业项目批准文件或海洋渔业捕捞许可证或渔业船网工具指标批准书(非必要)(申请公海渔业捕捞许可证,除提供第一款规定的资料外,还需提供:农业农村部远洋渔业项目批准文件;除专业远洋渔船外,提供海洋渔业捕捞许可证;首次申请的,提供渔业船网工具指标批准书。)

申请人所在地县级以上渔业行政主管部门的证明(非必要)(跨省或跨海区作业,依照规定应当申请临时捕捞许可证的,除提供第一款规定的资料外,还需提供:申请人所在地县级以上渔业行政主管部门出具的证明原件和复印件各一份)。

(4)海水养殖、海洋牧场等用海审批

根据《海南省自然资源和规划厅海南省生态环境厅海南省农业农村厅关于进一步做好渔业用海审批等有关工作的补充通知》规定,在海南开展海水养殖、海洋牧场、休闲渔业等用海审批相关事宜如下。

①市县自然资源和规划部门会同生态环境部门、农业农村部门,根据渔业用海需求,选划符合省和市县总体规划(或国土空间规划)、水域滩涂养殖规划、生态红线管控要求等渔业用海区域。

②市县农业农村部门负责委托有关技术单位对选划的渔业用海海域进行整体海域使用论证和海洋环境影响评价,分别报市县自然资源和规划部门、生态环境部门(或审批部门)审查(审批)。单位和个人在划定的渔业用海区域范围内申请渔业用海时不再进行海域使用论证(围海养殖、建设人工鱼礁或省级以上人民政府审批的养殖用海项目等除外)和海洋环境影响评价。

③海洋牧场中用于建设人工鱼礁的用海方式为透水构筑物用海，按人工礁体占用部分计算用海面积，海域使用金按透水构筑物征收标准的80%计算；礁体之间海域用海方式为开放式用海，海域使用金按开放式养殖用海标准征收。

（5）海域使用权审核

《海南省实施〈中华人民共和国海域使用管理法〉办法》第十一条规定，下列项目用海，应当报省人民政府审批：（一）填海超过20公顷以上、50公顷以下的项目用海；（二）围海超过27公顷以上、100公顷以下的项目用海；（三）不改变海域自然属性，200公顷以上、700公顷以下的项目用海；（四）跨沿海市、县、自治县的项目用海；（五）其他应当由省人民政府批准的项目用海。下列项目用海，应当报沿海市、县、自治县人民政府审批：（一）围海27公顷以下的项目用海；（二）不改变海域自然属性200公顷以下的项目用海。本省审批权限以外的项目用海，应当经省人民政府审核后，报国务院审批。省和沿海市、县、自治县人民政府审批近岸海域的项目用海，应当遵循切实保护、合理利用、节约利用岸线和近岸海域的原则与国家有关海域使用技术规范。

①受理条件

单位和个人在本行政区域内持续使用特定海域3个月以上排他性用海活动的审批出让，属海南省审批权限内的适用本审核事项。

②申报材料

由项目所在市县自然资源主管部门提出的海域使用申请书（含宗海位置和界址图），核对是否包含用海情况及受理初审情况及意见，是否加盖公章；

由市县自然资源主管部门出具的初审意见及初审时提交的所有材料；

由市县人民政府出具的项目所在地市县人民政府意见（加盖公章）；

申请人自行出具的海域使用论证报告书或报告表（加盖公章）；

申请人自行出具的，属经营性用海的，须提交海域价值评估报告（加盖公章）。

③注意事项

《中华人民共和国海域使用管理法》第二十五条规定“海域使用权最高期限，按照下列用途确定：（一）养殖用海十五年；（二）拆船用海二十年；（三）旅游、娱乐用海二十五年；（四）盐业、矿业用海三十年；（五）公益事业用海四十年；（六）港口、修造船厂等建设工程用海五十年”。

七、企业分布

国内部分现代渔业企业分布如表2–36所示。

表2–36 国内部分现代渔业企业分布情况

企业名称	企业简介	所在地
广东环球水产食品有限公司	成立于2011年，是一家专注以罗非鱼、南美白对虾、金鲳鱼等海水产品研发、生产加工、国内外贸易的水产食品企业。公司占地面积120亩，第一期总投资2亿元人民币，生产加工面积13000平方米。生产车间和工艺流程依据国家市场监督管理总局、美国FDA（美国食品药品监督管理局）、俄罗斯、欧盟国家的相关法律法规及技术标准进行设计和建设。吸收并引进国内外先进的水产品速冻、冷藏技术和设备，每年可加工水产成品20000吨以上，配备有22000立方米的低温储藏库容。	广东
云南新海丰水产科技集团有限公司	成立于2007年，总投资1.2亿元，主要产品为罗非鱼，年加工罗非鱼2.5万吨，生产罗非鱼片1万吨，年销售收入3.08亿元，是云南集鱼苗、饲料、养殖、加工、出口和科研于一体的全产业链、国际化、现代化的农业企业，旗下拥有云南新海丰食品有限公司、云南海王水产有限公司、云南鸿浩水产有限公司及云南海王生物饲料科技有限公司4家子公司。2008年，公司被云南省政府授予“企村结对”共建新农村先进单位和农产品出口先进企业荣誉称号，并先后荣获云南省农业产业化省级重点龙头企业。	云南
广西金海盈食品有限公司	是国内新崛起的集水产养殖、加工、海内外销售及采购于一体的食品进出口企业。公司成立于2013年，坐落于美丽的南方沿海城市北海。公司厂区面积为50000多平方米，建筑面积为40000多平方米，低温冷藏库面积为12000多平方米，储藏能力达20000余吨；公司员工超500人。公司拥有罗非鱼/叉尾鮰鱼加工车间、海水产品加工车间和虾加工车间，年加工罗非鱼产品20000多吨、叉尾鮰鱼产品2500吨、其他海水产品超40000吨。公司主营罗非鱼（片）、叉尾鮰鱼（片）、金鲳鱼、安康鱼、鱿鱼、虾、墨鱼等水产品。 公司养殖基地拥有水库30000余亩、沙底鱼塘5000余亩、合作鱼塘20000余亩、合作虾塘15000余亩。拥有合作罗非鱼育苗场1个、合作叉尾鮰鱼育苗场1个和对虾种苗场1个以及合作饲料厂3个，金鲳鱼深水网箱养殖基地3个和多条深浅海捕捞渔船，为批量生产优质水产品提供了充足的原料资源。	广西

第六节　热带花卉苗木产业

花卉苗木产业是指与花卉苗木相关的生产、加工、销售、服务等产业，产品包含鲜切花（叶/枝）、盆栽植物、观赏苗木等。

一、产业发展现状分析

海南花卉苗木产业已形成区域化、集聚化、专业化的发展格局。北部地区重点发展以富贵竹为主的鲜切枝、以风铃木为主的观赏苗木，南部地区以热带兰花、金钱树等切花和盆栽植物为主，中部地区重点发展热带兰、凤梨等盆栽植物，西部地区优先发展反季节菊花等鲜切花、三角梅和石斛兰为主的盆栽植物。

截至2022年底，海南省花卉苗木种植面积达28.2万亩，总产值突破60亿元，企业有694家，花农有6415户，从业人员达63万余人。其中，海南省年营业额在500万元以上或种植面积在45亩以上的大中型花卉苗木企业有292个，年营业额1000万元以上的大型企业有乐东普英洲花卉园艺有限公司、海南金棕榈园艺景观有限公司、东方上彩现代农业有限公司、海南博大兰花科技有限公司、三亚柏盈热带兰花产业有限公司、三亚亚龙湾国际玫瑰谷等，业务涉及花卉生产、销售、旅游、会展服务、设计施工等。海南省连续举办过12届中国（三亚）国际热带兰花博览会，以花为媒，以花搭台，不仅促进了当地生态旅游、酒店餐饮、物流、会展等产业的发展，而且大大提升了城市整体形象，促进了地方经济快速发展。海口市每年也定期举办三角梅主题展，该展也成为花卉旅游与乡村振兴相结合的典型案例。

二、产业发展有利条件

（一）区位优势

海南地处“海上丝绸之路”重要节点，是东南亚和中国大陆两个最活跃市场的交汇点，是我国面向太平洋和印度洋的重要对外开放门户。海南光热充足，雨量充沛，全年无霜冻，冬季温暖，适宜多种花卉苗木的生长，是进行“北花南育”、品种驯化和育种的理想地区。海南拥有航空、水运、铁路、公路相结合的综合交通运输体系，拥有明显的区位优势和便利的海运条件。此外，全球动植物中转基地落户三亚，为产业发展提供了先天优势和平台。

（二）政策优势

《林草产业发展规划（2021—2025年）》把“种苗花卉”列入重点领域，提出要推进花卉种业自主创新，加强花卉生产基地、市场和物流体系建设，在花卉主产地和主销地打造一批重点花卉市场。《关于推进花卉业高质量发展的指导意见》提出：到2025年，花卉种业创新体系基本建立，自主知识产权花卉品种市场占有率稳步提升，花卉产业布局结构更加优化，花卉科技创新能力大幅提升，花卉多种功能有效拓展，花卉业高质量发展格局基本形成，力争年销售额达到3000亿元。到2035年，花卉种业创新体系健全完善，主要商品花卉品种国产化水平大幅提升，产业布局结构更趋科学合理，花卉出口稳步扩大，完备的花卉产业体系基本建成，力争年销售额超过7000亿元。

《海南省推进热带花卉产业发展实施方案》明确：优化花卉品种结构，扩大花卉种植面积，促进花卉种植“接二连三”融合发展，培育壮大热带花卉产业新业态，使之成为全省热带特色高效农业的支柱产业。《海南省花卉苗木产业发展规划（2019—2035）》提出到2035年，种植面积达到80万亩、产值达到500亿元的发展目标，通过构建花卉科技创新体系、生产经营体系、市场和流通体系、花卉产业服务体系、花文化体系、花卉旅游体系，重点建设种业创新工程、产业示范工程、三产融合工程、多彩海南工程、市场拓展工程等五大内容，初步估算花卉产业规划总投资170亿元。

（三）市场优势

海南拥有热带花卉种质资源589种，尤以兰花资源最为丰富，为培育新优花卉品种提供了资源保障，可选育出特色与优势明显、具有市场开发潜力或能引导市场需求的花卉新品种，具有显著的品种优势。全国将近70%的室内盆栽观叶花卉、80%以上的切叶花卉属热带花卉。海南可实现热带花卉周年性生产，热带花卉具有生长快、花期长、成本低等优势，产业集聚态势发展明显。热带兰、红掌、观赏凤梨等高档花卉是年宵花主打产品。三亚兰花、乐东金钱树和东方菊花远销日本、韩国、新加坡及欧美国家，品质优良，市场前景广阔。

三、产业发展利好分析

（一）个人所得税

见附录1　个人所得税

（二）企业所得税

见附录1　企业所得税

（三）“零关税”

见附录1　“零关税”

（四）扶持措施

1. 激励措施

（1）产业用地扶持

《海南省人民政府关于支持产业项目发展规划和用地保障的意见（试行）》有以下扶持：使用传统生产方式进行农业生产所配建的简易大棚（温室）不属于设施农业用地，按照农业生产厚地类管理；使用工厂化生产方式进行农业生产的生产设施用地、附属设施用地及配套设施用地，使用林地、园地、耕地等农用地的，按照设施农用地管理，不需办理农用地转用审批手续，由经营者与土地所有权人签订用地协议，报市县自然资源和规划主管部门和农业农村主管部门备案；工厂化作物栽培的附属设施用地控制在设施农业项目总用地面积5%以内，最多不超过10亩。《海南省花卉苗木产业发展规划（2019—2035）》规定，支持花卉产业与乡村旅游融合发展，在规划的前提下，花卉项目涉及的餐饮、住宿、大型停车场等用地，可以依法使用存量农村集体建设用地，农村集体经营组织可以依法使用建设用地自办或以土地使用权入股、联营等方式与其他单位和个人共同开展住宿、餐饮、停车等旅游接待服务。

（2）财税扶持

鼓励花卉产业企业按规定申报重点产业发展专项资金、高新技术产业发展专项资金等，用于花卉种苗繁育基地（花卉种质资源中心）、高产示范花卉基地、花卉产品销售平台体系（大数据中心）等建设和花卉加工产业升级改造以及花卉种苗培育新技术研发、专业合作社组建和种植大户的机械设备改造升级，将花卉生产、初加工机械纳入农机具购置补贴范围。对农业生产者销售自产的花卉免征增值税，对企业种植花卉的所得，减半征收企业所得税。符合财政部、海关总署、国家税务总局对免征进口环节增值税规定的进口花卉种子（苗）可按有关规定予以免税。

（3）保险扶持

试点开展盆栽花卉动产抵押贷款业务，开发花卉金融信贷产品。鼓励保险机构探索开发和试点实施覆盖主要自然灾害风险责任的花卉种植保险产品，降低花卉企业和农户特别是种植大户的生产经营风险，有条件的市县可给予一定比例的保费补贴，为产业发展提供有效保障，待条件成熟后再将这些保险产品纳入政策性险种进行推广。

（4）贴息扶持

中央财政林业产业发展贷款贴息补助资金可降低海南省花卉苗木产业企业融资成本。对海南省户籍农民及农民专业合作社用于发展花卉生产、加工、流通等涉农用途的贷款，鼓励各市县结合贴息工作实际开展情况，将其纳入农民小额贷款贴息政策范围。

2. 地方扶持措施

根据《昌江黎族自治县扶持花卉产业发展资金管理暂行办法》，有以下奖励。

（1）花卉种植奖励

由县林业局委托第三方测量种植面积，并按测量结果奖励。

满足条件1：当年新增集中连片种植花卉面积达100亩以上。

奖补标准1：当年奖励600元/亩。

满足条件2：对比上年新增花卉种植面积集中连片规模达到500亩以上的。

奖补标准2：另外再一次性给予30万元奖励。

（2）基础设施建设奖励

对从事花卉产业建设的大棚、玻璃温室、日光温室、连栋温室及符合规划要求建设的组培中心、冷链设施等基础设施，由经营主体先行投入，建设工程结束后，由县林业局委托第三方进行工程造价审核。

满足条件：花卉产业相关的基础设施建设。

奖补标准：按审核后的工程造价总额的30%进行奖励，奖励总额全年最高不超过200万元。

（3）电商销售及技术水平提升奖励

品种创新和科技推广。昌江黎族自治县境内注册的花卉企业联合省内外科研院校，开展花卉种苗繁育、制定生产技术标准、栽培基质、水肥管理、病虫草害防控、冷藏贮运、精深加工等产业化关键技术研究。

满足条件：由企业申报，取得国家、省级科技攻关项目认定。

奖补标准：国家级10万元，省级5万元。

加大科技创新研发投入。每年争取国家植物新品种权认证，县级财政根据当年实际获得认证数量进行奖补。

满足条件：国家植物新品种权认证。

奖补标准：每个认证10万元，总额不超过50万元。

鼓励花卉产业转型发展。由市场主体通过电商网络（自建平台或者第三方平台）推广销售昌江黎族自治县热带花卉、家居绿植的特色产品，借助快递补贴的方式进行补助。

满足条件：电商销售。

奖补标准：每单快递补贴1.7元（含省内外），奖励总额全年最高不超过100万元。

其他技术进步奖。

满足条件：企业获得花卉类国家、省级技术进步奖。

奖补标准：国家级20万元，省级10万元。

四、发展策略

（一）品种选育

依托丰富的植物种质资源，重点开展兰科植物、球根花卉、红掌、菊花、三角梅等特色花卉苗木的创新利用及野生植物引种驯化研究，通过基因改良，挖掘市场前景好的品种，以丰富品种结构，提升花卉品质，促进产业的快速发展。

（二）集约化育苗

针对市场需求量大的热带兰、凤梨、红掌等花卉品种，配置先进的育苗设施设备，开展集约化育苗、数字化种植，实现种苗繁育的规模化、标准化、市场化。

（三）农旅融合

因地制宜发展“花卉+休闲农业”“花卉+美丽乡村”“花卉+森林康养”“花卉+美容保健”等新模式新业态，打造多元化“花卉经济”。建设以花卉苗木为主题的观光、休闲、科普、康养、野外拓展基地，开发一批以花卉苗木为原料的美容化妆品、食品、药品、保健品和文创产品。

（四）进出口贸易

利用自由贸易港和《区域全面经济伙伴关系协定》（RCEP）政策叠加效应，培育以兰花、多肉植物、金钱树等为代表的海南花卉苗木产品出口日本、韩国、新西兰、东南亚等主要花卉消费国及地区，提高市场竞争力；进口以泥炭土、椰糠、水苔、腐熟松鳞、化肥为主的园艺物资，降低花卉生产成本。

五、案例分析

（一）企业简介

某企业注册资本200万元，是一家集金钱树种苗培育、种植、销售、品牌打造、供应链体系于一体的企业，拥有员工135人。该企业的金钱树种苗和成品销售市场覆盖国内大部分省份，借助自由贸易港优势，远销韩国、日本、菲律宾、美国、德国等国家和地区。

（二）投资优势

1. 个人所得税

根据自由贸易港政策，企业高层人员年薪超过47.2万元，可享受个人所得税优惠政策红利。若相关人员年度工资薪金税前收入为100万元，按照我国现行的个人所得税法来计算，扣除年度费用、五险一金、专项附加等税法允许扣除的项目，全年应纳税所得额为80万元，全年应纳税款是19.4万元。若按照海南自由贸易港个人所得税优惠政策来计算，全年的应纳税额就是80万元×15%=12万元，实际税负超过15%的部分为19.4万元−12万元=7.4万元，即免征7.4万元。

2. 企业所得税

根据现有税收政策，企业所得税在内地缴纳25%，海南自由贸易港企业所得税优惠政策适用15%税率，企业经营发展以5年为基数，可累计节约200万元所得税（见表2−37）。

表2-37　企业所得税缴纳对比情况

（单位：万元）

营业时间	第一年	第二年	第三年	第四年	第五年	累计缴纳
营业收入	1200.00	1600.00	2100.00	2400.00	3000.00	—
营业成本	1000.00	1300.00	1700.00	1900.00	2400.00	—
内地企业所得税	50.00	75.00	100.00	125.00	150.00	500.00
海南企业所得税	30.00	45.00	60.00	75.00	90.00	300.00

备注：内地设厂企业所得税税率为25%，海南设厂企业所得税税率为15%。

3. “零关税”

为实现自动化生产，提高花卉组培苗的生产效率，该企业生产过程的重要环节可优先进口国外先进的生产设备，例如，培养基的生产环节可进口高品质泥炭土等种植基质，组培苗生产环节可进口摇床、超净工作台、灭菌锅等国外高端的仪器设备，盆苗生产环节可进口国外精准灌溉、监测、施肥等高端农用设备及自动化温室大棚。在自由贸易港“零关税”政策的支持下，生产成本可大幅度降低，生产效率也能得到提高。例如，企业进口约5万元的高品质泥炭土，在海南可优惠1.22万元；进口约40万元的国外精准灌溉设备，在海南可优惠9.27万元。

（三）奖补措施分析

依据现有的种植业奖补政策，企业预计可获得补贴分类如表2-38所示。

表2-38　企业可获得各类奖补情况

类别	最高金额（万元）
金钱树产业小镇	1000
高新科技企业	250
智慧海南项目	按投资的30%比例进行补贴

六、操作指南

（一）落户指南

针对花卉苗木企业落户海南自由贸易港，设立子公司主要涉及公司注册、项目投建、人才认定事项，具体要求和流程如下。

1. 登记注册

见附录3　登记注册

2. 人才认定

见附录3　人才认定

（二）兑现指南

1. 个人所得税

见附录4　个人所得税申报

2. 企业所得税

见附录4　企业所得税申报

3. “零关税”

见附录4　“零关税”申报

4. 奖补措施

（1）规上奖补

见附录4　规上奖补工作程序

（2）农机购置补贴

见附录4　农机购置补贴工作程序

（三）落地指南

1. 备案核准

见附录5　备案核准

2. 环评审批

见附录5　环评审批

3. 节能审查

见附录5　节能审查

七、企业分布

国内部分花卉企业分布如表2-39所示。

表2–39　国内部分花卉苗木企业分布情况

企业名称	企业简介	所在地
云南锦苑花卉产业股份有限公司	该企业拥有“研发—种苗培育—种植—采后处理—冷链物流—拍卖交易—国际国内营销网络”的完整产业链，是国家农业产业化龙头企业。已构建了管理型总部+专业子公司的集团化管控模式。旗下拥有昆明国际花卉拍卖交易中心有限公司、云南咖啡交易中心有限公司、云南锦科花卉工程研究中心有限公司、云南锦苑国际物流有限公司、石林锦苑康乃馨有限公司、安宁诺斯沃德花卉产业有限公司等子公司，形成了一个中心、两个交易平台、三大园区、四大服务支撑的产业格局，打造高原特色农业全产业链条。	云南
江苏中荷花卉股份有限公司	该企业是国内颇具影响力的现代花卉苗木种植企业，已完成研发、培育、生产、市场体系布局，目前是全国较大的蝴蝶兰种苗和球根类花卉种球供应商之一，具有100万盆高档盆花的生产能力，年进口3000万粒百合、郁金香等球根类花卉种球，产品覆盖全国20余个省份。	江苏
昆明杨月季园艺有限责任公司	昆明杨月季园艺有限责任公司是集生产、销售、研发与推广等多元功能于一体的民营企业。公司年产鲜切花1500余万枝，拥有昆明阳宗海南国山花和玉溪元江两块种植基地，总面积约2000亩。该公司专注于新品种研发及新技术创新，是国家花卉工程技术研究中心、月季研发与推广中心和特色木本花卉切花中心。公司培育及拥有自主知识产权的月季新品种已达41个，绣球花新品种权9个，是我国拥有自主知识产权月季新品种数量最多的企业，也是国内唯一一家拥有绣球新品种专利的花卉公司。	云南
北京花乡花木集团有限公司	北京花乡花木集团有限公司是国家园林绿化一级企业。主要从事景观园林、绿化美化、环境建设，涉及各类园林景观工程、环境生态绿植租摆、立体花坛绿雕、屋顶墙体绿化、鲜花花艺展览展陈、花卉苗木研发生产等业务。	北京

续表

企业名称	企业简介	所在地
连云港振兴农业科技有限公司	连云港振兴农业科技有限公司占地1000余亩，主营蝴蝶兰、郁金香等名优花卉、种球的生产和销售，绿化工程设计施工养护及苗木销售，花卉市场及室内花卉租赁，大型会展布置业务。公司建有组培中心、智能温室、蝴蝶兰种质资源库、蝴蝶兰博物馆、郁金香种球处理冷库、花卉市场温室、室外市场、会展中心、绿化苗圃等生产设施。	江苏
海南金棕榈控股集团有限公司	海南金棕榈控股集团有限公司下设有金棕榈园艺、金棕榈生态、金棕榈热带园林生态研究院，占地1700亩，2019年被海南省农业农村厅认定为省级现代农业产业园、被认定为农业产业化国家重点龙头企业。已建设成500亩热带植物种质资源基因库，从全球收集珍稀热带植物种质资源3963个品种26259份，在种质资源基因库内进行活体保存、保育、研究工作。	海南
乐东普英洲花卉园艺有限公司	乐东普英洲花卉园艺有限公司专业从事金钱树产业开发及产品出口业务，掌握先进的金钱树种植技术，在育苗、种植、管理、运输、销售出口等方面都有成熟的技术和丰富的经验，拥有一支经验丰富的产品营销队伍，并形成稳定广泛的国内、国外营销网络，其产品出口日本、韩国、新加坡、中国香港等市场。	海南

第三章　加工业

第一节　本地农产品加工

槟榔加工

槟榔加工产业是以槟榔鲜果为原材料，通过烘烤、卤制、提取等方式将槟榔鲜果加工成槟榔制品的产业。槟榔加工分为初加工和精深加工。

一、产业发展现状分析

目前，海南有槟榔加工企业4767家，主要分布在万宁市、琼海市、陵水黎族自治县、定安县、屯昌县等市县。此外，在槟榔主产市县还有大量农户、合作社从事槟榔初加工。海南的槟榔精深加工企业较少，主要是槟榔常规产品初加工企业。衍生产品的生产加工刚起步，以生产槟榔多糖多酚（简称槟酚）为主，槟酚可作为食品原料生产槟榔饮料、糖果、饼类、酒类等，目前已有槟榔茶、槟榔酒、槟榔咖啡、槟榔口香糖等上市产品。海南年加工槟榔干果产量约30万吨，2020年，全国槟榔加工环节产值约500亿元。包装槟榔主要品牌有口味王、张新发、伍子醉、宾之郎、胖哥、小龙王、叼嘴巴等，其中湖南口味王集团有限责任公司是业内龙头企业。

二、产业发展有利条件

（一）产地优势

“天下槟榔看海南，海南槟榔半万宁”体现了海南槟榔鲜果在槟榔产业中的地位。海南槟榔鲜果约1%用于鲜食，4%用于初加工成干果，95%用于供给湖南做深加工。优良的品质是包装槟榔企业制胜市场的关键因素，海南槟榔鲜果产量占全国的95%以上，因此国内槟榔加工头部企业纷纷在海南注册公司设立加工厂争夺槟榔鲜果。海南地处海上丝绸之路重要节点、东南亚和中国大陆两个最活跃市场交汇点，是我国面向太平洋和印度洋的重要对外开放门户，发展槟榔加工业具有显著的地缘优势。

（二）政策优势

《海南省“十四五”推进农业农村现代化规划》指出：建设槟榔标准化基地，推动槟榔产品安全性确认，加强海外拓展。《国家生态文明试验区（海南）实施方案》提出：创新探索生态产品价值实现机制，推动生态农业提质增效，支持槟榔、咖啡、南药、茶叶等就地加工转化增值。《中共海南省委海南省人民政府关于做好2023年全面推进乡村振兴重点工作的实施意见》明确：健全完善槟榔、海南地方猪、石斑鱼等现代农业产业技术体系，加快推进槟榔深加工和药用价值开发研究。

（三）市场优势

海南槟榔品质较高，产地加工成本较低，产品市场竞争力较强，国内市场销售增势较好；靠近东南亚和南亚地区等槟榔消费市场，有利于拓展槟榔加工产品出口；功能性产品市场需求旺盛，药用价值开发市场前景广阔。

三、产业发展利好分析

（一）个人所得税

见附录1　个人所得税

（二）企业所得税

见附录1　企业所得税

（三）“零关税”

见附录1　“零关税”

（四）扶持措施

1. 激励措施

根据《海南省“十四五”推进农业农村现代化规划》，有以下激励措施。

海南省2021年出台的《海南省“十四五”推进农业农村现代化规划》明确指出，要发展国际热带农产品加工、储藏、冷链物流和贸易，构建与海南自由贸易港建设相匹配的更高水平开放型农业体系，推动热带特色高效农业发展实现新跨越。

2. 奖补措施

（1）农产品加工奖补

见附录2　农产品加工业发展项目奖补

（2）规上奖补

见附录2　规上奖补

（3）高质量发展激励

见附录2　高质量发展激励

（4）农机购置补贴

见附录2　农机购置补贴

四、产业发展策略

（一）槟榔初加工

引进国内外先进的槟榔初加工技术和设备，提升槟榔初加工产品的品质、品相、品味。同时，通过培训班举办、实习生计划等措施，加强人才培养，提高槟榔初加工企业的人才素质和创新能力。

（二）槟榔深加工

加强槟榔功能性成分的提取，开发药品、保健品、美容品、食品和日用品等一系列高技术含量、高附加值产品，延伸槟榔产业链条，引领槟榔产业转型升级，推动槟榔产业健康持续发展。

五、案例分析

（一）企业简介

以国内某槟榔生产企业在海南万宁建设槟榔种植基地为例。该企业注册资金8000万元，经营范围为包装槟榔加工、销售等，计划投资5000万元，在万宁建加工厂房，占地500亩。

（二）投资优势

1. 个人所得税

结合海南自由贸易港个人所得税政策给予的个人所得税优惠减免可知，槟榔深加工公司高层人员若年薪超过47.2万元可享受个人所得税优惠政策红利。

若相关人员年度工资薪金的税前收入为100万元，按照我国现行的个人所得税法计算，扣除年度费用、五险一金、专项附加等税法允许扣除的项目，全年应纳税所得额为80万元，全年应纳税额为19.4万元。若按海南自由贸易港个人所得税优惠政策计算，则全年应纳税额为80万元×15%=12万元，实际税负超过15%的部分为19.4万元-12万元=7.4万元，即免征7.4万元。

2. 企业所得税

若该槟榔加工企业年营业收入约为2300万元，受市场需求不断扩大、生产技术不断提升等因素影响，生产基地年营业收入可以10%—20%的增长率实现稳步增长，槟榔加工公司所得税对比情况如表3-1所示。

表3-1　槟榔加工公司企业所得税缴纳对比

（单位：千万元）

营业时间	第一年	第二年	第三年	第四年	第五年	累计	备注
营业收入	2300	2530	2806	3220	3864	14720	—
营业成本	1725	1998.7	2328.98	2930.2	3786.72	12769.6	—
内地公司企业所得税	143.75	132.83	119.26	72.45	19.32	487.61	内地公司企业所得税税率为25%
海南公司企业所得税	86.25	79.7	71.56	43.47	11.6	292.58	自由贸易港特色支持政策，优惠降至15%，海南公司所得税税率为15%
海南公司企业所得税	60.38	55.79	50.09	30.43	8.11	204.8	槟榔产业园的优享政策核减30%，海南公司所得税税率为10.5%

综上分析，以槟榔加工经营发展五年为基数，相较内地设厂，在海南自由贸易港设立分公司可累计节省所得税195.03千万元，在万宁设立槟榔产业分公司可累计节省所得税282.81千万元。

（三）奖补政策分析

依据现有的种植业奖补政策，预计可获得补贴分类如表3-2所示。

表3-2　槟榔企业可获得各类奖补优惠

类别	未优惠的情况	享有优惠后的情况	奖补依据
加工厂房用地80亩	2400万元	节省1200万元	槟榔产业园的优享政策
各类审批手续	3个月	节省2个月27日	槟榔产业园的优享政策
每年申报1个槟榔类项目	无	获批项目经费50万元	槟榔产业园的优享政策
年销售收入2300万元	无	奖励20万元	槟榔产业园的优享政策
税收贡献奖励	15%税率	前5年10.5%	槟榔产业园的优享政策
“三品一标”基地或标准化示范园	无	100万元	槟榔产业扶持政策
农产品初加工	无	100万元	槟榔产业扶持政策
获得良好农业规范（GAP）农产品	无	一次性奖励10万元	槟榔产业扶持政策
对农产品初级加工、精深加工等产销联结项目，按照投资规模的20%给予最高500万元奖补	无	500万	槟榔产业扶持政策

附注：槟榔加工用地价格参考海南省建设用地使用权和矿业权网上交易系统。

六、操作指南

（一）落户指南

针对槟榔加工企业落户海南自由贸易港、设立子公司并投资建设研发制造项目主要涉及公司注册、项目投建、人才认定事项，具体要求和流程如下。

1. 登记注册

见附录3　登记注册

2. 人才认定

见附录3　人才认定

（二）兑现指南

1. 个人所得税

见附录4　个人所得税申报

2. 企业所得税

见附录4　企业所得税申报

3. “零关税”

见附录4　“零关税”申报

4. 奖补措施

（1）高质量发展激励

见附录4　高质量发展激励

（2）农机购置补贴

见附录4　农机购置补贴工作程序

（3）规上奖补

见附录4　规上奖补工作程序

（三）落地指南

1. 备案核准

见附录5　备案核准

2. 环评审批

见附录5　环评审批

3. 节能审查

见附录5　节能审查

4. 用地审批

见附录5　用地审批

七、企业分布

国内部分槟榔加工企业分布如表3-3所示。

表3-3　国内部分槟榔加工企业分布情况

企业名称	企业简介	所在地
湖南口味王集团有限责任公司	2003年9月9日，益阳市口味王槟榔有限责任公司成立。2012年9月，正式更名为湖南口味王集团有限责任公司（简称湖南口味王集团）。集团总部位于益阳市长春经济开发区，同时在长沙市万达广场写字楼设有办公区，是国内大型的槟榔制造企业。湖南口味王集团坚持“创造价值回报社会”的发展理念，截至2021年，产业链提供就业岗位达数十万个，服务百万槟榔农民脱贫、增收、致富。先后获评中国驰名商标、国家高新技术企业、省级企业技术中心、湖南省就业扶贫基地、最具爱心捐赠企业、乡村振兴特别贡献品牌企业、湖南企业100强、湖南省十大平安企业等；集团下属海南口味王科技发展有限公司获评国家级农业产业化龙头企业、全国模范职工之家、海南省年度十佳雇主、海南省脱贫攻坚先进集体等。	海南、湖南
湖南伍子醉实业集团有限公司	湖南伍子醉实业集团有限公司（简称伍子醉集团）始创于1996年8月。20多年来，在党和政府的关怀下，伍子醉集团执着于传承和发扬民俗文化的历史使命，深耕湘潭槟榔这一地方特色产品，如今已成长为一家以槟榔采购、加工、科研、生产、销售为主营业务的大型现代化企业集团。	湖南
湖南皇爷食品有限公司	湖南皇爷食品有限公司（简称皇爷）始创于1994年，是湖南省第一批槟榔产业化标杆企业，更是集槟榔采购、加工、生产、销售、科研于一体的大型股份制食品企业，总部位于湘潭市天易示范区。“张新发”是该公司旗下主打品牌，作为槟榔行业唯一的湖南百年老字号和非物质文化遗产，在第四代传承人暨公司董事长张刚强先生的领导下，融入现代生产理念：保护和传承好非物质文化遗产——百年张新发槟榔传统制作工艺，坚持变与不变相融合，坚持传承与创新相融合，将人工作业与机器作业相融合，既实现手工匠人技艺的传承又达到现代工业的效率，推进整个槟榔行业向正宗化、标准化、产业化发展，让百年老字号的非遗技艺焕发现代荣光。	湖南

续表

企业名称	企业简介	所在地
湖南宾之郎实业集团有限公司	湖南宾之郎实业集团有限公司（原名：湖南宾之郎食品科技有限公司）始创于1995年，是中国槟榔行业第一家正式通过工商注册成立的企业。现已发展成为一家集槟榔深度研究、检测、科研，以及槟榔原果采购、加工、销售与现代企业管理文化塑造于一体的大型食品科技企业。此外，其也是目前中国槟榔行业唯一一家拥有省级工程技术研究中心、省级企业技术中心，拥有中国合格评定国家认可委员会认可的CNAS检测中心，并实现了食用槟榔工艺制作部分全自动化、智能化生产的高新技术企业。先后被评为国家绿色工厂、国家流动人口健康促进示范企业、“双爱双评全国优秀工会”企业、全联“全国抗疫先进企业”、湖南省农业产业化龙头企业、湖南省文明卫生单位、湖南省信用等级AAA级企业、湖南省“守合同重信用企业”、湖南省模范劳动关系和谐企业、湖南省三八红旗集体、湖南省模范职工之家、湖南省万企帮万村先进民营企业、湘潭市“市长质量奖”荣获单位、湘潭市“五星党组织”企业。	湖南

蔬菜加工

蔬菜加工主要包括鲜切蔬菜、腌制蔬菜、脱水蔬菜、速冻蔬菜、蔬菜汁、蔬菜罐头等类别。

一、产业发展现状分析

截至2021年，海南省蔬菜加工企业数量约为180家，主要分布在三亚、海口、琼海、儋州等地。较为知名的蔬菜加工企业有海南海山蔬菜加工有限公司、海南农垦果蔬产业集团有限公司、海南田园热带果蔬加工有限公司，加工产品涵盖蔬菜干制品、蔬菜冷冻制品、蔬菜罐头、蔬菜酱等多个品类。

二、产业发展有利条件

（一）区位优势

海南是我国唯一的全域热带省份，拥有独特的地理区位和资源条件，年平均气温22.5—25.6℃，日照时间长，光热充足，雨量充沛，是全国的天然大温室，冬季瓜菜品种丰富、产量高，为海南发展蔬菜加工提供丰富的原料来源。海南地处海上丝绸之路重要节点、东南亚和中国大陆两个最活跃市场交汇点，是我国面向太平洋和印度洋的重要对外开放门户，这为海南进行蔬菜来料加工、产品出口提供了有利的地理位置优势。

（二）政策优势

《海南省“十四五”推进农业农村现代化规划》提出大力发展果蔬预冷、保鲜、冷冻、清洗、分级、分割、包装等仓储设施和商品化处理，实现减损增效。以热带果蔬精深加工为发展重点，突出食品生产、药用开发、功能性产品开发。《中共海南省委海南省人民政府关于做好2023年全面推进乡村振兴重点工作的实施意见》明确，培育海南特色预制菜产业，实施农产品加工业提升行动，积极发展外向型农业。《海南省热带特色高效农业全产业链培育发展三年（2022—2024）行动方案》提出，要推动冬季瓜菜提质增效，加快推进培育蔬菜全产业链。

（三）市场优势

近年来国内脱水蔬菜、速冻蔬菜、蔬菜汁、预制菜等蔬菜加工产品消费增长较快，供不应求，市场缺口大、价格高。海南冬季瓜菜种类多样、产量足，有利于开展本地蔬菜加工。自由贸易港和RCEP政策叠加后开展进口蔬菜加工，原料获取便捷、成本低、价格优势明显、市场竞争力强。

三、产业发展利好分析

（一）个人所得税

见附录1　个人所得税

（二）企业所得税

见附录1　企业所得税

（三）“零关税”

见附录1　“零关税”

（四）扶持措施

1. 激励措施

（1）高质量发展激励

见附录2　高质量发展激励

(2) 规上奖补

见附录2　规上奖补

2. 奖补措施

(1) 农产品加工奖补

见附录2　农产品加工业发展项目奖补

(2) 农产品认证奖补

见附录2　农产品认证奖补

(3) 宣传奖补

见附录2　农产品宣传推广项目奖补

(4) 农机购置奖补

见附录2　农机购置补贴

四、产业发展策略

(一) 蔬菜初加工

围绕标准化蔬菜种植基地，开展种植、采收、加工、包装、物流、品牌等全产业链建设，重点发展技术含量高的低温脱水蔬菜、冷冻或速冻蔬菜以及蔬菜罐头等系列产品，提升脱水蔬菜质量档次和国际市场竞争力。叠加海南自由贸易港和RCEP双政策效应，对进口蔬菜开展来料加工，出口国内外市场，推动海南蔬菜加工产业的发展。

(二) 预制菜

运用现代标准化流水作业，开展蔬菜挑选、处理、切配、初步烹饪、调味、分装、冷却与冷藏、包装与标注、销售与配送的产业链建设，开发具有区域特色的预制菜系列产品；叠加海南自由贸易港和RCEP双政策效应，对进口蔬菜开展来料加工，出口国外市场，推动海南预制菜加工产业的发展。

(三) 提取物精深加工

通过蔬菜深加工，开展多种营养物质、天然色素、多酚类物质、生物碱、甾醇类物质、芳香化合物、维生素等提取物的利用，并应用于食品、保健品、化妆品、药品等领域，大大提高蔬菜产业的附加值。

五、案例分析

（一）企业简介

以国内某知名蔬菜加工企业在海南进行蔬菜加工为例，该企业注册资金2500万元，经营范围包括脱水蔬菜、冻干蔬菜、罐装蔬菜、蔬菜罐头加工等，员工80人。

（二）投资优势

1. 个人所得税

结合海南自由贸易港个人所得税政策给予的个人所得税优惠减免可知，公司高层人员若年薪超过47.2万元可享受个人所得税优惠政策红利。若相关人员年度工资薪金的税前收入为100万元，按照我国现行的个人所得税法计算，扣除年度费用、五险一金、专项附加等税法允许扣除的项目，全年应纳税所得额为80万元，全年应纳税额为19.4万元。若按海南自由贸易港个人所得税优惠政策计算，则全年应纳税额为80万元×15%=12万元，实际税负超过15%的部分为19.4万元−12万元=7.4万元，即免征7.4万元。

2. 企业所得税

与我国法定企业所得税税率25%相比，海南自由贸易港企业所得税优惠政策适用15%税率，政策适用企业税后利润可增加10%以上。相较同为自由贸易港的中国香港、新加坡企业所得税政策（企业所得税税率分别为16.5%、17%），海南自由贸易港企业所得税政策对国内外企业均具有一定吸引力。以在海南建厂的蔬菜加工企业经营发展五年为基数，企业所得税在内地缴纳25%，海南自由贸易港企业所得税优惠政策适用15%税率，5年经营可累计节约355万元所得税（见表3−4）。

表3−4　蔬菜生产加工企业企业所得税缴纳对比情况

（单位：万元）

营业时间	第一年	第二年	第三年	第四年	第五年	累计缴纳
营业收入	1500	1800	2200	2600	3100	—
营业成本	1000	1250	1500	1800	2100	—
内地设厂企业所得税	125	137.5	175	200	250	887.5
海南设厂企业所得税	75	82.5	105	120	150	532.5

备注：内地设厂企业所得税税率为25%，海南设厂企业所得税税率为15%。

3. “零关税”

基于对目前我国果蔬主要品种的加工工艺设备进口价格的调查，果蔬加工环节主要有清理、切片、配料、过滤、均质、打浆、杀菌、浓缩、烘干、灌装、冷却、干燥等12个加工环节，所需的设备涉及14个种类，结合对海南自由贸易港“零关税”政策下进口设备关税减免的综合评估，蔬菜加工企业采购单套加工设备可实现43.78万元税收减免，详见表3–5。

表3–5　主要果蔬深加工设备可减免关税情况

加工环节	设备种类	进口价格（万元）	进口关税（%）	进口增值税（%）	海南可优惠金额（万元）
清理	果蔬清洗机	2—5	5	13	0.93
切片	切片机	3—5	8	13	1.10
配料	配料机	3—5	5	13	0.93
	果肉破碎机	2—3	8	13	0.66
	榨汁机	3—5	7	13	1.05
过滤	分离机	10—20	8	13	4.41
均质	均质设备	15—30	7	13	6.27
打浆	鲜果打浆机	6—15	8	13	3.31
杀菌	巴氏或高温灭菌设备	10—15	10	13	3.65
浓缩	真空浓缩机	5—20	0	13	2.60
烘干	果蔬烘干机	15—20	9	13	4.63
灌装	PET灌装机	5—10	12	13	2.66
冷却	制冷设备	10—20	9	13	4.63
干燥	果蔬干燥机	10—30	9	13	6.95

备注：海南可优惠金额取进口设备价格区间的上限统一估算。

（三）奖补措施分析

依据现有的加工奖补政策，预计可获得补贴分类如表3–6所示。

表3-6　蔬菜加工企业可获得奖补优惠情况

类　别	最高金额（万元）
农产品初加工	150
国家农产品地理标志登记保护产品（个）	50
国家有机农产品（个）	20
国家绿色食品（个）	10
良好农业规范（GAP）农产品（个）	10

六、操作指南

（一）落户指南

针对蔬菜加工企业落户海南自由贸易港、设立子公司并投资建设研发制造项目主要涉及公司注册、项目投建、人才认定事项，具体要求和流程如下。

1. 登记注册

见附录3　登记注册

2. 人才认定

见附录3　人才认定

（二）兑现指南

1. 个人所得税

见附录4　个人所得税申报

2. 企业所得税

见附录4　企业所得税申报

3. “零关税”

见附录4　“零关税”申报

4. 奖补措施

（1）高质量发展激励

见附录4　高质量发展激励

（2）农机购置补贴

见附录4　农机购置补贴工作程序

(3) 规上奖补

见附录4 规上奖补工作程序

(三) 落地指南

1. 备案核准

见附录5 备案核准

2. 环评审批

见附录5 环评审批

3. 节能审查

见附录5 节能审查

4. 用地审批

见附录5 用地审批

七、企业分布

国内部分蔬菜加工企业分布如表3-7所示。

表3-7 国内部分蔬菜加工企业分布情况

企业名称	企业简介	所在地
昆明晨农绿色产品有限公司	该企业创建于1992年，于2005年9月组建昆明晨农企业集团，形成了集蔬菜种苗培育、基地种植、产品加工（保鲜、速冻、冻干）、包装材料、物流运输、市场销售于一体的现代新型农业企业集团。总资产8.59亿元，蔬菜加工生产能力达20万吨，年生产蔬菜种苗20亿株。在云南建立蔬菜生产基地15万多亩，带动15万多户农户年均增收3500元以上。蔬菜产品有保鲜蔬菜、速冻蔬菜、冻干蔬菜三大系列。生产的冻干香葱、蒜片、苦瓜粉、芦荟粉，速冻甜玉米、保鲜西兰花、西生菜、甜豆、彩椒等100多个产品销往加拿大、澳大利亚、韩国、日本、新加坡、马来西亚、泰国、孟加拉国、阿联酋、越南等国家，国内销往北京、上海、杭州、南京、郑州、广州、深圳、武汉、长沙等20多个大中城市。	云南

续表

企业名称	企业简介	所在地
北京绿富隆农业股份有限公司	企业注册资金3300万元，以绿色、无公害、有机蔬菜种植、生产、加工、销售、配送及进出口贸易为主营业务。有彩色甜椒、黄瓜、长茄、草莓、叶生菜等30多个特色果蔬品种，年产蔬菜4500吨左右。该企业有有机农产品加工配送中心，目前已拥有净菜加工、鲜切菜加工、速冻蔬菜加工、脱水蔬菜加工、制粉加工车间，以及杂粮精选车间、低温冷库储存车间、保鲜储存急冻车间等，年可加工储存农产品3.5万吨。	北京
宏辉果蔬股份有限公司	企业成立于1992年，总部坐落在广东省汕头市，前身为汕头经济特区宏辉食品有限公司，是一家集果蔬产品的种植管理、采后收购、产地预冷、冷冻仓储、预选分级、加工包装、冷链配送于一体的专业农产品服务商，主要产品包括约42个品类的水果以及约43个品类的蔬菜，品种涵盖全国南北各式特色果蔬，产品远销欧洲、北美、中东、东南亚等地区，尤其在加拿大、墨西哥、澳大利亚等高端市场备受青睐。	广东
山东燎原农业科技股份有限公司	企业成立于2002年，是一家从事有机、绿色农产品研发、生产、加工、销售的农业综合公司。自有基地1000亩，与农民合作建设500个蔬菜大棚共同生产有机、绿色农产品，辐射带动10000亩蔬菜种植，下设山东燎原现代农业有限公司、沈阳燎原现代农业有限公司、寿光市燎原果菜专业合作社等。公司采取生产种植—采摘加工—物流配送—市场销售—安全追溯的一条龙式运作模式，保证了产品质量。公司产品已相继进入济南、青岛、烟台、东营、潍坊、菏泽、淄博、泰安、济宁、大连、沈阳、北京、唐山、天津、沈阳等大中型城市，在全国共开设了206个“燎原”牌蔬菜直销专柜、200个连锁经销专柜。	山东

畜禽产品加工

畜禽产品加工是以畜禽的新鲜产品和副产品为原料进行加工制造，可以分为乳品加工、肉品加工、蛋品加工、毛皮加工和其他副产物加工。

一、产业发展现状

2021年海南省畜禽产品加工企业已超过100家，其中省级以上龙头企业18家。国家重点龙头企业有海南温氏食品有限公司、罗牛山股份有限公司、海南瑞今农业产业化开发有限责任公司、海南传味文昌鸡产业股份有限公司等。企业年加工能力达120万吨，包括屠宰加工、乳制品加工、熟食加工、速冻肉制品加工、蛋制品精深加工等，其中畜产品精深加工量占加工总量的20%左右。

二、产业发展有利条件

（一）区位优势

海南位于西部陆海新通道交通枢纽，是海上丝绸之路的重要节点，发展畜禽产品加工出口优势明显，拥有丰富的畜禽种质资源，畜禽养殖产业体系完备，为加工业的发展奠定了坚实基础。

（二）政策优势

《中共中央 国务院关于支持海南全面深化改革开放的指导意见》《海南省“十四五”推进农业农村现代化规划》等政策文件指出：大力发展农产品初加工，在畜禽农产品产区重点发展预冷、保鲜、冷冻、清洗、分级、分割、包装等仓储设施和商品化处理，实现减损增效；以肉制品精深加工等为重点提高农产品精深加工质效；发展国际热带农产品加工、储藏、冷链物流和贸易。

（三）市场优势

海南畜禽加工产品品质优良、口感鲜嫩、口味独特、质量安全、市场前景广阔。畜禽产业基础扎实，配套设施完善，为加工业的发展提供有利条件。2021年，海南年出栏肥猪454.4万头，出栏禽类18147.58万羽，出栏牛22.41万头，出栏羊79.61万只，全省肉类总产量66.05万吨。

三、产业发展利好分析

（一）个人所得税

见附录1　个人所得税

（二）企业所得税

见附录1 企业所得税

（三）“零关税”

见附录1 “零关税”

（四）扶持措施

1. 农产品加工奖补

见附录2 农产品加工业发展项目奖补

2. 农产品认证奖补

见附录2 农产品认证奖补

3. 宣传奖补

见附录2 农产品宣传推广奖补

4. 规上奖补

见附录2 规上奖补

四、产业发展策略

（一）开发多元食品

发挥本地牛、羊、禽、蛋优质资源优势，改进屠宰设备和优化工艺，通过高温烹饪、低温速冻、中式传统工艺等技术制作多品种、多规格的加工产品。开发具有海南地方特色的预制食品、旅游休闲食品，满足不同人群的需要。

（二）开发高端产品

利用自由贸易港政策优势，发展来料加工产业，如进口高品质鲜牛肉、鲜猪肉以及乳粉，加工高档鲜肉预制品及奶制品，满足高消费人群的需要。

（三）开发高附加值产品

利用畜禽血、蛋等副产物开发动物疫病治疗血清（血清抗体）、细胞培养血清（胎牛血清、犊牛血清等）、微生物培养血清（各种动物血清），以及卵黄抗体、牛肉浸膏、医用胎盘素、缝合肠衣线等高附加值生物制品。

五、案例分析

（一）企业简介

某畜禽产品加工有限公司注册资金30亿元，经营范围包括畜禽产品初加工、精深加工、销售等业务。计划投资25亿元，建设畜禽产品加工基地，年加工产能2万吨。

（二）投资优势

1. 个人所得税

若年度工资薪金税前收入为60万元，那么按照国家现行的个人所得税法来计算，扣除年度费用、五险一金、专项附加等税法允许扣除的项目，全年应纳税所得额为42万元，根据现有个人所得税税率计算，全年应纳税款是7.31万元，如果按照海南自由贸易港个人所得税优惠政策（对于紧缺人才或年收入30万元以上人才，个人所得税最高不超过15%）来计算，那么全年的应纳税额是5.33万元，个人所得税较其他地区减少1.98万元。如果收入达到85万元，那么税收较其他地区优惠4.70万元。收入越高，税收优惠将越多。

2. 企业所得税

根据我国肉类行业龙头企业生产加工基地财务公开数据可知，目前我国肉类加工行业的龙头企业单个生产基地年营业收入约为20亿—30亿元，呈逐年递增趋势，营业成本约18亿—24亿元。以年收入30亿元为例，在内地设厂，企业所得税为25%，需缴纳1.5亿所得税。根据自由贸易港所得税优惠政策［即2025年前，对注册在海南自由贸易港并实质性运营的鼓励类产业企业，按15%的税率征收企业所得税。2025年后，对注册在海南自由贸易港并实质性运营的企业（负面清单行业除外）减按15%的税率征收企业所得税。］可知，海南设厂需缴纳所得税0.9亿元，较内地设厂可节省0.6亿元，随着营业额的增加，优惠更多。

3. “零关税”

根据海南自由贸易港“零关税”政策，畜禽产品加工企业自用生产设备可享受“零关税”政策。肉类产品加工生产线主要包括解冻、切割、腌制和蒸制等环节。根据对加工企业调研，一般肉产品加工企业采用国内生产设备，部分龙头企业为了提高产品加工技术、劳动效率等，选择进口先进设备进行自动化生产。可用于进口的设备主要包括解冻机、烘干机、包装设备等，不同厂家不同型号设备的现有报价详见表3-8。根据最高价进行分析可知，在海南自由贸易港进口单套设备可减少20.22万元。

表3–8　肉产品加工进口设备

用途	设备种类	进口价格（万元）	进口关税税率（%）	进口增值税税率（%）
解冻	解冻机	15—30	10	13
切割	绞肉机	1—3	10	13
腌制	滚揉机	5—18	8	13
煮制	蒸煮机	5—16	10	13
脱水烘干	烘干机	5—8	10	13
冷却包装	真空包装机	3—6	8	13
高温杀菌	巴氏杀菌机	1—3	10	13
洗袋风干	洗袋冷却机	4—6	10	13

4. 经营成本分析

（1）原料成本。如果企业以进口原料进行加工，首先要从进口原料入手，对畜禽产品加工制造方向进行筛选，将“高加工增值潜力”和“原材料高进口关税”作为核心筛选条件，以高最惠国税率、高配额外税率作为原材料高进口关税的评判依据，同时，考虑协定税率与特惠税率影响以及进口市场需求规模等因素。综合判断筛选出适合海南自由贸易港畜禽产品加工制造的鲜冷牛肉、鲜冷猪肉、鲜冷冻马禽兔肉等原料。

以2021年进口加工鲜冷牛肉、鲜冷冻猪肉为例进行综合分析可知，单从原料来说，如果从海南进口可节省135.7亿元，如表3–9所示。

表3–9　2021年中国鲜冷牛肉、鲜冷冻猪肉主要进口情况

序号	品类	进口量（万吨）	进口总价（万元）	主要进口国	进口关税（%）	自由贸易港可优惠金额（万元）
1	鲜冷牛肉	5.4	386002	巴西、阿根廷、澳大利亚、乌拉圭	20%	77200
2	鲜冷冻猪肉	356.9	6399546	西班牙、美国、巴西、德国	20%	1279909

（2）物流成本。基于对物流运输企业的调研，如果肉类进口加工企业入驻海南将面临“境外产地至海南”与“海南至国内市场”的双重劣势。如果是利用海南特色畜禽产品也会面临“海南至国内市场”的较高的物流成本。

一是进口原料加工。根据原国家质量监督检验检疫总局《全国肉类进口指定口岸名单》和中国统计年鉴等提供的数据，以河南为代表的中部地区是我国肉类龙头企业集聚分布区域，天津口岸是河南省肉类进口第一入境口岸，重庆市是我国最大肉类消费城市。我国鲜冷牛肉主要进口国是巴西、阿根廷、澳大利亚、乌拉圭，猪肉主要进口国是西班牙、美国、巴西、德国。以“海运进口5吨牛肉从阿根廷经天津到河南生产加工后运往重庆”与“海运进口5吨牛肉从阿根廷到海南洋浦港生产加工后运往重庆”进行比较。

根据最新海运物流费，通过海运进口5吨牛肉从阿根廷运往我国天津，运费标准约为每吨4200—5400元，国际运输总费用约为27000元。从天津运往河南进行肉制品加工，运费标准约为每吨450—700元，运输总费用约为3500元。从河南运往重庆进行销售，运费标准约为每吨450—700元，运输总费用约为3500元。累计总运费最高为34000元。

同等情况下，从阿根廷运往海南省洋浦港/海口港，运费标准约为每吨7800—8700元，国际运输总费用最高为43500元。从海南运往重庆，运费标准约为每吨700—1200元，运输总费用约为6000元，累计总运费最高为49500元。海南物流成本总计较内地高约15500元。

以上仅为案例，实际情况中销售地并非同一区域，不同区域运输成本也不相同。

二是本地原料加工。同样加工5吨肉产品，如果是利用海南本省特色畜禽加工，同样以重庆为销往地，那么从海南运往重庆，运费标准约为每吨700—1200元，运输总费用约为6000元。而从河南运往重庆进行销售，运费标准约为每吨450—700元，运输总费用约为3500元。海南物流成本较内地总计高2500元。

5. 效益分析

以进口原料加工为主，如果某企业年进口阿根廷鲜冷牛肉约2万吨，进口牛肉单价59.57元/千克，拥有20条冷鲜肉生产线。经营期1年，营业收入30亿元，营业成本24亿元，在不考虑固定成本折旧及人工成本等的情况下，海南自由贸易港进口2万吨牛肉生产加工成本较内地减少2.40亿元（表3-10）。

以本地原料加工为主，如果某企业加工本地牛肉约2万吨，牛肉单价为80元/千克，拥有20条冷鲜肉生产线，生产线价格约为300万元。经营期1年，营业收入30亿元，经营成本24亿元，在不考虑固定成本折旧及人工成本等的情况下，海南自由贸易港加工牛肉产品成本较内地减少0.54亿元左右。

表3-10　肉类加工企业进口原料加工成本比较分析

地区	原料进口成本（亿元）	进口设备成本（亿元）	企业所得税（亿元）	物流成本（亿元）	合计（亿元）
内地	14.29	0.22	1.5	1.36	17.37
海南	11.91	0.18	0.9	1.98	14.97

六、操作指南

（一）落户指南

针对畜禽产品加工企业落户海南自由贸易港、设立子公司主要涉及的公司注册、项目投建、人才认定事项，具体要求和流程如下。

1. 登记注册

见附录3　登记注册

2. 人才认定

见附录3　人才认定

（二）兑现指南

畜禽产品加工企业落户海南可享受零关税政策、所得税优惠政策以及研发和成果转化、产业配套等财政奖补政策兑现，流程内容、提交材料如下。

1. 个人所得税

见附录4　个人所得税申报

2. 企业所得税

见附录4　企业所得税申报

3. “零关税”

见附录4　“零关税”申报

4. 奖补措施

（1）高质量发展激励

见附录4　高质量发展激励

（2）规上奖补

见附录4　规上奖补工作程序

（3）宣传奖补

见附录4　宣传奖补工作程序

（4）农产品加工奖补

见附录4　农产品加工奖补工作程序

（三）落地指南

1. 备案核准

见附录5　备案核准

2. 环评审批

见附录5　环评审批

3. 节能审查

见附录5　节能审查

4. 用地审批

见附录5　用地审批

5. 食品经营许可证

满足条件：具有与生产的食品品种、数量相适应的食品原料处理和食品加工、包装、贮存等场所，保持该场所环境整洁，并与有毒、有害场所以及其他污染源保持规定的距离；具有与生产的食品品种、数量相适应的生产设备或者设施，有相应的消毒、更衣、盥洗、采光、照明、通风、防腐、防尘、防蝇、防鼠、防虫、洗涤以及处理废水、存放垃圾和废弃物的设备或者设施；保健食品生产工艺有原料提取、纯化等前处理工序的，需要具备与生产的品种、数量相适应的原料前处理设备或者设施；有专职或者兼职的食品安全专业技术人员、食品安全管理人员和保证食品安全的规章制度；具有合理的设备布局和工艺流程，防止待加工食品与直接入口食品、原料与成品交叉污染，避免食品接触有毒物、不洁物；法律、法规规定的其他条件。

流程：申请人登录国家食品生产许可申报平台（http：//spscxk.gsxt.gov.

cn）注册账号并网上填报申请信息。

申报材料：申证产品的类别编号、类别名称及品种明细；工艺设备；生产场所；工艺流程；生产加工场所及其周围环境平面图；食品生产加工场所各功能区间布局平面图等。

七、企业分布

国内部分畜肉产品加工企业分布如表3-11所示。

表3-11　国内部分畜产品加工企业分布

企业名称	企业简介	主要进口肉类	所在地
万州国际有限公司	该公司是全球最大的猪肉食品企业，市场份额在中国、美国等国家和欧洲等地区所在市场中均排名第一，拥有生猪养殖、生鲜猪肉、猪肉制品、分销与销售在内的完整猪肉产业链。	猪肉、牛肉等	香港
南京雨润食品有限公司	公司创于1993年，总部位于江苏省南京市，是全球最大的肉食品生产商和供应商之一。	以猪肉为主	江苏
临沂新程金锣肉制品集团有限公司	公司以冷鲜肉生产加工为主营业务，是全国农业产业化重点龙头企业，拥有以生猪、肉鸡为主的屠宰及冷鲜肉生产加工线。	以猪肉为主	山东
上海梅林正广和股份有限公司	公司主要从事肉及肉制品、休闲食品的生产制造以及综合食品分销。主要产品包括梅林午餐肉罐头、爱森苏食冷鲜肉等。	猪肉、牛肉、羊肉	上海
双汇集团	双汇集团是农业产业化国家重点龙头企业，总部在河南省漯河市，形成了饲料、养殖、屠宰、肉制品加工、调味品生产、新材料包装、冷链物流、商业外贸等完善的产业链，年产销肉类产品近400万吨。	猪肉、鸡肉	河南

续表

企业名称	企业简介	主要进口肉类	所在地
洛阳春都投资股份有限公司	成立于2007年3月，是河南投资集团有限公司的全资子公司，由原洛阳春都食品股份有限公司股权重组后设立，是集生猪、活牛屠宰与分割、特种肉制品、包装材料及相关产品产销于一体的大型现代化企业，是我国主要的冷鲜猪牛分割产品、西式灌肠、熟肉制品和PVDC（聚偏二氯乙烯）薄膜生产基地之一。	猪肉、牛肉	河南
山东龙大肉食品股份有限公司	公司成立于2003年7月，是专业从事肉食品加工的大型企业。公司构建起集种猪繁育、饲料生产、生猪养殖、屠宰分割、熟食加工于一体的完整的肉食品产业链。公司产品主要包括优质鲜冻分割猪肉、低温肉制品、散装酱卤食品等三大类400余个品种。	猪肉	山东

水产品加工

水产品加工指以鱼、虾、蟹、贝、藻等水产品的可食用部分制成冷冻品、腌制品、干制品、罐头制品和熟食品等食品和以食用价值较低或不能食用的水产动植物以及食品加工的废弃物等为原料，加工成鱼粉、鱼油、鱼肝油、水解蛋白、鱼胶、藻胶、碘、甲壳质等产品的过程。

一、产业发展现状分析

海南水产品加工能力较强的市县为海口、文昌、琼海、三亚、儋州、澄迈等，冷冻水产品占水产品加工总量的80%以上，深加工水产品仅占小部分。海南水产品以出口美欧为主，出口产品以罗非鱼、对虾、带鱼、金鲳鱼等为主。95%左右的水产品是以冷冻品、干制品、腌制品和冷冻初级加工品的形式出岛，精深加工水产品贸易仅占出口比例的5%。

近几年，受到中美贸易摩擦影响，某些国家对来自中国的水产品在产品检验、外观包装、交易方式等环节增加很多新的技术障碍，同时，新冠疫情对全球水产品供应链带来极大冲击，水产品出口压力日渐增大，海南水产品加工业发展呈现快速萎缩态势。2020年，海南省水产品加工企业33家（规模以上加工企业10个），年加工能力31.62万吨，水产冷库57座（冻结能力3510吨/天，冷藏能力5246吨/次），海水加工品总量17.47万吨。部分出口加工企业已经获得了全球良好农业操作认证（GLOBALGAP），以及水产养殖管理委员会（ASC）、全球水产养殖联盟（GAA）等机构认证。

二、产业发展有利条件

（一）区位优势

海南地处海上丝绸之路重要节点、东南亚和中国大陆两个最活跃市场交汇点，是我国面向太平洋和印度洋的重要对外开放门户，发展国际农产品来料加工业和外向型加工业区位优势明显。而RCEP的签订，将加速商品、技术、资本、人员的跨区域流动，为海南水产品加工业的发展拓宽市场空间。

（二）政策优势

《海南省“十四五”推进农业农村现代化规划》指出，要在海南打造热带现代农业基地，在提升现代渔业中，构建现代化水产品加工和交易市场体系，以7个渔港经济区（文昌铺前渔港经济区、临高新盈渔港经济区、儋州白马井渔港经济区、东方八所渔港经济区、三亚崖州渔港经济区、陵水新村渔港经济区、琼海潭门渔港经济区）为依托，大力发展高附加值水产品精深加工和冷链物流，建设昌江海尾现代化渔业产业园，探索推动渔业资源集散贸易。充分利用海南自由贸易港的优势，建设渔业出口基地，大力发展水产品进出口贸易，稳定水产品对外出口份额，着力开拓优势品种国内市场。拓展外向型加工，筹备创建中国（海南自贸港）国际农产品加工产业园，落户一批开拓海外市场的外向型加工企业，扩大水产品境外加工原料进口，加快发展国际农产品来料加工业和外向型加工业。完善渔港、海产品交易市场冷链基础设施建设。

《海南省海洋经济发展“十四五”规划（2021—2025年）》提出要面向国家总体布局与海南省功能定位，以中心渔港和一级渔港为核心，重点打造海澄文、琼海—万宁、大三亚圈、东方—昌江、儋州、临高六大渔港经济区，发展水产品加工、冷链物流、市场交易、休闲观光等渔区二、三产业，延伸渔业产业链条。

《海南省高新技术产业“十四五”发展规划》将高端食品加工列入优势产业，并纳入鼓励类发展产业，重点做好罗非、金鲳“两条鱼”和对虾的加工，大力发展冷冻冰鲜产品，开发更全面的产品线。引进配套的现代食品包装企业，完善海产品加工产业链。加大对海洋生物的功能性研发，加强对鱼鳞、内脏、甲壳等废弃品的利用研究，提升对胶原蛋白、鱼油、鱼粉、藻类等的加工能力。

（三）市场优势

水产品是海南的象征，水产品占海南省农产品出口总额的比例持续在90%左右。叠加自由贸易港与RCEP政策效应，海南渔业外向型发展优势突出，将可带动罗非鱼、对虾、海洋捕捞产品等更多品类深加工产品的出口。

三、产业发展利好分析

（一）个人所得税

见附录1　个人所得税

（二）企业所得税

见附录1　企业所得税

（三）“零关税”

见附录1　“零关税”

（四）扶持措施

1. 激励措施

（1）高质量发展激励

见附录2　高质量发展激励

（2）加快渔业转型升级促进海南渔业高质量发展奖励

《海南省人民政府办公厅关于印发加快渔业转型升级促进海南渔业高质量发展若干措施的通知》提出，支持市县开展渔港经济区创建前期工作。对成功申报国家级沿海渔港经济区的项目，在国家给予专项资金的基础上，省级财政按地方承担渔港经济区公益性基础设施建设项目资金的60%给予补助。对达到省级渔港经济区创建条件的项目，省级财政按地方承担渔港经济区公益性基础设施建设项目资金的60%给予补助。

2. 奖补措施

（1）规上奖补

见附录2　规上奖补

（2）农产品加工奖补

见附录2　农产品加工业发展项目奖补

（3）宣传奖补

见附录2　农产品宣传推广项目奖补

3. 地方扶持政策

（1）文昌冯家湾现代化渔业产业园

土地政策。对于产业园重点鼓励的水产品精深加工、仓储物流的企业，在土地供应方面可根据类别采取先租后让、弹性年期等差别化供地方式，在保障项目建设用地需求的同时降低土地使用成本。企业用于产业发展300亩以上用地（建设用地不超过100亩）的项目，由市政府根据园区渔业产业融合发展需要，按照“一企一策”的议事规则对建设方案等具体情况进行研究确定。

前期工作扶持。对入园用地的企业（机构）项目前期工作经费（项目可行性报告、环境影响评价报告、节能评估报告、安全评估报告、勘察、设计和相关论证等费用）一次性补贴，在合同约定时间内完成项目建设并投产的，按项目建安费1%进行补助，同一项目如有不同性质用地可叠加补助，最高不超过100万元。

投资扶持。扶持按照合同约定完成建设并达到投产条件的仓储物流、水产品精深加工项目，固定资产投资5000万元以上的，按照实际固定资产投资额的1%一次性给予奖励，最高不超过300万元。

运营扶持。自注册或迁入的企业按上一年度产值给予奖励，连续奖励5年，产值大于等于200万元且小于等于500万元的奖励5万元/年，产值大于500万元且小于等于2000万元的奖励8万元/年，产值大于2000万元且小于等于5000万元的奖励10万元/年，产值大于5000万元且小于等于1亿元的奖励15万元/年，产值大于1亿元的奖励20万元/年。注册或迁入的协会或社会公益组织按以上一年度投入经费并实际开展社会活动的给予一次性奖励，获得经费大于等于50万元且小于等于200万元的奖励3万元，当年获得经费大于200万元的奖励5万元。

一个会计年度内，对一般水产品贸易类企业（总部企业除外）年营业收入累计1亿元以上的，按其年营业收入的2%给予奖励，最高不超过500万元。对年营业收入1亿元以上且年营收额增速超过10%的，每新增1000万元，奖励2万元；年营收额增速超过20%的，每新增1000万元，奖励3万元；年营收额增速超过30%的，每新增1000万元，奖励5万元。

金融扶持。支持仓储物流、水产品精深加工的企业贴息借款，参照人民银行同期贷款基准利率给予30%一次性贴息补助，单一企业贴息最高不超过100万元。

招商扶持。通过企业招商方式成功引进仓储物流、水产品精深加工产业项目，在享受市级政策的基础上，对负责招商的企业，按项目完成固定资产投资2000万元至5000万元的奖励10万元，项目完成固定资产投资0.5亿元至1亿元的奖励15万元，项目完成固定资产投资1亿元至2亿元的奖励20万元，项目完成固定资产投资2亿元以上的奖励25万元。

总部扶持。依据《海南总部企业认定管理办法》，对落户产业园的跨国公司地区总部、综合型（区域性）总部、高成长型总部，按实际缴纳资本分5年给予开办补助，实缴资本小于或等于5000万元的部分，补贴1.5%；实缴资本大于5000万元且小于或等于2亿元的部分，补贴2.5%；实缴资本大于2亿元的部分，补贴3.5%；补贴最高总额不超过2000万元。

人才扶持。全职引进人才奖励标准为：A类人才400万元/人，B类人才320万元/人，C类人才240万元/人，D类人才160万元/人，E类人才80万元/人。柔性引进人才奖励标准为：A类人才200万元/人，B类人才160万元/人，C类人才120万元/人，D类人才80万元/人，E类人才40万/人。奖励按照5年服务期分五次等额发放，服务期每满12个月发放一次。对入园全职工作的海南自由贸易港E类及以上人才，以及兼职的正高级研究员/教授及以上人才，在文昌享受落户、医疗、购房、教育“一事一议”待遇服务。

四、产业发展策略

（一）预制菜

利用现代化、标准化的流水线，将海南优质水产品罗非鱼、金鲳鱼、巴沙鱼和对虾等制作成即食、即热、即烹和即配等不同种类不同品种系列的预制菜，并通过建立追溯体系，实现产品从源头到餐桌的全程可追溯。

（二）生物萃取物

利用冷冻保鲜、超高压、微胶囊化、超微粉碎、现代微波等现代化水产品精深加工技术，对鱼鳞、内脏、甲壳等鱼类废弃品，以及虾皮、螺等进行精深加工，提取胶原、磷灰石、畜禽饲料蛋白、鱼油、鱼粉、鱼皮革、虾皮素等，从而延长水产品产业链，提高附加值。如利用微胶囊化技术提取深海鱼油，利用超微粉碎技术生产鱼粉、海带粉等。

五、案例分析

（一）企业简介

某水产品精深加工企业注册资金1亿元，主要从事深海鱼油、蛋白粉、珍珠粉等深海水产品精深加工；在鱼肝油生产上，公司拥有生产基地300亩，年进口鱼肝油约500吨，拥有4条胶囊生产线。现有员工500人，且聘用3年以上。

（二）投资优势

1. 个人所得税

结合海南自由贸易港个人所得税政策给予的个人所得税优惠减免可知，水产品精深加工企业高层人员若年薪超过47.2万元可享受个人所得税优惠政策红利。若相关人员年度工资薪金的税前收入为100万元，按照现行的个人所得税法计算，扣除年度费用、五险一金、专项附加等税法允许扣除的项目，全年应纳税所得额为80万元，全年应纳税额为19.4万元。若按海南自由贸易港个人所得税优惠政策计算，则全年应纳税额为80万元×15%=12万元，实际税负超过15%的部分为19.4万元-12万元=7.4万元，即免征7.4万元。

2. 企业所得税

与我国法定企业所得税税率25%相比，海南自由贸易港企业所得税优惠政策适用15%税率，政策适用企业税后利润可增加10%以上。相较同为自由贸易港的中国香港、新加坡企业所得税政策（企业所得税税率分别为16.5%、17%），海南自由贸易港企业所得税政策对国内外企业均具有一定吸引力。

以在海南开展水产品精深加工企业鱼肝油生产线发展五年为基数，企业所得税在内地缴纳25%，海南自由贸易港企业所得税优惠政策使用15%税率。鱼肝油单个生产基地年营业收入约3亿元至5亿元，受市场需求不断扩大、生产技术持续升级及电商红利等因素影响，生产基地年营业收入可以10%的增长率实现稳步增加，五年经营情况可累计节约9480万元所得税，见表3-12。

表3-12　水产品精深加工企业企业所得税对比

（单位：亿元）

营业时间	第一年	第二年	第三年	第四年	第五年	累计缴纳
营业收入	3	3.3	3.63	3.99	4.39	—
营业成本	1.5	1.65	1.75	1.89	2.04	—
内地设厂企业所得税	0.375	0.4125	0.47	0.525	0.5875	2.37
海南设厂企业所得税	0.225	0.2475	0.282	0.315	0.3525	1.422

备注：内地设厂企业所得税税率为25%，海南设厂企业所得税税率为15%。

3. “零关税”

通过调研，水产品加工企业鱼肝油胶囊生产线主要的设备包括制胶过程中用到的化胶罐、液体抽真空机、滤胶机、搅拌机、胶囊填充机、滚模式软胶囊机等，主要由德国BOSCH、加拿大TECHNOPHAR、韩国OCHANG、瑞士BUHLER等加工设备制造厂商提供，如果从国外进口，均可享受自由贸易港优惠政策。粗略估算，从国外进口一套鱼肝油胶囊加工设备可节约29万元的成本，见表3-13。

表3-13　主要鱼肝油胶囊加工设备进口优惠情况

加工环节	设备种类	进口价格（万元）	进口最惠国税率（%）	进口增值税（%）	海南可优惠金额（万元）
制胶	化胶罐	17—20	8.5	13	4.5
	液体抽真空机	3—5	8	13	1.1
	滤胶机	26—30	10	13	7.3
制内容物	搅拌机	15—20	7	13	4.2
胶囊填充	胶囊填充机	5—9	8	13	2.0
压丸、定型、干燥	滚模式软胶囊机	40—45	8	13	9.9
合计	—	—	—	—	29

备注：海南可优惠金额取进口设备价格区间的上限统一估算。

鱼油制品类是对物流不敏感的原料高价值品类，其最惠税率为12%。2022年我国鱼肝油及其分离品进口总量约303.1吨，主要从冰岛、澳大利亚、美国、新西兰等国家进口。如果以进口鱼肝油为原料开展鱼肝油医药保健品加工（主要为鱼肝油胶囊）可以享受加工增值30%免关税的政策。若该企业从冰岛进口鱼肝油及其分离品500吨，按46.68元/千克进口价计算，可节约原材料成本280万元，见表3-14。

表3-14　2022年我国主要进口鱼肝油及其分离品情况

主要进口国	进口量（吨）	进口价（元/千克）	最惠税率（%）	海南可优惠金额（万元）
冰岛	168	46.68	12	94.65
澳大利亚	58	706.31	12	499.17
美国	18	626.15	12	140.55

数据来源：中华人民共和国海关总署官网。

（三）物流成本

以从冰岛通过海运运送500吨鱼肝油及其制品到广东深圳与到海南相比较，由于路程等因素，从冰岛雷克雅未克港运到海南洋浦港比运到广东深圳港要贵7.5万元，见表3-15。

表3-15　鱼肝油原材料国际运费比较

始发地	目的地	海运单价（元/吨）	重量（吨）	国际运费（万元）
冰岛雷克雅未克	广东深圳港	550	500	27.5
	海南洋浦港	700	500	35

六、操作指南

（一）落户指南

1. 登记注册

见附录3　登记注册

2. 人才认定

见附录3　人才认定

（二）兑现指南

针对水产品加工企业落户海南可享受“零关税”政策、所得税优惠政策以及研发和成果转化、产业配套等财政奖补政策兑现，责任部门、流程内容、提交材料如下。

1. 个人所得税

见附录4　个人所得税申报

2. 企业所得税

见附录4　企业所得税申报

3. “零关税”

见附录4　“零关税”申报

4. 奖补措施

（1）高质量发展激励

见附录4　高质量发展激励

（2）规上奖补

见附录4　规上奖补工作程序

（3）农产品加工奖补

见附录4　农产品加工奖补工作程序

（4）宣传奖补

见附录4　宣传奖补工作程序

（三）落地指南

1. 肉制品加工厂申请申报材料

事业单位法人证书、居民身份证、营业执照、社会团体单位登记证书；户外广告设置审批表；

食品生产许可申请书；

食品生产工艺流程图；

民办非企业单位登记证书；

食品生产设备布局图；

权属单位出具的委托书及受托人身份证明；

安全承诺书等。

2. 食品经营许可证

（1）受理条件

《食品生产许可管理办法》第十二条规定，申请食品生产许可，应当符合下列条件：

具有与生产的食品品种、数量相适应的食品原料处理和食品加工、包装、贮存等场所，保持该场所环境整洁，并与有毒、有害场所以及其他污染源保持规定的距离；

具有与生产的食品品种、数量相适应的生产设备或者设施，有相应的消毒、更衣、盥洗、采光、照明、通风、防腐、防尘、防蝇、防鼠、防虫、洗涤以及处理废水、存放垃圾和废弃物的设备或者设施；保健食品生产工艺有原料提取、纯化等前处理工序的，需要具备与生产的品种、数量相适应的原料前处理设备或者设施；

有专职或者兼职的食品安全专业技术人员、食品安全管理人员和保证食品安全的规章制度；

具有合理的设备布局和工艺流程，防止待加工食品与直接入口食品、原料与成品交叉污染，避免食品接触有毒物、不洁物；

法律、法规规定的其他条件。

（2）申报材料

食品生产许可申请书。申请人在国家食品生产许可申报平台（http：//spscxk.gsxt.gov.cn）注册账号并网上填报申请信息。所申请生产许可的食品类别应当在营业执照载明的经营范围内，且营业执照在有效期限内。申证产品的类别编号、类别名称及品种明细应当按照食品生产许可分类目录填写。

食品生产设备布局图。要求图表清晰，生产场所、主要设备设施布局合理、工艺流程符合审查细则和所执行标准规定的要求。标出各加工车间、更衣间、生产主要设备等的布局图，所有尺寸按比例标注或者直接标出主要尺寸，并用箭头标明各类食品工艺流向。

食品生产工艺流程图。要求图表清晰，生产场所、主要设备设施布局合理、工艺流程符合审查细则和所执行标准规定的要求。食品生产加工场所及其周围环境平面图、食品生产加工场所各功能区间布局平面图、工艺设备布局图应当按比例标注。

(3) 办理流程：受理审核、现场踏勘、复核、决定、制证、发证。

(4) 注意事项：申请人应事先获得第三方检测机构出具的针对其申请的食品产品的合格检验报告；申请人应配备出厂检验所需要的检验人员及检验设备。

七、企业分布

国内部分水产品加工企业分布如表3-16所示。

表3-16 国内部分水产品加工企业分布情况

企业名称	企业简介	所在地
广东环球水产食品有限公司	公司成立于2011年，是一家专注罗非鱼、南美白对虾、金鲳鱼等海水产品研发、生产加工、国内外贸易的水产食品企业。公司占地面积120亩，第一期总投资2亿元人民币，生产加工面积13000平方米。生产车间和工艺流程依据国家市场监督管理总局、美国FDA、俄罗斯、欧盟国家的相关法律法规及技术标准进行设计和建设。吸收并引进国内外先进的水产品速冻、冷藏技术和设备，每年可加工水产成品20000吨以上，配备有22000立方米的低温储藏库容。	广东
云南新海丰水产科技集团	公司成立于2007年，总投资1.2亿元，主要产品为罗非鱼系列，年加工罗非鱼2.5万吨，生产罗非鱼片1万吨，年销售收入3.08亿元，是云南集鱼苗、饲料、养殖、加工、出口和科研于一体的全产业链、国际化、现代化的农业企业，旗下拥有云南新海丰食品有限公司、云南海王水产有限公司、云南鸿浩水产有限公司及云南海王生物饲料科技有限公司四家子公司。2008年，公司被云南省政府授予“企村结对”共建新农村先进单位和农产品出口先进企业荣誉称号。	云南
广西金海盈食品有限公司	广西金海盈食品有限公司是国内新崛起的集水产养殖、加工、海内外销售及采购于一体的食品进出口企业。公司成立于2013年，坐落于北海市。公司厂区面积为50000多平方米，建筑面积40000多平方米，低温冷藏库面积12000多平方米，储藏能力20000余吨；公司员工超500人。公司拥有罗非鱼/叉尾鮰鱼加工车间、海水产品加工车间和虾加工车间，年加工罗非鱼产品20000多吨、叉尾鮰鱼产品2500吨、其他海水产品超40000吨。公司主营罗非鱼（片）、叉尾鮰鱼（片）、金鲳鱼、安康鱼、鱿鱼、虾、墨鱼等水产品。	广西

水果加工

水果加工是指以水果、浆果为原料，用物理、化学或生物等方法处理后，加工制成食品而达到保藏目的的加工过程，成品包括果干、果泥、果酒、果汁、果酱、果品罐头等。

一、产业发展现状分析

海南热带水果加工企业主要分布在海口、文昌、琼海等地，大多从事初加工，精深加工产品较少，如提取功能性成分制作天然保健品、化妆品等的企业较少。目前，海南从事水果加工的企业有3万多家，以中小企业为主，其中注册资本超过1000万元的有4000多家，如海南椰国热带水果食品加工有限公司、海南水果岛农业开发有限公司、海南罗牛山食品集团有限公司、海南天地人生态农业股份有限公司等。

二、产业发展有利条件

（一）区位优势

我国是热带水果净进口国家，每年从东南亚进口大量热带水果。海南与东南亚地区地缘相连，交通便利，正在打造泛南海国际贸易和航运枢纽，大力推进与东南亚地区空中和海上的互联互通，物流快捷方便，果品加工产品的市场竞争力强，开展水果加工业具有独特的区位优势。

（二）政策优势

《海南省“十四五”推进农业农村现代化规划》指出：大力发展水果初加工和商品化处理，强化包装和标识认证，完善果品冷链物流配送体系，加快发展水果精深加工。《海南省人民政府办公厅关于推进农产品加工业发展的实施意见》指出，大力发展农产品初加工业，推进农产品清洗、分级、烘干、预冷、保鲜、包装等商品化处理。围绕热带水果，以食品生产、药用开发、功能性产品开发等为重点，发展特色农产品精深加工业。围绕建设国际旅游消费中心，大力发展农业文化创意型加工业。围绕服务“一带一路”倡议，发挥海南区位优势，加快发展国际农产品来料加工业和拓展“一带一路”市场的外向型加工业。

（三）市场优势

近年来，果汁、果酒、果醋、冻干水果等水果加工产品市场需求增长迅速。海南热带水果品种丰富、产量大，大都经加工销往国内外，自由贸易港和RCEP政策叠加后开展进口水果加工，原料获取便捷、成本低、价格优势明显、市场竞争力强。

三、产业发展利好分析

（一）个人所得税

见附录1　个人所得税

（二）企业所得税

见附录1　企业所得税

（三）“零关税”

见附录1　“零关税”

（四）扶持措施

1. 激励措施

（1）高质量发展激励

见附录2　高质量发展激励

（2）规上奖补

见附录2　规上奖补

2. 奖补措施

（1）农产品加工奖补

见附录2　农产品加工业发展项目奖补

（2）农产品认证奖补

见附录2　农产品认证奖补

（3）宣传奖补

见附录2　农产品宣传推广项目奖补

四、产业发展策略

（一）果品加工

围绕连片水果种植基地开展分类、分级、包装、保鲜、物流、品牌等全产业链建设，开发饮料、果酒、果脯、水果罐头等系列产品；围绕水果功能性成分，研发深加工产品，如水果酵素、美容类化妆品、医药保健品等；叠加海南自由贸易港和RCEP双政策效应，进口热带水果开展来料加工，出口国外市场，推动海南果品加工产业发展。

（二）废弃物资源化利用

热带水果种植和加工过程中产生的秸秆、果皮、果壳、果核等均可再次资源化利用，如秸秆可做生物质原料、动物饲料、有机肥、食用菌培养基等；菠萝叶纤维可加工成布料；果皮可发酵生产乙醇、食用酵素，提取蛋白酶等，大大提高水果产业的附加值。

五、案例分析

（一）企业简介

以国内某水果企业在海南设立荔枝鲜果深加工厂为例。该公司注册资金8000万元，主营范围包括荔枝干、荔枝酒、荔枝醋、荔枝酱、荔枝汁、调味酸奶冰激凌等的生产，已在海南海口建立荔枝鲜果深加工厂。

（二）投资优势

1. 个人所得税

若员工年度工资薪金的税前收入为100万元，那么按照国内现行的个人所得税法来计算，扣除年度费用、五险一金、专项附加等税法允许扣除的项目，全年应纳税所得额为80万元，全年应纳税款是19.4万元；如果按照海南自由贸易港个人所得税优惠政策来计算，那么全年应纳税额是80万元×15%=12万元，实际税负超过15%的部分免征，即19.4万元-12万元=7.4万元，免征7.4万元。

2. 企业所得税

基于对荔枝深加工公司的调研，若该公司年营业收入约为1亿元，受益于市场需求不断扩大、生产技术不断提升等因素，生产基地年营业收入可以10%—20%的增长率实现稳步增长，企业所得税缴纳对比情况如表3-17所示。

表3-17　荔枝深加工公司企业所得税缴纳对比

（单位：亿元）

营业时间	第一年	第二年	第三年	第四年	第五年	累计缴纳
营业收入	1	1.2	1.4	1.54	1.78	—
营业成本	0.6	0.7	0.75	0.8	1	—
内地公司企业所得税	0.1	0.125	0.163	0.185	0.195	0.768
海南公司企业所得税	0.06	0.075	0.098	0.111	0.117	0.461

备注：内地公司企业所得税税率为25%，海南公司企业所得税税率为15%。

综上分析，以荔枝鲜果深加工公司经营发展五年为基数，相较于在内地设厂，在海南自由贸易港设立分公司可累计节省约0.307亿元。

3.“零关税”

企业进口自用生产设备“零关税”负面清单出台，水果深加工设备如烘干设备等未被纳入“负面清单”即可享受免征进口关税、进口环节增值税和消费税的政策性利好，主要设备关税优惠情况如表3-18所示。

表3-18　主要水果深加工设备税收优惠情况

加工环节	设备种类	进口价格（万元）	进口关税（%）	进口增值税（%）	海南可优惠金额（万元）
清理	清洗机	2—5	5	13	0.93
破碎	果肉破碎机	2—3	8	13	0.66
过滤	分离机	10—20	8	13	4.41
打浆	鲜果打浆机	6—15	8	13	3.31
杀菌	巴氏或高温灭菌设备	10—15	10	13	3.65
浓缩	真空浓缩设备	5—20	0	13	2.60
烘干	烘干设备	15—20	9	13	4.63
灌装	灌装设备	5—10	12	13	2.66
冷却	制冷设备	10—20	9	13	4.63
干燥	干燥设备	10—30	9	13	6.95

（三）奖补措施分析

依据现有的加工业奖补政策，荔枝加工企业预计可获得补贴分类如表3-19所示。

表3-19　荔枝深加工企业可获得的奖补优惠

类别	最高金额（万元）
规上奖补	80
加工奖补	160
国家农产品地理标志登记保护产品（个）	50
国家有机农产品（个）	20
国家绿色食品（个）	10
GAP良好农业规范农产品（个）	10
广告宣传	50

六、操作指南

（一）落户指南

针对水果加工企业落户海南自由贸易港、设立子公司并投资建设研发制造项目主要涉及公司注册、项目投建、人才认定事项，具体要求和流程如下。

1. 登记注册

见附录3　登记注册

2. 人才认定

见附录3　人才认定

（二）兑现指南

1. 个人所得税

见附录4　个人所得税申报

2. 企业所得税

见附录4　企业所得税申报

3. “零关税”

见附录4　“零关税”申报

4. 奖补措施

（1）高质量发展激励

见附录4　高质量发展激励

（2）农机购置补贴

见附录4　农机购置补贴工作程序

（3）规上奖补

见附录4　规上奖补工作程序

（4）农产品加工奖补

见附录4　农产品加工奖补工作程序

（三）落地指南

1.备案核准

见附录5　备案核准

2.环评审批

见附录5　环评审批

3.节能审查

见附录5　节能审查

4.用地审批

见附录5　用地审批

七、企业分布

国内部分水果加工企业分布情况如表3-20所示。

表3-20　国内部分水果加工企业分布情况

企业名称	企业简介	所在地
江苏沃田食品加工有限公司	江苏沃田食品加工有限公司成立于2016年9月2日，公司坐落在江苏省，经营范围为：果蔬汁及其他饮料、固体饮料、蜜饯、水果制品制造与销售；预包装食品（含冷藏冷冻食品）销售；果糖、果脯、果酒、水果罐头制造与销售；水果加工、销售；冷藏保鲜、储藏及运输设备技术服务；水产品、食品添加剂、粮食、肉制品加工与销售；货物专用运输（冷藏保鲜）；自营和代理各类商品及技术的进口、出口业务。	江苏

续表

企业名称	企业简介	所在地
江苏任天农业科技股份有限公司	江苏任天农业科技股份有限公司是一家从事农业科技研发、技术转让等业务的公司，成立于2015年4月23日，公司坐落在江苏省，经营范围为：农业科技研发，鲜冻技术研究、开发及技术转让、技术服务，谷物、蔬菜、水果的种植；家禽饲养；水产捕捞，水产养殖及技术研发，肉类、水产品、蔬菜、水果加工及相关技术研发，预包装食品、初级农产品的销售，鲜冻液、鲜冻装置研发、生产及销售，道路货物运输，自营和代理各类商品及技术的进出口业务（国家限定公司经营或禁止进出口的商品及技术除外）。	江苏
赣州王品果业有限公司	赣州王品果业有限公司是一家从事水果加工、储藏等业务的公司，成立于2007年7月11日，经营范围为：水果、蔬菜等农副产品的收购、加工、储藏及国际、国内销售，技术服务，包装材料的经营，水果的种植。	江西
广西西林县裕丰园水果加工有限责任公司	广西西林县裕丰园水果加工有限责任公司成立于2022年3月17日，经营范围为：化肥销售，塑料制品制造，农产品的生产、销售、加工、运输、贮藏及其他相关服务，新鲜水果批发，水果种植，新鲜水果零售（除依法须经批准的项目外，凭营业执照依法自主开展经营活动）。	广西

咖啡加工

咖啡加工主要指对咖啡豆的加工，根据加工工艺的不同，产品可以分为速溶咖啡、咖啡粉、挂耳咖啡、胶囊咖啡、咖啡液、即饮咖啡等。

一、产业发展现状分析

海南咖啡加工企业主要分布在澄迈、万宁、海口、儋州、琼中、白沙等市县，2022年数据显示，海南咖啡加工企业有4828家，其中注册资本在100万元以内的有3107家，200万元至500万元的有645家，5000万元以上的有108家，年加工量约6000吨，产值超过40亿元。咖啡品牌主要有“高山”“兴隆”“福山”“力神”“圣瑞”“瑞彭”“千岛湖”“春光”“南国”“五指山”等，已初步形成集科研、种植、加工、销售和休闲旅游于一体的全产业链。

二、产业发展有利条件

（一）区位优势

海南咖啡种植已有百年历史，文化底蕴浓厚，消费群体广泛，咖啡店分布众多，仅万宁市就有咖啡店200余家。海南咖啡豆产量低，咖啡加工依赖东南亚进口原料。海南与东南亚地区地缘相连，交通便利，正在打造泛南海国际贸易和航运枢纽，大力推进与东南亚地区的空中和海上的互联互通，物流快捷方便，咖啡加工产品的市场竞争力强，开展咖啡加工业具有独特的区位优势。

（二）政策优势

《海南省“十四五”推进农业农村现代化规划》指出，要扩大咖啡境外加工原料进口，加快发展来料加工业和拓展“一带一路”市场的外向型加工业，建设咖啡国际交易中心。《海南省咖啡全产业链培育发展三年（2023—2025）行动方案》提出：到2024年底，培育出不少于5家“海南咖啡”企业品牌，全省年加工咖啡成品达到8000吨，产值达到80亿元，创建1个省级咖啡优势特色产业集群。《万宁市产业链链长制实施方案》明确提出，打造咖啡产业集群、产业基地、优势企业和拳头产品；提升产业链中游咖啡的烘焙与研磨、调味等精深加工能力；加大产业链下游咖啡产品宣传和销售流通力度，形成种植、采摘、粗加工、精深加工、销售等产业链条闭环；推动一、二、三产业融合发展，打造“咖啡种植+电商+咖啡农庄+咖啡文化+咖啡旅游+加工”的全产业链模式，提升咖啡的产业链、价值链。

（三）市场优势

我国是咖啡消费增长最快的国家之一，每年进口大量速溶咖啡、咖啡粉、挂耳咖啡、胶囊咖啡、咖啡液、即饮咖啡等相关产品，消费市场需求旺盛。海南咖啡加工产品品种丰富、质量上乘、效益明显，且供不应求，市场缺口大。自由贸易港和RCEP政策叠加后开展进口咖啡豆原料加工，原料获取便捷、成本低、价格优势明显、市场竞争力强。

三、产业发展利好分析

（一）个人所得税

见附录1　个人所得税

（二）企业所得税

见附录1 企业所得税

（三）“零关税”

见附录1 “零关税”

（四）扶持措施

1. 激励措施

（1）高质量发展激励

见附录2 高质量发展激励

（2）规上奖补

见附录2 规上奖补

2. 奖补措施

（1）农产品加工奖补

见附录2 农产品加工业发展项目奖补

（2）农产品认证奖补

见附录2 农产品认证奖补

（3）农机购置补贴

见附录2 农机购置补贴

四、产业发展策略

（一）原料及来料加工

以万宁、澄迈为重点，建设咖啡加工园区，形成产业集群。企业可以发展焙炒咖啡、咖啡浓缩液、冷萃咖啡、充氮咖啡、挂耳咖啡、胶囊咖啡、“三合一”咖啡、果皮茶等多元化终端产品。同时，发挥RCEP规则和海南自由贸易港政策的叠加效应，充分利用进口免关税和岛内加工增值超30%（含）免关税的海南自由贸易港政策的优势，在万宁、澄迈、文昌、定安、琼中、白沙等海南咖啡主产区建设来料加工、仓储、物流等设施，对进口咖啡豆进行加工包装后，再转内销，促进咖啡加工产业发展，提升海南咖啡产业总体产值。

（二）品牌建设

利用海南自由贸易港政策发展会展产业，通过博鳌亚洲论坛和消博会等平台宣传咖啡品牌，举办咖啡品鉴大赛、国际咖啡文化节，建设咖啡主题公园等推介海南咖啡品牌；增强国际咖啡品牌对海南咖啡的带动作用，提升品牌溢价能力、扩大影响力，发展高端咖啡品牌。

（三）精深加工

对咖啡豆进行精深加工，提取咖啡因、酸类、酚类、多酚和脂肪酸等多种有机物，广泛应用于食品、药品、保健品、化妆品等多个领域，延长咖啡产业链，提高咖啡价值。

五、案例分析

（一）企业简介

以国内咖啡企业在海南设立咖啡豆深加工厂为例。某公司在海南万宁建立咖啡豆深加工厂，注册资金15000万元，主营范围包括焙炒咖啡、速溶咖啡、咖啡浓缩液、冷萃咖啡、挂耳咖啡、胶囊咖啡等，员工100人。

（二）投资优势

1. 个人所得税

若员工年度工资薪金的税前收入为100万元，那么按照我国现行的个人所得税法来计算，扣除年度费用、五险一金、专项附加等税法允许扣除的项目，全年应纳税所得额为80万元，全年应纳税款是19.4万元；如果按照海南自由贸易港个人所得税优惠政策来计算，那么全年应纳税额是80万元×15%=12万元，实际税负超过15%的部分免征，即19.4万元-12万元=7.4万元，免征7.4万元。

2. 企业所得税

与我国法定25%的企业所得税税率相比，海南自由贸易港企业所得税优惠政策适用15%的税率，政策适用企业税后利润可增加10%以上。相较同为自由贸易港的中国香港、新加坡的企业所得税税率分别为16.5%与17%，海南自由贸易港企业所得税政策对国内外企业均具有一定吸引力。以在海南建厂的咖啡加工企业经营发展五年为基数，内地缴纳企业所得税税率为25%，海南自由贸易港企业所得税优惠政策适用税率15%，五年经营可累计节约1260万元所得税（见表3-21）。

表3-21　咖啡加工企业企业所得税缴纳对比情况

（单位：万元）

营业时间	第一年	第二年	第三年	第四年	第五年	累计缴纳
营业收入（万元）	10000	11000	12400	13400	14600	—
营业成本（万元）	8000	8800	9600	10800	11600	—
内地设厂企业所得税（万元）	500	550	700	650	750	3150
海南设厂企业所得税（万元）	300	330	420	390	450	1890

备注：内地设厂企业所得税税率为25%，海南设厂企业所得税税率为15%。

3.“零关税”

企业进口自用生产设备“零关税”负面清单出台，咖啡深加工设备如烘干设备等未被纳入“负面清单”即可享受免征进口关税、进口环节增值税和消费税的政策性利好。未焙炒咖啡进口加工生产线主要由清洗、烘焙、研磨、冷萃取、低温浓缩、冷冻干燥、粉碎、包装等环节构成，主要生产设备从国外进口。基于对目前我国主要咖啡加工制造设备进口价格的调查，结合对海南自由贸易港“零关税”政策下进口设备关税减免的综合评估，咖啡加工企业采购单套加工设备可实现约27.04万元税收减免（见表3-22）。

表3-22　主要咖啡加工设备享受进口关税优惠情况

加工环节	设备种类	进口价格（万元）	进口关税（%）	进口增值税（%）	海南可优惠金额（万元）
清洗	清洗机	2—5	10	13	1.22
烘焙	烘焙机	15—20	10	13	4.86
研磨	研磨机	10—15	8	13	3.31
冷萃取	萃取罐	2—5	10	13	1.22
低温浓缩	真空浓缩机	10—15	10	13	3.65
冷冻干燥	冻干机	25—40	9	13	9.27
粉碎	粉碎机	5—8	8	13	1.76
包装	包装机	2—8	8	13	1.76

备注：海南可优惠金额取进口设备价格区间的上限统一估算。

（三）奖补措施分析

依据现有的加工业奖补政策，咖啡加工企业预计可获得补贴分类如表3-23所示。

表3-23 咖啡加工企业可获得的奖补优惠

类　别	最高金额（万元）
规上奖补	80
加工奖补	500
国家农产品地理标志登记保护产品（个）	50
国家有机农产品（个）	20
国家绿色食品（个）	10
GAP良好农业规范农产品（个）	10

六、操作指南

（一）落户指南

针对咖啡加工企业落户海南自由贸易港、设立子公司并投资建设研发制造项目主要涉及公司注册、项目投建、人才认定事项，具体要求和流程如下。

1. 登记注册

见附录3　登记注册

2. 人才认定

见附录3　人才认定

（二）兑现指南

1. 个人所得税

见附录4　个人所得税申报

2. 企业所得税

见附录4　企业所得税申报

3. 零关税

见附录4　“零关税”申报

4. 奖补措施

（1）高质量发展激励

见附录4　高质量发展激励

（2）农机购置补贴

见附录4　农机购置补贴工作程序

（3）规上奖补

见附录4　规上奖补工作程序

（4）农产品加工奖补

见附录4　农产品加工奖补工作程序

（三）落地指南

1.备案核准

见附录5　备案核准

2.环评审批

见附录5　环评审批

3.节能审查

见附录5　节能审查

4.用地审批

见附录5　用地审批

七、企业分布

国内外部分咖啡企业分布情况如表3-24所示。

表3-24　国内外部分咖啡企业分布情况

企业名称	企业简介	所在地
星巴克	总部位于美国华盛顿州西雅图，在全球有82个市场，拥有超过32000家门店，是世界上首屈一指的专业咖啡烘焙商和零售商。	美国
瑞幸咖啡（北京）有限公司	总部位于厦门，是中国最大的连锁咖啡品牌。截至2019年底，瑞幸咖啡直营门店数达到4507家，交易用户数突破4000万。瑞幸咖啡经营饮品及食品系列，除咖啡、茶饮外，瑞幸咖啡与路易达孚集团合作开发非浓缩还原（NFC）果汁，并出售轻食、坚果、零食和其他周边产品。	中国福建

续表

企业名称	企业简介	所在地
麦斯威尔咖啡	隶属于著名的食品巨头卡夫食品有限公司。总部位于荷兰，麦斯威尔咖啡在1985年首次进入中国，2017年麦斯威尔在中国市场份额下滑至3.1%。	美国
G7咖啡	G7咖啡是越南中原传奇集团旗下的一个咖啡品牌，G7咖啡选用罗布斯塔咖啡豆，足迹遍布美国、英国、法国、意大利、俄罗斯、德国、中国等80多个国家，被多个全球会议选为指定咖啡，并在越南和国际航班上展出。	越南

第二节　进口原料加工

椰子加工

椰子加工是以椰子为原料，利用加工工艺将其开发成一系列产品的过程，产品包括：食品，如椰子奶、椰子粉、椰子糖、椰子咖啡、椰子油等；非食品，如椰垫、椰壳活性炭等；手工艺品，如家具、椰包、钥匙扣等。

一、产业发展现状分析

海南椰子加工企业主要分布在文昌、海口两地，共有400余家，其中，加工龙头企业有5家，分别为海南省文昌南椰实业有限公司、文昌市春光食品有限公司、椰树集团有限公司、海南南国食品实业有限公司、海南品香园食品有限公司。椰子加工直接或间接带动从业人员200多万，年产值200多亿元。

二、产业发展有利条件

（1）区位优势

海南地处“海上丝绸之路”重要节点、东南亚和中国大陆两个最活跃市场交汇点，是我国面向太平洋和印度洋的重要对外开放门户，拥有便捷的海上运输通道。海南与全球椰子主产区相连，特别是东南亚的印度尼西亚、泰国、菲律宾、越南等国家的椰子可以方便快捷地进入海南市场，物流成本较低，开展椰子加工区位优势明显。

（2）政策优势

《海南省“十四五”推进农业农村现代化规划》指出：要发展国际热带农产品加工、储藏、冷链物流和贸易，构建与海南自由贸易港建设相匹配的更高水平开放型农业体系，推动热带特色高效农业发展实现新跨越。《海南省椰子产业高质量发展“十四五”规划》提出：在海口、文昌建设椰子产业园2个；在现有企业中提升并培育5家产值10亿元以上椰子产业龙头企业，重点培育1家产值超50亿元的椰子产业龙头企业，全省椰子加工业总产值达到150亿元；打造一个国际椰子交易中心。通过资源整合，大力培育椰子产业龙头企业，支持椰子加工龙头企业通过市场化运作方式进行兼并重组，做大做强。

（3）市场优势

我国是椰子加工产品消费大国，每年从东南亚国家进口大量椰子油、椰衣纤维、椰壳、椰浆、椰子粉等产品，消费市场需求旺盛。海南椰子加工产品品种丰富、质量上乘、效益明显，如椰壳活性炭，是制作防毒面具的重要原料，市场价格高达7000元/吨，且供不应求；椰子糖、椰子粉、椰子汁等加工食品已销往国内外，市场竞争力强。

三、产业发展利好分析

（一）个人所得税

见附录1　个人所得税

（二）企业所得税

见附录1　企业所得税

（三）“零关税”

见附录1　“零关税”

（四）扶持措施

1. 激励措施

（1）高质量发展激励

见附录2　高质量发展激励

（2）规上奖补

见附录2　规上奖补

2. 奖补措施

（1）农产品加工奖补

见附录2　农产品加工业发展项目奖补

（2）农产品认证奖补

见附录2　农产品认证奖补

（3）农机购置补贴

见附录2　农机购置补贴

四、产业发展策略

（一）椰子加工

围绕椰子种植基地开展破壳、烘干、磨浆、杀菌等商品化处理，开发椰子汁、椰子粉、椰子冻、椰子糖等系列产品；围绕椰子功能性成分，研发保健食品、特医食品、日化用品、军用材料、油脂化工等新兴产品；叠加海南自由贸易港和RCEP双政策效应，进口椰子开展来料加工，出口国外市场，推动海南椰子加工产业的发展。

（二）废弃物资源化利用

椰子废弃物资源化利用范围广泛，椰叶和落裂果经过粉碎、发酵，可生产沼气、生物有机肥；椰叶可用作灵芝等高价值食用菌的培养基、新型建筑材料；椰壳、椰糠可用作花卉、蔬菜等的栽培基质；椰壳还可制成高端活性炭、椰纤维板材等产品；椰衣可加工成纤维，作为纺织业原料。

五、案例分析

（一）企业简介

以国内某知名企业在海南设立椰壳活性炭加工厂为例。该公司注册资金8000万元，主营范围包括专业研发生产活性炭、椰壳活性炭，为冶金、石油、电力、水务、化工、医药、食品、民用、贵金属提取、水处理等行业提供高质量活性炭产品，已在海南文昌建立椰壳活性炭加工厂。

（二）投资优势

1. 个人所得税

若员工年度工资薪金的税前收入为100万元，那么按照我国现行的个人所得税法来计算，扣除年度费用、五险一金、专项附加等税法允许扣除的项目，全年应纳税所得额为80万元，全年应纳税款是19.4万元；如果按照海南自由贸易港个人所得税优惠政策来计算，那么全年应纳税额是80万元×15%=12万元，实际税负超过15%的部分免征，即19.4万元-12万元=7.4万元，免征7.4万元。

2. 企业所得税

在海南与内地分别设立公司，企业所得税对比情况如表3-25所示。

表3-25 椰壳活性炭加工公司企业所得税缴纳对比

（单位：亿元）

营业时间	第一年	第二年	第三年	第四年	第五年	累计缴纳
营业收入	1	1.1	1.22	1.4	1.68	—
营业成本	0.75	0.79	0.83	0.91	0.98	—
内地公司企业所得税	0.06	0.08	0.1	0.12	0.18	0.54
海南公司企业所得税	0.04	0.05	0.06	0.07	0.11	0.33

备注：内地公司企业所得税税率为25%，海南公司企业所得税税率为15%。

综上分析，以椰壳活性炭公司经营发展五年为基数，相较于在内地设厂，在海南自由贸易港设立分公司可累计节省约0.21亿元。

3. “零关税”

企业进口自用生产设备“零关税”负面清单出台，椰子深加工设备如烘干设备等未被纳入“负面清单”即可享受免征进口关税、进口环节增值税和消费税的政策性利好。基于对海南星光活性炭有限公司、海南小椰壳实业有限公司等椰壳深加工企业的调研可知，近年来，国产加工设备制造水平逐步提升，国产设备一般可满足企业加工制造的需求，椰子深加工龙头企业积极寻求国际合作促进技术提升。椰壳深加工生产线主要由炭化、加热、液化、活化、搅拌等环节构成，生产线加工设备主要由马来西亚加工设备制造厂商提供。以进口炭化炉一套15万—20万元计算，免征5%进口关税及13%增值税，在海南可优惠3.24万元以上。

（三）奖补措施分析

依据现有的加工奖补政策，椰子加工企业预计可获得补贴分类如表3-26所示。

表3-26　椰子加工企业可获得的奖补优惠

类　别	最高金额（万元）
规上奖补	80
加工奖补	160
国家农产品地理标志登记保护产品（个）	50
国家有机农产品（个）	20
国家绿色食品（个）	10
GAP良好农业规范农产品（个）	10

六、操作指南

（一）落户指南

针对椰子加工企业落户海南自由贸易港、设立子公司并投资建设研发制造项目主要涉及公司注册、项目投建、人才认定事项，具体要求和流程如下。

1. 登记注册

见附录3　登记注册

2. 人才认定

见附录3　人才认定

（二）兑现指南

1. 个人所得税

见附录4　个人所得税申报

2. 企业所得税

见附录4　企业所得税申报

3. “零关税”

见附录4　“零关税”申报

4. 奖补措施

（1）高质量发展激励

见附录4　高质量发展激励

（2）农机购置补贴

见附录4　农机购置补贴工作程序

（3）规上奖补

见附录4　规上奖补工作程序

（4）农产品加工奖补

见附录4　农产品加工奖补工作程序

（三）落地指南

1.备案核准

见附录5　备案核准

2.环评审批

见附录5　环评审批

3.节能审查

见附录5　节能审查

4.用地审批

见附录5　用地审批

七、企业分布

国内部分椰子加工企业分布情况如表3-27所示。

表3-27　国内部分椰子加工企业分布情况

企业名称	成立时间（年）	企业简介	所在地
惠州市耶利亚食品饮料有限公司	2014	惠州市耶利亚食品饮料有限公司位于广东省惠州市博罗县园洲镇沙头丰平工业区。注册资本1000万元，公司占地面积20亩，拥有三台全自动现代化椰子汁生产设备。生产能力每天可达五万箱，可兼顾生产各类中性果汁、奶制品等饮料。公司生产的果肉椰子汁，采用纯天然椰子生榨，风味独特，健康营养，口感顺滑，不添加任何色素、甜味剂、防腐剂，不含胆固醇。	广东

续表

企业名称	成立时间（年）	企业简介	所在地
福建元力活性炭股份有限公司	1999	福建元力活性炭股份有限公司注册资本2100万元，是国内综合实力较强的木质粉状活性炭生产企业，年生产能力达20000吨。十年来，公司精耕细作、悉心打造，从年产500吨的小厂迅速发展成为国内活性炭行业的佼佼者，产品市场占有率达15%。在发展壮大过程中，公司建立了自主创新方面的优势和能力，使产品的技术优势和市场优势始终保持领先地位，并填补了一系列技术空白。公司自主研发的“处理废气用的带有非金属电极电场环保装置”“化学炭生产转炉”“物理炭生产转炉”和“物理法化学法一体化活性炭生产工艺”已向有关部门申请发明专利权和实用新型专利权。	福建
泰州苏锐椰子制品有限公司	2016	泰州苏锐椰子制品有限公司是一家从事椰子销售、椰蓉销售、劳务服务等业务的公司，成立于2016年10月10日，公司坐落在江苏省，经营范围为：椰子、椰蓉、椰子水、椰子油的加工销售，椰皮、椰子工艺品、椰子活性炭的加工销售（依法须经批准的项目，经相关部门批准后方可开展经营活动）。	江苏

饲料加工

饲料加工是指适用于养殖场、农户饲养牲畜、家禽的饲料生产加工活动，包括单一饲料加工、配合饲料加工、浓缩饲料加工、添加剂与混合饲料加工、精饲料及补充料加工、宠物食品等。

一、产业发展现状分析

2021年海南省规模化饲料加工生产企业有海南新希望农业有限公司、海口双胞胎饲料有限公司、海南大午农牧有限公司等26家，主要分布在澄迈、文昌、儋州等地，主要加工生产浓缩饲料、配合饲料、精料补充料、添加剂预混料、鱼粉等，全年加工饲料约300万吨。其中，配合饲料约170万吨，混合饲料约20万吨，其他饲料约110万吨。

二、产业发展有利条件

（一）区位优势

海南地处我国南端，是太平洋和印度洋的交汇点，背靠国内大市场，面向国际大市场循环节点，拥有航空、水运、铁路、公路相结合的综合交通运输体系，是西部陆海新通道，是东南亚连接我国的重要交通枢纽，具有明显的区位优势和便利的海运条件。叠加自由贸易港和RCEP双政策优势，为饲料来料加工和产品的出口，提供了广阔的市场。

（二）政策优势

《中共中央 国务院关于支持海南全面深化改革开放的指导意见》《海南省“十四五”推进农业农村现代化规划》等政策文件指出：利用自由贸易港优势，建设大中型饲料生产企业，主要生产畜禽配合料、高档水产饲料、核心预混料；利用已经选育成的牧草品种，生产专用草料；以水产养殖集中区域和海产品资源为依托，在沿海市县主要布局建设一批动物源性饲料加工生产企业。

（三）市场优势

2021年，海南年出栏商品猪454.4万头，出栏禽类18147.58万只，出栏牛22.41万头，出栏羊79.61万只，对饲料需求较大。同时，海南本地饲草资源丰富，如王草、木薯等，可作为饲料加工原料，减少玉米、豆粕的使用量。另外，海南自由贸易港政策为进口饲料原料提供了成本优势，降低了销售价格，增强了饲料加工企业的市场竞争力。

三、产业发展利好分析

（一）个人所得税

见附录1　个人所得税

（二）企业所得税

见附录1　企业所得税

（三）“零关税”

见附录1　“零关税”

（四）扶持措施

1. 激励措施

（1）高质量发展激励

见附录2　高质量发展激励

（2）农产品加工奖补

见附录2　农产品加工业发展项目奖补

2. 奖补措施

（1）规上奖补

见附录2　规上奖补

（2）农机购置补贴

见附录2　农机购置补贴

四、产业发展策略

（一）发展绿色饲料

充分利用海南热带地区生物多样性特点，挖掘饲草植物资源，如王草、木薯、柱花草等，部分或全部替代饲料中的玉米、豆粕等原料，降本增效，建立生产基地，推进绿色饲料产业发展。

（二）发展功能性饲料

充分利用海南热带作物、果实种类繁多的特点，提取适合添加的植物色素等成分用于生产保健型、功能型、风味型畜禽饲料，进而提升畜禽产品的品质，增加饲料生产企业的经济效益，推动特色饲料产业的发展。如富含花青素的饲料，可使畜产品（蛋、奶、肉）更能迎合消费者对“绿色”产品的需求。

（三）发展饲料添加剂

充分利用海南热带植物众多、品种独特的特点，挖掘可用于替代抗生素的植物提取物，如裸花紫珠、地胆草等，生产绿色、安全、营养、高效的饲料添加剂，减少药物残留，从根源上解决抗生素富集的问题，推动绿色饲料产业的发展。

五、案例分析

（一）企业简介

某饲料加工企业，注册资金25亿元，经营范围包括饲料研发、加工、贸易、销售、物流等。该企业计划投资20亿元，建设饲料加工厂，年加工产能5万吨。

（二）投资优势

1. 个人所得税

若员工年度工资薪金税前收入为60万元，那么按照国家现行的个人所得税法来计算，扣除年度费用、五险一金、专项附加等税法允许扣除的项目，全年应纳税所得额为42万元，根据现有个人所得税税率计算，全年应纳税款是7.31万元；如果按照海南自由贸易港个人所得税优惠政策（对于紧缺人才或年收入30万元以上人才，个人所得税税率最高不超过15%）来计算，全年的应纳税额是5.33万元，个人所得税较其他地区减少1.98万元。如果收入达到85万元，那么税收较其他地区优惠4.70万元。员工收入越高，税收优惠将越多。

2. 企业所得税

基于我国饲料行业龙头企业生产加工基地财务公开数据可知，目前龙头企业单个生产基地年营业收入约为10亿—20亿元，营业成本约6万—16万元。以年收入20亿元为例，在内地设厂，企业所得税为25%，需缴纳1亿元企业所得税。根据自由贸易港企业所得税优惠政策［2025年前，对注册在海南自由贸易港并实质性运营的鼓励类产业企业，按15%征收企业所得税。2035年前，对注册在海南自由贸易港并实质性运营的企业（负面清单行业除外），减按15%征收企业所得税。］可知，在海南设厂需缴纳企业所得税0.6亿元，较在内地设厂可节省0.4亿元，随着营业额的增加，节省的金额更多。

3. “零关税”

根据海南自由贸易港“零关税”优惠政策，饲料加工企业进口自用生产设备可享受“零关税”政策。饲料加工生产线主要包括贮存、清理（除杂）、粉碎、配料、混合、制粒、冷却、碎粒、分级、成品包装贮存等环节，设备主要包括预处理设备，粉碎设备、搅拌设备、制粒设备、冷却设备、包装设备。龙头企业为了提高劳动生产效率，选择进口先进设备进行自动化生产。不同厂家、不同型号设备现有报价详见表3-28。根据最高价进行分析可知，在海南自由贸易港进口单套生产线设备可优惠16.1万元。

表3-28　饲料加工企业可进口的设备报价及税负情况

用途	设备种类	进口价格（万元）	进口关税	进口增值税
原料清理	自动进卸料装置（清洗、运输、筛选等）	15—30	10%	13%
粉碎	粉碎机	3—10	10%	13%
混合	混合机	3—7	10%	13%
造粒	制粒装置（包括冷却等）	10—15	10%	13%
包装	包装机	5—8	10%	13%

4. 成本分析

（1）原料选择

饲料加工主要原料为玉米和豆粕。而根据海口海关发布的《洋浦保税港区加工增值货物内销税收征管海关实施暂行办法》（2021年第2号）第六条规定，含进口料件加工增值超过30%（含）的货物出区内销时，对境外进口料件属于实行关税配额管理商品的，不享受免征进口关税。所以进口玉米原料无法享受加工增值30%免关税政策，企业只有找到可享受自由贸易港加工增值免税政策的玉米替代原料加工饲料，才具有一定的经济优势。进口豆粕可享受加工增值免税政策。2021年全国进口豆粕60.82万吨，进口价格4.95元/千克，主要进口国为俄罗斯。进口最惠国税率为5%，进口普通税率为30%。从海南进口可享受加工增值政策下关税减免。以2021年进口豆粕为例，内地以最惠税率5%计，如果在海南进口原料可比内地减少15.05万元。

（2）物流成本

以从俄罗斯陆运5吨豆粕为例，根据最新海运物流费用，到达中国中部如河南、山东等地的运费约为5500—8000元/吨，合计4万元。同等情况下，运至海南的运费约为7000—12000元/吨，合计6万元，直接运往海南的物流成本高2万元。以上仅为案例，实际情况中到达地和销售地并非同一区域，不同区域运输成本也不相同。

5. 效益分析

以某企业年进口豆粕5万吨进行饲料加工，进口价格4.95元/千克，10条生产线，经营期1年，营业收入20亿，经营成本16亿的情况为例进行分析。

在不考虑固定成本折旧及人工等情况下，海南自由贸易港进口5万吨豆粕进行饲料加工较内地企业经营成本减少0.54亿元（见表3-29）。

表3-29　饲料加工企业经营成本对比分析

地区	原料进口成本（亿元）	进口设备成本（万元）	企业所得税（亿元）	物流成本（万元）	合计（亿元）
内地	2.60	861	1.00	4.00	3.69
海南	2.48	700	0.60	6.00	3.15

六、操作指南

（一）落户指南

针对饲料加工企业落户海南自由贸易港、设立子公司并投资建设研发制造项目主要涉及的公司注册、项目投建、人才认定事项，具体要求和流程如下。

1. 公司注册

见附录3　登记注册

2. 人才认定

见附录3　人才认定

（二）兑现指南

饲料加工企业落户海南可享受“零关税”政策、所得税优惠政策以及研发和成果转化、产业配套等财政奖补政策兑现，责任部门、流程内容、提交材料如下。

1. 个人所得税

见附录4　个人所得税申报

2. 企业所得税

见附录4　企业所得税申报

3. “零关税”

见附录4　“零关税”申报

4. 奖补措施

（1）高质量发展激励

见附录4　高质量发展激励

（2）农机购置补贴

见附录4　农机购置补贴工作程序

（3）农产品加工奖补

见附录4　农产品加工奖补工作程序

（三）落地指南

1. 备案核准

见附录5　备案核准

2. 环评审批

见附录5　环评审批

3. 节能审查

见附录5　节能审查

4. 用地审批

见附录5　用地审批

七、企业分布

国内部分饲料加工企业分布情况如表3-30所示。

表3-30　国内部分饲料加工企业分布情况

企业名称	企业简介	所在地
新希望六和股份有限公司	新希望六和股份有限公司创立于1982年。公司立足农牧行业，注重稳健发展，业务涉及饲料、养殖、肉制品生产及金融投资、商贸等，公司业务遍布全国及越南、菲律宾、孟加拉国、印度尼西亚、柬埔寨、斯里兰卡、新加坡、埃及等近20个国家。	四川
北京大北农科技集团股份有限公司	北京大北农科技集团股份有限公司是1993年创办的农业高科技企业，主要发展以饲料、动保、种业、植保为主体的科技产业，是农业产业化国家重点龙头企业、国家认定企业技术中心、中国饲料工业协会副会长单位、中国畜牧业协会副会长单位、中国动物保健品协会副会长单位、中国种业协会副会长单位、中国农业技术推广协会副会长单位、中关村经济20强企业。	北京

续表

企业名称	企业简介	所在地
中粮饲料（茂名）有限公司	中粮饲料（茂名）有限公司是中粮集团有限公司的全资控股子公司，位于广东省茂名市茂南经济开发区，占地面积3万平方米，拥有两套先进的现代化全价料生产设备及一套原料膨化设备，年生产能力20万吨。公司管理层拥有多名动物营养、饲料加工、兽医等专业的博士、硕士等高学历人才，专业生产、销售“国茂”“高捷”牌猪、鸡、鸭、鱼等全价配合饲料，市场覆盖粤西、海南、广西周边等地区。公司以“用安全原料，造放心饲料；铸科学管理，创一流品牌”为质量方针，建立完整的质量管理体系及食品安全体系，并已经通过ISO9001、HACCP双体系认证。	广东
福建省海新集团有限公司	公司成立于1995年，经过近30年的发展，现拥有23家全资子公司，员工4000多人。公司以饲料加工为龙头，产业链覆盖饲料加工、物流、生猪养殖、肉食品、粮油等五大产业。其中，饲料加工基地主要分布在福建和广东两省，年产量达150万吨，处于中国饲料工业行业百强企业领先地位。	福建
天康生物股份有限公司	天康生物股份有限公司作为首批农业产业化国家重点龙头企业，从1993年成立至今，已发展成为一家集兽用生物制品与动物疫病防治、现代生猪科学育种与养殖、饲料研发与生产、生猪屠宰加工配售于一体的农牧类上市公司。公司是国家高新技术企业、国家农业产业化重点龙头企业、全国饲料工业20强企业，拥有国家生物制品工程实验室、国家饲料加工技术研发中心。天康饲料事业部在西北、华北、东北等区域拥有20座饲料生产基地，2020年饲料产销量近200万吨。	新疆

第四章　休闲农（渔）业

第一节　休闲渔业

休闲渔业是指利用各种形式的渔业资源，通过资源优化配置，将渔业与休闲娱乐、观赏旅游、餐饮美食、生态环境、文化传承、科学普及以及周边产品开发有机结合，向社会提供满足人们休闲需求的服务和产品，主要包括休闲垂钓、共享渔庄、增殖放流体验、赶海拾趣、美丽渔村、渔家民宿、赛事节庆、科普教育、水族观赏、水产购物、鱼鲜美食等。

一、产业发展现状分析

海南渔业资源丰富，生态环境一流，具有独特的渔业文化，滨海旅游基础好，发展海洋休闲渔业优势较为突出。2022年海南休闲渔业产值17.36亿元，同比增长26.96%。全年接待人数756万人次，同比增长47.23%。休闲渔业经营主体560个，同比增长18.9%。海南休闲渔业发展较好的市县主要是琼海、陵水、文昌、三亚、万宁、儋州、昌江、临高等沿海市县，如琼海的潭门渔港、陵水新村渔家风情小镇、三亚蜈支洲岛、文昌湖心港海钓休闲运动中心、万宁小海海钓基地、昌江棋子湾等。

海南休闲渔业由于起步晚，整体规模仍较小，但附加值高、对海洋生态环境也相对友好，发展趋势佳、潜力大，对促进海洋渔业经济高质量发展具有重要带动作用。

二、产业发展有利条件

（一）区位优势

海南岛夏无酷暑、冬无严寒，年均温度22.5—25.6℃，阳光充沛，空气清新；1900多千米的海岸线沿岸有大小港湾68处，岛、洲、礁、滩星罗棋布，海洋渔场面积近30万平方千米；珊瑚礁、红树林、海草床等热带海洋生态系统基本保持其自然属性，生物多样性及生态系统结构相对稳定；海洋渔业资源丰富，本岛近海有鱼类600多种，三沙群岛海域有鱼类1000多种。潭门祭公祭海、儋州调声、陵水疍家等传统渔业文化内容丰富，原生性强；环岛钓场130余处，钓点上千个，海钓资源环境世界一流。

随着海南基础设施日益完善，发展观赏、体验等形式的休闲渔业条件日渐成熟。海南推进自由贸易港建设，迎来重大战略机遇，为休闲渔业的跨越式发展提供了良好的政策保障与营商环境。

（二）政策优势

《海南省"十四五"推进农业农村现代化规划》指出，要加快推动渔业与旅游业深度融合发展，大力发展船舶垂钓、渔事体验等特色休闲渔业，助力海南渔业高质量发展，实现渔业转型、渔民转场。完备休闲渔业专区，用好渔船、渔港、渔村、现代化海洋牧场、深水网箱等重要载体，发展集潜水观光、潜捕、海钓、观赏鱼、海事体验、住宿美食、科普、节庆等多功能于一体的特色休闲渔业。实施"五个一"工程，创建认定一批全国精品休闲渔业示范基地，创建一批海钓赛事基地，创建一批休闲渔业小镇和美丽渔村，创建一批有影响力的赛事节庆活动，投放一批新型休闲渔船（含清洁能源）。大力发展休闲渔船及装备。

《海南省休闲渔业管理办法（试行）》《海南省促进休闲渔业高质量发展三年行动方案》《海南省海洋休闲渔船检验管理规定（试行）》《海南省海洋休闲渔业捕捞许可管理规定（试行）》等四个有关休闲渔业发展的政策文件，构成了海南发展休闲渔业的政策体系，为海南休闲渔业高质量发展奠定了坚实的政策基础。

（三）市场优势

与其他国内旅游业相比，休闲渔业近年来人均消费支出逐年上涨，与长途游相比，人们对短途游的消费需求更大，周边短途游需求进一步增加，休闲渔业将成为城乡居民休闲娱乐的刚需。美国休闲海钓项目一年的营业额高达703亿美元；山东发展休闲渔业经验表明，每开发出一个休闲渔业场所，能够促进渔民转产转业发展27人以上。海钓、摸鱼、赶海、吃渔家海鲜、住渔家民宿、感受渔村文化等将吸引越来越多的人体验休闲渔业的魅力。《2020

抖音数据报告》显示，钓鱼远钓成为抖音用户最爱的休闲运动，相关视频获赞超过8亿次。海南不仅有国际钓鱼运动协会（IGFA）认定的“世界第三大海钓钓场（七洲列岛-大洲岛）”，有“海钓圣地”南海西沙钓场，还有大小30余个垂钓资源丰富的一流钓场。三沙群岛海域金枪鱼等大型鱼类的钓法能与国际流行的海钓活动接轨，对国外海钓爱好者有非常大的吸引力。

三、产业发展利好分析

（一）个人所得税

见附录1　个人所得税

（二）企业所得税

见附录1　企业所得税

（三）“零关税”

见附录1　“零关税”

（四）扶持措施

1. 激励措施

根据《海南省人民政府办公厅关于印发海南省促进经济高质量发展若干财政措施的通知》，有以下奖励。

（1）规上奖励。对从2021年起营业收入首次突破5000万元、1亿元、1.5亿元、2亿元的热带特色高效农业企业，分别给予50万元、80万元、100万元、120万元一次性奖励。

（2）支持旅游业高质量发展。旅游业项目年度固定资产投资2000万元以上的，按照其年度固定资产投资额的5%给予最高2000万元奖励。对新获得省认定的旅游小镇奖励100万元。对成功创建国家级夜间文化和旅游消费集聚区、省级夜间文化和旅游消费集聚区、国家级休闲旅游街区的分别给予300万元、200万元、100万元奖励。对新评定的椰级乡村旅游点，在中国特色旅游商品大赛和中国旅游商品大赛中新获金、银、铜奖项的旅游企业，新评定的五星级、四星级酒店，新评定的“金宿级”“银宿级”的民宿分别给予50万元至10万元不等的奖励。

（3）发展热带特色高效农业支持奖励。对田园综合体（共享农庄）等产业融合项目，给予500万元奖补。

（4）共享渔庄发展奖励。《海南省休闲渔业管理办法（试行）》将共享渔庄纳入共享农庄政策支持范围。根据《海南省农业农村厅海南省财政厅关于印发海南省农业发展相关奖补资金管理实施细则的通知》，省级共享农庄认定或任意一次监测合格的当年及上一年实际投资额合计超过1000万元（含）的，按照实际投资总额的10%进行一次性奖补，最高金额不超过500万元。新认定的省级共享农庄可在下一年或任意一次监测合格的下一年申请奖补。

（5）加快渔业转型升级促进海南渔业高质量发展措施。《海南省人民政府办公厅关于印发加快渔业转型升级促进海南渔业高质量发展若干措施的通知》提出：省级每年组织评定精品休闲渔业示范基地和海钓赛事基地，并按照实际投资额的20%给予不超过500万元一次性奖补。通过政府购买服务方式支持休闲渔业实训基地实施渔民职务船员、职业技能素质、安全应急等培训项目。鼓励保险机构探索开展休闲渔业保险试点。大力支持休闲渔业文创产业发展，对文创产品年度营业收入500万元以上的我省企业，给予20万元一次性奖励。

（6）海洋休闲渔业船网工具指标

根据《海南省休闲渔业管理办法（试行）》和《海南省海洋休闲渔业捕捞许可管理规定（试行）》，海南省农业农村厅下达了2022—2025年海南省海洋休闲渔业船网工具指标，全省13个市县共155032千瓦，共1045艘船。

2. 地方扶持政策

（1）文昌冯家湾现代化渔业产业园

土地政策。对于产业园重点鼓励的休闲渔业企业，在土地供应方面可根据类别采取先租后让、弹性年期等差别化供地方式，在保障项目建设用地需求的同时降低土地使用成本。企业用于产业发展300亩以上用地（建设用地不超过100亩）的项目，由市政府根据园区渔业产业融合发展需要，按照“一企一策”的议事规则对建设方案等具体情况进行研究确定。

前期扶持。对入园用地的企业（机构）项目前期工作经费（项目可行性报告、环境影响评价报告、节能评估报告、安全评估报告、勘察、设计和相关论证等费用）一次性补贴，按合同约定时间内完成项目建设并投产的，按项目建安费1%进行补助，同一项目如有不同性质用地可叠加补助，最高不超过100万元。

投资扶持。按照合同约定完成建设并达到投产条件的休闲渔业项目，固定资产投资5000万元以上的，按照实际固定资产投资额的1%一次性给予奖励，最高不超过300万元。

运营扶持。自注册或迁入的企业按上一年度产值给予奖励，连续奖励5年，产值大于等于200万元且小于等于500万元的奖励5万元/年，产值大于500万元且小于等于2000万元的奖励8万元/年，产值大于2000万元且小于等于5000万元的奖励10万元/年，产值大于5000万元且小于等于1亿元的奖励15万元/年，产值大于1亿元的奖励20万元/年。注册或迁入的协会或社会公益组织按以上一年度投入经费并实际开展社会活动的给予一次性奖励，获得经费大于等于50万元且小于等于200万元的奖励3万元，当年获得经费大于200万元的奖励5万元。

金融扶持。支持休闲渔业项目的企业贴息借款，参照人民银行同期贷款基准利率给予30%一次性贴息补助，单一企业贴息最高不超过100万元。

招商扶持。通过企业招商方式成功引进休闲渔业产业项目，在享受市级政策的基础上，对负责招商的企业，按项目完成固定资产投资2000万—5000万元的奖励10万元，项目完成固定资产投资0.5亿—1亿元的奖励15万元，项目完成固定资产投资1亿—2亿元的奖励20万元，项目完成固定资产投资2亿元以上的奖励25万元。

总部扶持。依据《海南省总部企业认定管理办法》，对落户产业园的跨国公司地区总部、综合型（区域性）总部、高成长型总部，按实际缴纳资本分5年给予开办补助：实缴资本小于或等于5000万元的部分，补贴1.5%；实缴资本大于5000万元且小于或等于2亿元的部分，补贴2.5%；实缴资本大于2亿元的部分，补贴3.5%。补贴最高总额不超过2000万元。

人才扶持。全职引进人才奖励标准为：A类人才400万元/人，B类人才320万元/人，C类人才240万元/人，D类人才160万元/人，E类人才80万元/人。柔性引进人才奖励标准为：A类人才200万元/人，B类人才160万元/人，C类人才120万元/人，D类人才80万元/人，E类人才40万/人。奖励按照5年服务期分五次等额发放，服务期每满12个月发放一次。对入园全职工作的海南自由贸易港E类及以上人才，以及兼职的正高级研究员/教授及以上人才，在文昌享受落户、医疗、购房、教育“一事一议”待遇服务。

（2）琼海市扶持休闲渔业政策

根据《琼海市人民政府关于印发琼海市2021年休闲渔业试点项目财政扶持实施方案的通知》（海府函〔2021〕739号）提出采取“先建后补、以奖代补”的方式，按照运营主体投入的休闲渔业试点项目固定资产投资总额（含基础设备与基础设施工程），给予一定比例政策性财政补助。投资总额300万元以上的，按60%给予财政性资金补助；投资总额200万—300万（含）元的，按50%给予财政性资金补助。补助资金上限为200万元/个。

四、产业发展策略

（一）共享渔庄

围绕海南独具特色的传统渔业文化，打造集观光、休闲、垂钓、娱乐、住宿、餐饮于一体的共享渔庄。

（二）海钓赛事基地

建设环岛海钓赛事基地，配套新型休闲游钓船艇和设备设施。建设休闲渔业船舶公共码头与港池、运管中心、接待中心、功能区域、休闲垂钓平台（浮台）及相关配套服务设施；建立国家级海钓赛事，打造海南休闲海钓及海钓赛事名片，逐渐融入并打造国际海钓大赛新地标名片。

（三）渔业小镇和美丽渔村

通过对休闲渔业特色小镇全产业链建设，打造渔民民俗和渔家乐，开发休闲基地、户外运动、海上游钓、赶海体验等休闲产品，发展集观光旅游、科普教育、文化创意、民俗美食于一体的休闲渔业特色小镇和美丽渔村。

（四）精品赛事活动

通过开展赛事展览、运动培训和休闲体验，打造国际一流的培训和赛事基地，培育、打造和举办有影响力的国际国内垂钓（海钓）赛事，如“海南国际海钓大赛”“中国海钓大赛”等，发展亲子游钓、家庭游钓等休闲垂钓赛事活动。

五、案例分析

（一）企业简介

某休闲渔业有限公司布局有现代海洋牧场、苗种繁育、海水养殖、休闲渔业、水产品贸易、海洋装备制造等业务领域，率先建成集养殖、观光、垂钓、住宿、餐饮、娱乐、科普、科研等于一体的现代化海上综合体。企业休闲渔业板块有员工500人。

（二）投资优势

1. 个人所得税

结合海南自由贸易港个人所得税政策给予的个人所得税优惠减免可知，水产繁育公司高层人员若年薪超过47.2万元可享受个人所得税优惠政策红利。若年度工资薪金的税前收入为100万元，按照我国现行的个人所得税法计算，扣除年度费用、五险一金、专项附加等税法允许扣除的项目，全年应纳税所得额为80万元，全年应纳税额为19.4万元。若按海南自由贸易港个人所得税优惠政策计算，则全年应纳税额为80万×15%=12万元，实际税负超过15%的部分为19.4万元-12万元=7.4万元，免征7.4万元。

2. 企业所得税

与我国法定企业所得税税率25%相比，海南自由贸易港企业所得税优惠政策适用税率15%，政策适用企业税后利润可增加10%以上。相较同为自由贸易港的中国香港、新加坡企业所得税税率分别为16.5%与17%，海南自由贸易港企业所得税政策对国内外企业均具有一定吸引力。

以在海南开展水产苗种繁育销售公司经营发展五年为基数，企业所得税在内地缴纳25%，海南自由贸易港企业所得税优惠政策适用税率15%，五年经营可累计节约1221万元（见表4-1）。

表4-1 休闲渔业公司所得税对比

（单位：万元）

营业时间	第一年	第二年	第三年	第四年	第五年	累计缴纳
营业收入	5000	5500	6050	6655	7320	—
营业成本	3000	3300	3630	3993	4392	—
内地设厂企业所得税	500	550	605	665.5	732	3052.5
海南设厂企业所得税	300	330	363	399.3	439.2	1831.5

备注：内地设厂企业所得税税率为25%，海南设厂企业所得税税率为15%。

3. “零关税”

通过对该企业休闲渔业产业板块的调研，可知该企业在休闲渔业产业方面的装备如休闲渔船、钓鱼艇、海钓船均可从日本等国进口，享受海南自由贸易港优惠政策。粗略估算从国外进口钓鱼艇及钓竿可节约约3.92万元的成本，如表4–2所示。

表4–2　主要休闲渔业设备优惠对比情况

设备种类	进口价格（万元）	进口最惠国税率（%）	进口增值税（%）	海南可优惠金额（万元）
钓鱼艇	7—10	10	13	2.43
钓竿	1—2	6	13	1.49
合计	—	—	—	3.92

备注：海南可优惠金额取进口设备价格区间的上限统一估算。

（三）奖补措施分析

依据海南省现行的各类休闲渔业奖补政策，企业预计可获得的补贴分类如表4–3所示。

表4–3　休闲渔业企业可获得的奖补优惠

类　别	最高金额（万元）
旅游业高质量发展奖励	2000
旅游小镇奖励	100
椰级乡村旅游奖励	50
田园综合体（共享农庄）等产业融合奖励	500
共享渔庄	500
精品休闲渔业示范基地和海钓赛事基地奖补	500
休闲渔业文创产业奖补	20

六、操作指南

（一）落户指南

1. 登记注册

见附录3　登记注册

2. 人才认定

见附录3　人才认定

（二）兑现指南

针对休闲渔业在海南可享受个人所得税、“零关税”政策、所得税优惠政策和产业配套等财政奖补政策兑现，责任部门、流程内容、提交材料如下。

1. 个人所得税

见附录4　个人所得税申报

2. 企业所得税

见附录4　企业所得税申报

3. “零关税”

见附录4　“零关税”申报

4. 激励措施

（1）高质量发展激励

见附录4　高质量发展激励

（2）《海南省促进休闲渔业高质量发展三年行动方案》

工作目标

至2025年，建设8个精品休闲渔业示范基地，培育10个共享渔庄，建设4个海钓赛事基地，建设12个休闲海洋牧场，创建7个休闲渔业特色小镇试点，培育30个美丽渔村，全省休闲渔船达到500艘、休闲渔船停靠码头达到10个，海上养殖休闲渔业平台养殖水体体积达到12万立方米，转产渔民达到10000人，休闲渔业产值在2020年的基础上增长两倍，休闲渔业接待人数年均增长50%以上、达到1700万人次，培育国际旅游消费中心热带休闲渔业亮丽品牌，推进全省休闲渔业实现高质量发展。

保障措施

①强化组织领导；②强化要素保障；③强化安全监管；④强化宣传引导。

（3）规上奖补

见附录4　规上奖补工作程序

（三）落地指南

1. 休闲渔庄

根据《海南省休闲渔业管理办法（试行）》，将共享渔庄纳入共享农庄政策支持范围。

申报材料

营业执照、事业单位法人证书、民办非企业单位登记证书、身份证等；

申请食品经营许可证，从海南政务服务网下载或市监局获得食品经营许可证申请书；

向卫健委申请获得的二次供水单位卫生许可；

向卫健委申请获得的海南省公共场所卫生许可；

申请人自备的建设项目设计卫生审查/验收认可书；

申请人自备的公共场所地址方位示意图、平面图和卫生设施平面布局图（不可手绘画，加盖公章，原件和复印件各一份）；

经营场所平面图（标明设施设备布局）（手签：经营者名称；申请人是法人或其他组织的由法定代表人签字并盖公章；申请人是个体工商户的由业主本人签字并按手印）；

工艺流程图；

主要设备和设施的目录清单（加盖公章）；

保证食品安全的规章制度；

卫生设施的配置说明，包括卫生设施的配置（数量、位置）及运转情况；

合格公共场所卫生检测或评价报告，由取得资质（计量认证合格）的机构出具的一年内的合格公共场所卫生检测或评价报告；使用集中空调通风系统的，还应当提供一年内的集中空调通风系统卫生检测或评价报告，原件和复印件各一份；

从业人员健康合格证明（由卫生健康部门出具）；

水质检验合格报告（自备）；

卫生管理机构（或组织）及专兼职卫生管理人员配置情况（自备）；

公共场所卫生管理制度（自备，加盖公章）；

告知承诺书（审批局提供，加盖公章）；

卫生管理制度（自备，包括岗位卫生责任制，清洗、消毒、保洁制度，从业人员健康体检和卫生知识培训制度等）；

食品经营场所使用承诺书，从海南政务服务网下载或市监局获取；

告知承诺制申请食品经营许可自查表（餐饮服务经营者、单位食堂），从海南政务服务网下载或市监局获取；

告知承诺制申请食品经营许可告知承诺书，从海南政务服务网下载或市监局获取。

2. 休闲渔业用海审批

根据海南省自然资源和规划厅、海南省生态环境厅和海南省农业农村厅联合发布的《关于进一步做好渔业用海审批等有关工作的补充通知》（琼自然资函〔2020〕2908号），在海南开展海水养殖、海洋牧场、休闲渔业等用海审批相关事宜如下。

（1）市县自然资源和规划部门会同生态环境部门、农业农村部门，根据渔业用海需求，选划符合省和市县总体规划（或国土空间规划）、水域滩涂养殖规划、生态红线管控要求等的渔业用海区域。

（2）市县农业农村部门负责委托有关技术单位对选划的渔业用海海域进行整体海域使用论证和海洋环境影响评价，分别报市县自然资源和规划部门、生态环境部门（或审批部门）审查（审批）。单位和个人在划定的渔业用海区域范围内申请渔业用海时不再进行海域使用论证（围海养殖、建设人工鱼礁或省级以上人民政府审批的养殖用海项目等除外）和海洋环境影响评价。

（3）海洋牧场中用于建设人工鱼礁的用海方式为透水构筑物用海，按人工礁体占用部分计算用海面积，海域使用金按透水构筑物征收标准的80%计算；礁体之间海域用海方式为开放式用海，海域使用金按开放式养殖用海标准征收。

3. 海域使用权审核

《海南省实施〈中华人民共和国海域使用管理法〉办法》第十一条规定，下列项目用海，应当报省人民政府审批：填海50公顷以下的项目用海；围海27公顷以上、100公顷以下的项目用海；不改变海域自然属性200公顷以上、700公顷以下的项目用海；跨沿海市、县、自治县的项目用海；其他应当由省人民政府批准的项目用海。

下列项目用海，应当报沿海市、县、自治县人民政府审批：围海27公顷以下的项目用海；不改变海域自然属性200公顷以下的项目用海。本省审批权限以外的项目用海，应当经省人民政府审核后，报国务院审批。省和沿海市、县、自治县人民政府审批近岸海域的项目用海，应当遵循切实保护、合理利用、节约利用岸线和近岸海域的原则，符合国家有关海域使用技术规范。

（1）受理条件

单位和个人在本省行政区内的海域持续使用特定海域3个月以上排他性用海活动的审批出让，属海南省审批权限内的适用本审核事项。

（2）申报材料

由项目所在市县自然资源主管部门提出的项目用海申请审核文件，核对是否包含用海季报情况及受理初审情况及意见，是否加盖公章；

由市县自然资源主管部门出具的初审意见及初审时提交的所有材料；

由市县人民政府出具的《项目所在地市县人民政府意见》（加盖公章）；

申请人自行出具的《海域使用论证报告书或报告表》（加盖公章）；

申请人自行出具的，属经营性用海的，须提交海域价值评估报告（加盖公章）。

（3）需要注意的事项

《中华人民共和国海域使用管理法》第二十五条规定，海域使用权最高期限，按照下列用途确定：养殖用海十五年；拆船用海二十年；旅游、娱乐用海二十五年；盐业、矿业用海三十年；公益事业用海四十年；港口、修造船厂等建设工程用海五十年。

4. 海洋休闲渔业捕捞许可

根据《海南省海洋休闲渔业捕捞许可管理规定（试行）》，海洋休闲渔船，是指取得休闲渔业捕捞许可的可承载游客在核定的活动水域开展休闲垂钓等非生产性渔业活动的船舶。本省对海洋休闲渔船实行船网工具控制指标管理，实行捕捞许可证制度和捕捞限额制度。

海洋休闲渔船按船长分为以下三类：

大型海洋休闲渔船船长大于或者等于24米；

中型海洋休闲渔船船长大于或者等于12米且小于24米；

小型海洋休闲渔船船长小于12米且大于或者等于8米。

制造、更新改造、购置海洋休闲渔船，应当取得船网工具指标。非海洋渔业船舶不得改造为海洋休闲渔船。

海洋休闲渔船的建造、更新改造、购置、报废拆解等业务由市、县、自治县休闲渔业主管部门审批。海洋休闲渔船跨市县买卖的，由买入地市、县、自治县休闲渔业主管部门审批，并分配相应的船网工具指标，原海洋休闲渔船工具指标由原船籍港所在地市、县、自治县休闲渔业主管部门统筹使用。

（1）海洋休闲渔船船网工具指标申请规定

申请海洋休闲渔船船网工具指标，应当向户籍所在地、法人或非法人组织登记地的市、县、自治县休闲渔业主管部门提出，提交船网工具指标申请书、申请人户口本或者营业执照，以及法定代表人的身份证、户籍证明等，并按以下情况提供资料。

申请制造海洋休闲渔船的需提供：船舶建造设计图纸（包括总布置图、渔捞设备布置图和船体说明书等主要图纸），设计图纸应依法经有审批权限的部门批准，在图纸上有图纸审查批准印章或者有单独出具的图纸审批函。

申请购置海洋休闲渔船的需提供：被购置海洋休闲渔船的检验证书、国籍证书和所有权登记证书；被购置海洋休闲渔船的捕捞许可证注销资料；被购置海洋休闲渔船的船网工具指标注销资料；海洋休闲渔船交易合同；买售双方法定代表人身份证、户籍证明及营业执照等。

申请更新改造海洋休闲渔船的需提供：海洋休闲渔船的检验证书、国籍证书和所有权登记证书；海洋休闲渔业捕捞许可证注销资料；船舶建造设计图纸（包括总布置图、渔捞设备布置图和船体说明书等主要图纸），设计图纸应依法经有审批权限的部门批准，在图纸上有图纸审查批准印章或者有单独出具的图纸审批函。

海洋渔业船舶改造为休闲渔船的，还需要提供原渔业船舶船网工具指标及相关证书证件注销资料。

购置并制造、购置并更新改造海洋休闲渔船的，应当同时按照制造、更新改造和购置渔船的要求提供相关材料。

大、中、小型休闲渔业船网工具指标可互相转换，海洋休闲渔船的船网工具指标不得转换为捕捞渔船及捕捞辅助渔船的船网工具指标。

（2）休闲渔业捕捞许可证

休闲渔业捕捞许可证核定的作业类型为钓具，作业方式为垂钓，不得使用其他作业类型和方式进行作业。

休闲渔业捕捞许可证作业场所不得超出船舶检验证书实际核定的航区，原则上不得跨市县活动。

海洋休闲渔船捕捞渔获物应符合海洋休闲渔船定点渔港所在地市、县、自治县休闲渔业主管部门关于最小可捕标准及幼鱼比例的管理要求。

休闲渔业捕捞许可证由市、县、自治县休闲渔业主管部门审核发放。申报材料：海洋休闲渔业捕捞许可证申请书；船舶所有人户口簿或者营业执照；海洋休闲渔业船舶检验证书、国籍证书和所有权登记证书；海洋休闲渔业船网工具指标批准书。

休闲渔业捕捞许可证有效期不得超过海洋休闲渔船检验证书有效期。

七、企业分布

国内部分休闲渔业企业分布情况如表4-4所示。

表4-4　国内部分休闲渔业企业分布情况

企业名称	企业简介	所在地
黑龙江北鱼渔业集团有限公司	公司成立于2008年，是隶属于黑龙江省旅游投资集团的国有控股企业。北鱼集团是一家以“渔业养殖+休闲渔业”为核心的综合性水产养殖全产业链企业，目前拥有五大养殖基地、近80万亩水域面积，未来三年预计达到300万亩规模。旗下公司先后与通威集团、阿里集团盒马鲜生、顺丰集团合作，龙江淡水鱼产品已经进驻阿里集团盒马鲜生，并与之建立了全国市场的长期合作关系。同时在哈尔滨、深圳、上海筹建龙江鱼新零售体验店，并计划与首农集团建设龙江鱼北京大仓。	黑龙江
广州栖凤渔业有限公司	公司成立于2018年，原本是一家以出海捕捞、渔业机械、船舶运输服务等为主要业务的渔业企业。目前拥有七艘50米长的大型围网渔船（造价约1400万—1500万元/艘），长年在南海海域进行捕捞作业，主要以捕捞带鱼、白鲳鱼、鮸鱼等底层鱼类为主。从2020年开始，公司开始转型拓展休闲渔业项目，目前已拥有两艘休闲渔船用于观光旅游和海钓休闲，在广州番禺区投入2000多万元用于休闲渔业项目打造。	广东

续表

企业名称	企业简介	所在地
山东海洋现代渔业有限公司	公司是省属大型国有企业山东海洋集团有限公司的全资子公司，成立于2018年11月。公司以践行将山东省建设为海洋强省、推动新旧动能转换、实施乡村振兴战略为己任，以科技创新推动海洋渔业转型升级，建有山东省现代海洋渔业工程技术协同创新中心，拥有国家级海洋牧场示范区1处、省级海洋牧场示范区2处，获批国家级水产原种场、国家级水产健康养殖和生态养殖示范区等荣誉称号10余项，荣获国家科学技术进步奖二等奖等国家级、省部级奖项20余项。公司现已布局现代海洋牧场、苗种繁育、海水养殖、休闲渔业、水产品贸易、海洋装备制造等业务领域，建设运营国际一流、国内领先的现代化海洋牧场综合体平台，掌握优质海水鱼养殖研发核心技术，着力打造现代渔业产业园，提供高端养殖设备、生态围栏设计生产一站式服务，发展成为一家具有重要行业地位和影响力的现代化海洋渔业企业。公司以产业多元融合发展为目标，在业内率先建设集养殖、观光、垂钓、住宿、餐饮、娱乐、科普、科研等于一体的现代化海上综合体。	山东
武汉市梁子湖水产集团有限公司	公司成立于1998年5月，集渔、工、商、贸、水环境治理、旅游休闲、房地产开发于一体。集团公司下辖10个子公司，集团注册资本5336.66万元，资产总额26399.29万元。通过了ISO9001国际质量体系认证和ISO14001国际环境体系认证。集团完成了由“水产养殖”向“水体养护”的产业转型，形成了以全域29.3万亩湖泊水体养护为主体，生态养殖、水产技术示范、水产品加工与流通、商贸以及房地产、都市农业发展、水环境治理等多轨并行的产业格局，并开发游钓、宾馆、餐饮、休闲娱乐等服务。	湖北
威海西港水产有限公司	公司建于1958年，主要经营玻璃钢船艇制造、海水增养殖、旅游服务、酒店餐饮、休闲渔业、冷藏加工、建筑和房地产开发、海洋食品研发等，被认定为威海市农业产业化重点龙头企业。公司先后被评为“中国较大规模乡镇企业”“中国较高利税总额乡镇企业”“中国休闲渔业旅游杰出企业”“山东百强私营企业”“山东省消费者满意单位”“省级守合同重信用企业”“威海市百佳诚信单位”等。	山东

第二节　共享农庄

共享农庄是以充分涵盖农民利益的经济组织形式为主要载体，以各类资本组成的混合所有制企业为建设运营主体，以移动互联网、物联网等信息技术为支撑，以农业和民宿（或乡村住宿场所）共享为主要特征，集绿色循环农业、创意农业、立体农业、农事体验、众筹认养、文化传播、旅游观光、科普教育、休闲度假、养生养老、产品展销等于一体，让农民、投资者、消费者广泛参与和共同受益的乡村振兴综合经营发展模式。

一、产业发展现状分析

截至2023年3月30日，海南已通过认定的共享农庄有60家。其中，海口市8家，澄迈县、三亚市、五指山市各5家，东方市、陵水黎族自治县、万宁市各4家，其他市县分别有3家及以下。全省共享农庄农业基地面积达223万亩，种植养殖主要品种有石斛、芒果、荔枝、菠萝、火龙果、咖啡、文昌鸡、海南猪等特色农产品。永兴黄皮、三亚芒果、澄迈福橙、保亭红毛丹等多个品种获得农业农村部农产品地理标志认证。2022年全省正常营业的共享农庄年营业收入12.7亿元，年带动农户3万户、带动农民固定就业人数2.2万人。

二、产业发展有利条件

（一）区位优势

海南属热带海洋性季风气候，年平均气温22.5—25.6℃，年光照1750—2650小时，全年暖热无冬。具有全国独一无二的热带雨林资源，生物多样性丰富，森林覆盖率高达62.1%。温泉泉质多样、水量充沛、开发潜力巨大。热带特色高效农业优势明显，品种多元，产品质量上乘。滨海、气候、温泉、森林、南药、农业等资源组合良好，民俗文化丰富多样，农文旅融合发展前景广阔，适合发展休闲康养产业的共享农庄。

（二）政策优势

《海南省人民政府关于以发展共享农庄为抓手建设美丽乡村的指导意见》明确了共享农庄发展的整体思路、建设内容、开发建设模式、运营机制、融资模式、农民共建共享机制和扶持政策等内容，为共享农庄的发展奠定了坚实的制度基础。《关于进一步支持共享农庄发展的十一条措施》从“加强规划引导、完善报建机制、统筹用地保障、完善供地模式、简化用地审批手续、统筹推进产业发展与基础设施建设、拓宽经营发展模式、健全财政支持政策、创新金融产品和服务、规范建设和运营监管、强化组织领导”等方面对共享农庄的建设和经营发展进行政策扶持。

（三）市场优势

海南共享农庄市场优势明显，以观光旅游为基础，以休闲度假为重点，农文旅融合创新发展的特色旅游产业体系初步形成，“吃、住、行、游、购、娱”配套齐全的度假旅游接待设施与服务体系已基本建成，海、陆、空交通体系，公共服务设施逐步完善，服务人员数量不断增加、素质不断提升，为海南共享农庄产业的发展奠定了良好基础。

三、产业发展利好分析

（一）个人所得税

见附录1　个人所得税

（二）企业所得税

见附录1　企业所得税

（三）“零关税”

见附录1　“零关税”

（四）扶持措施

1. 激励措施

根据《关于进一步支持共享农庄发展的十一条措施》《海南省人民政府关于支持产业项目发展规划和用地保障的意见》《海南省人民政府关于支持美丽乡村建设的若干意见》等文件，有以下激励措施。

（1）用地保障

支持市县在村庄（农场居、生产队）规划编制中，在不突破规划指标规模的前提下，安排不超过5%的建设用地机动指标，用于保障共享农庄等乡村产业项目建设。

在符合国土空间规划的前提下，允许共享农庄项目中涉及的加工、仓储、研发、办公、商业等用途混合利用。

对共享农庄项目涉及厕所、污水处理、垃圾储运、供电、供气、通信、电子监控等零星公共服务设施（占地面积不超过100平方米）及观光台、栈道等非永久性附属设施用地，在不占用林地和永久基本农田的情况下，用地可采取“只征不转”或“不征不转”的方式，按照土地现状用途管理，由项目用地单位与土地权利人依法签订土地使用合同，明确双方种植、养殖、管护与经营等土地使用关系。

满足条件：相关用地用于共享农庄。

（2）税收减免

对在城镇土地使用税征收范围内，直接用于采摘和农业观光的种植、养殖、饲养的土地，免征城镇土地使用税。

对利用经批准的开山整治土地及改造废弃土地发展的休闲农业、共享农庄和乡村旅游项目，从使用的月份起10年内免征城镇土地使用税。

符合条件的从事休闲农业和乡村旅游的小型微利企业，按国家规定给予税收优惠支持。对农业生产者销售的自产农业产品免征增值税。

满足条件：土地和住房用于发展休闲农业。

2. 奖补措施

（1）共享农庄项目奖补

见附录2　共享农庄项目奖补

（2）规上奖补

见附录2　规上奖补

（3）农机购置补贴

见附录2　农机购置补贴

3. 地方扶持措施

根据《三亚市农业农村局关于印发三亚市2023年休闲农业活动奖励措施的通知》，有以下奖补措施。

满足条件：对已经获得海南省共享农庄（含试点）等休闲农业经营主体在2023年开展的灯展（会）、美食节、嘉年华、摄影节、文化节、花卉展等各类休闲农业旅游推广活动按照实际营收情况等综合效益进行奖补。

对于实际营收的界定，具体指企业及其合作单位因活动的开展而获得的实际收入，包括但不限于门票、餐饮收入、住宿收入等。

奖补标准：活动实际营收≥200万元的，按实际营收的10%进行奖补，以审计结算为准；

活动实际营收≥100万元，且<200万元的，按实际营收的8%进行奖补，以审计结算为准；

活动实际营收≥50万元，且<100万元的，按实际营收的6%进行奖补，以审计结算为准。

四、产业发展策略

（一）依托自然资源优势发展

海南是全国唯一的热带岛屿省份，自然景观众多，旅游景点遍布全岛。独特的气候条件、生态条件和旅游资源，为海南打造生态宜居、宜业、宜游的共享农庄提供了良好的基础，适合依托自然资源优势发展休闲康养产业。

（二）依托热带农业产业发展

热带特色高效农业是海南自由贸易港四大主导产业之一，热带经济作物发展优势明显，种类繁多，品质优良；畜禽产业发展特色鲜明，亮点突出；水产产业发展丰富多样，需求旺盛，适合依托热带农业产业融合发展休闲康养产业。

（三）依托热带农业文化发展

海南热带农业文化底蕴深厚，历史悠久，梯田稻作、茶种植、千年晒盐工艺、疍家渔业生产、羊山荔枝种植、山兰稻种植等特色农业文化遗产丰富，适合依托热带农业文化发展休闲康养产业。

五、案例分析

（一）企业简介

某企业注册资金2000万元，经营业务包括共享农庄，该业务实际投资金额为1200万元，2022年研发经费增量100万元，占地500亩。其中，农业占地300亩，主要种植柠檬等，业务聚焦在热带高效农业种植、乡村休闲旅游、芳香文化体验等，现已通过海南省共享农庄的正式认定和监测。

（二）投资优势

1. 个人所得税

根据《财政部 税务总局关于海南自由贸易港高端紧缺人才个人所得税政策的通知》等文件，在2025年前，对在海南自由贸易港工作的高端人才和紧缺人才，其个人所得税实际税负超过15%的部分，予以免征。2035年前，对一个纳税年度内在海南自由贸易港累计居住满183天的个人，其取得来源于海南自由贸易港范围内的综合所得和经营所得，按照3%、10%、15%三档超额累进税率征收个人所得税。

2. 企业所得税

根据《关于海南自由贸易港企业所得税优惠政策的通知》等文件，2025年前，该共享农庄按15%征收企业所得税；2025年后，减按15%征收企业所得税。

3. “零关税”

根据《财政部税务总局关于印发〈海南自由贸易港旅游业、现代服务业、高新技术产业企业所得税优惠目录〉的通知》，对实行“零关税”清单管理的货物及物品，免征进口关税、进口环节增值税和消费税。对企业进口自用的生产设备，实行“零关税”负面清单管理。对岛内进口用于生产自用或以“两头在外”模式进行生产加工活动（或者服务贸易过程中）所消耗的原辅料，实行“零关税”正面清单管理。2025年全岛封关运作、简并税制后，对进口征税商品目录以外、允许海南自由贸易港进口的商品，免征进口关税。

（三）奖补措施分析

根据海南省现行的各类共享农庄奖补措施，预计可获得的补贴分类如表4–5所示。

表4–5　共享农庄奖补优惠

类　别	最高金额（万元）
海南省支持热带特色高效农业发展奖补资金	120
高新技术企业研发补贴	30
高新技术企业落地补贴	60

续表

类　别	最高金额（万元）
高新技术企业土地补贴	市政府地租收益部分全免
在城镇土地使用税征收范围内，该企业直接用于采摘和农业观光的种植、养殖、饲养的土地	免征城镇土地使用税

六、操作指南

（一）落户指南

共享农庄落户手续比照一般企业执行。

1. 登记注册

见附录3　登记注册

2. 人才认定

见附录3　人才认定

（二）政策兑现指南

1. 个人所得税

见附录4　个人所得税申报

2. 企业所得税

见附录4　企业所得税申报

3. “零关税”

见附录4　“零关税”申报

4. 奖补措施

（1）规上奖补

见附录4　规上奖补工作程序

（2）农机购置补贴

见附录4　农机购置补贴工作程序

（3）三亚市2023年休闲农业活动奖励

各休闲农业示范点自主申报，提交三亚市休闲农业旅游活动奖励申报书及相关佐证材料。奖励申报材料受理分2个时间段：上半年活动奖励申请在6月30日前完成提交；下半年活动奖励申请材料在10月15日前完成提交。上半年奖励资金发放完成，则不再进行下半年活动奖励申请。区农业农村局负责做好奖励材料初审工作。市农业农村局根据各休闲农业示范点申报及区农业农村局初审情况做好复审，并形成奖励清单进行公示，公示时间为5个工作日。公示无异议后由市农业农村局负责兑付奖励资金。

提交材料：三亚市休闲农业旅游活动奖励申报书及相关佐证材料；三亚市休闲农业旅游活动奖励申报书。

（三）落地指南

根据2022年《海南共享农庄认定和运行监测管理暂行办法》，海南共享农庄的认定每年开展一次，监测每两年开展一次。

1. 共享农庄认定

申请主体

经市场监管部门依法登记注册且经营范围包括农村民间工艺及制品、休闲农业和乡村旅游资源的开发经营性企业、农民专业合作社、村集体经济组织、家庭农场等组织。

申请条件

①建设模式包括以民宿为基础的村庄模式和以农业为基础的基地模式，共享农庄根据建设模式应满足下列条件之一。

——村庄模式基本要求：利用村庄（农场居、生产队）村（居）民自有住宅、村集体经济组织房舍或其他设施建设民宿等乡村住宿场所，能提供20间以上客房；具有较强休闲旅游吸引力、宜居度假以及服务能力；农业生产区域不少于100亩（以休闲渔业活动为经营项目的除外）。

——基地模式基本要求：带动农户种植1000亩以上或发展相关产业，核心生产基地面积不少于200亩，相对集中连片（以休闲渔业活动为经营项目的除外）；能提供10间以上客房，如不具备建设条件，可采用帐篷、房车等替代方式满足消费者住宿需求，确保运营3个月以上，或利用具备便利交通条件的邻近村庄（农场居、生产队）内的住宿设施解决住宿。

②管理服务体系健全，组织架构及管理规章制度健全，服务人员符合各岗位的规范和要求，每年对农庄员工培训2次以上。

③经营状况良好，具有较好经济效益、社会效益及生态效益：年经营收入应达到300万元以上；带动农户100户以上；直接吸纳本省农民就业20人

（连续就业3个月以上）以上，或年提供劳务用工6000人次（含季节性用工）以上；涉及固定资产投资指标，应登录国家统计局联网直报平台报送投资数据。

有下列情形之一的，不予受理。

①无农业产业的；

②占用永久基本农田、生态保护红线的；

③经营场所占用饮用水水源保护区的；

④不符合生态环境保护要求的，生活生产垃圾、农业面源污染等不能无害化处理的；

⑤以共享农庄为名建设私人会所、别墅大院、商品住宅等房地产项目的；

⑥两年内发生重大农产品质量安全事件的；

⑦两年内发生重大安全生产事故的；

⑧有其他违法违规情形的。

申请程序

①申请：申请主体按照省工作专班办公室有关要求向市县工作专班办公室（市县农业农村局）提出申请，报送相关材料。

②审核：市县工作专班办公室对申请主体材料真实性、完整性、规范性进行审核并评分，组织召开市县工作专班会议研究后出具审核意见。

③推荐：市县工作专班以正式文件向省工作专班办公室报送拟推荐的海南共享农庄名单及申请材料。

申请材料

①海南共享农庄认定（监测）申请表；

②海南共享农庄认定（监测）评分表，自评时对得分指标提供证明材料；

③申请主体证明材料（营业执照或电子营业执照）；

④征信报告，申请主体须提供中国人民银行出具的企业征信报告；

⑤纳入实用性村庄规划证明材料（如有，请提供）；

⑥申请主体所获得的有关称号证书。

除以上基础材料外，相应得分项中的经营收入证明材料应提供资产和财务状况审计报告书；农庄土地产权证明材料应提供建设用地及土地、房屋等承包或流转、租赁合同证明等；带动农户证明材料应提供销售合同及与农民签订的协议；就业证明材料应提供工资发放表、劳务合同等。

认定程序

①现场审核：省工作专班办公室组织专家组对市县推荐的农庄按照评分表进行现场核查和评分，并对申请材料进行审核，出具审核意见。

②复核审查：省工作专班办公室根据专家出具的审核意见进行复核审查，提出拟认定名单，组织召开省工作专班会议研究后并在海南农业信息网公示5个工作日。

③发文公布：经公示无异议的共享农庄，由省工作专班发文公布为海南共享农庄，并颁发证书和牌匾。

海南共享农庄根据基础条件、经营状况、管理服务体系、产业发展及联农带农等综合情况分为金椰级、银椰级、青椰级三个等级。

①金椰级共享农庄

——上年度经营收入应达1000万元以上（中西部区域按80%执行）；

——上年度带动农户200户以上；

——上年度直接吸纳本省农民就业40人（连续就业3个月以上）以上，或提供劳务用工15000人次以上；

——得分应在90分以上。

②银椰级共享农庄

——上年度经营收入应达600万元以上（中西部区域按80%执行）；

——上年度带动农户160户以上；

——上年度直接吸纳本省农民就业30人（连续就业3个月以上）以上，或提供劳务用工10000人次以上；

——得分应在80分以上。

③青椰级共享农庄

——上年度经营收入应达300万元以上（中西部区域按80%执行）；

——上年度带动农户100户以上；

——上年度直接吸纳本省农民就业20人（连续就业3个月以上）以上，或提供劳务用工6000人次以上；

——得分应在70分以上。

经认定公布的海南共享农庄，须注册进入国家农产品质量安全追溯管理信息平台。

2. 共享农庄运行监测

根据《海南共享农庄建设规范（2022年修订）》、《海南共享农庄认定和运行监测管理暂行办法》（以下简称《暂行办法》）等文件规定，对认定的共享农庄实行“动态管理、定期监测、优进劣汰、能进能退”机制，每两年监测一次。

负面清单管理

对违规建设的共享农庄责令整改，限期整改不到位的取消其海南共享农庄资格。

①规避基本农田，不破坏生态环境、不滥占耕地；

②不得以共享农庄为名建设私人会所、别墅大院、商品住宅等房地产项目；

③非因不可抗拒因素，申请主体不得擅自变更建设地点、规模、内容等。

退出机制

存在以下情形，取消其海南共享农庄资格。

①侵害消费者权益、危害农民利益且拒不改正的；

②发生重大安全生产、农产品及食品质量安全事件的。

海南共享农庄资格证书有效期期满后，经市县农业农村局催告，逾期2个月仍不申请运行监测的经营主体，视为主动放弃海南共享农庄资格，其资格证书作废后2年内不得再申请。海南共享农庄运行监测应按要求如实提供有关材料。如果提供虚假材料，一经查实，取消其海南共享农庄资格，2年内不得再申请。

监测程序

①经营主体报送材料。被监测的海南共享农庄按照监测要求报送农庄经济运行情况，作为监测评估的重要依据。在监测年份，按照共享农庄申请试点向市县工作专班办公室报送共享农庄经营运行情况等材料。

②材料汇总与核查。市县工作专班办公室组织人员对辖区内海南共享农庄进行现场核查评分，对申请主体提交的材料进行审核，由市县工作专班出具审核意见后正式行文报省工作专班办公室。

③监测结果审定。省工作专班办公室组织专家组根据市县上报的监测情

况进行现场抽查，形成审核意见，并在海南农业信息网公示5个工作日，无异议后，发文公布。

根据评分结果，对应调整海南共享农庄等级，换发海南共享农庄证书和牌匾；监测评分未达70分的，视为不合格，取消其海南共享农庄资格，不再享受相关优惠政策。

七、企业分布

国内部分共享农庄分布如表4-6所示。

表4-6　国内部分共享农庄分布情况

企业名称	企业简介	所在地
广州艾米农场	艾米农场是中国首创的共享农场品牌。选址位于从化风云岭森林公园、清远500米高山田园、增城正果湖心岛景区，生物丰度指数、植被覆盖指数、环境质量指数、负氧离子含量都居前列，是广州市生态屏障核心区。通过闲置农田托管计划，面向全国范围接受相关地方政府、合作社等单位的闲置优质农田托管申请。经过审核后打造成统一管理的农场，实现共享农场的网络化运营。农场由生态水稻区、私家菜园区、农家产品采摘区、山间溪流区、自然教育、中央厨房区和特色民宿区构成，并设置山地自行车绿道，供农场主在农场踏青。通过“互联网+农业”的方式，实现线上预订下单，线下农场体验，形成互联网订单农业模式。	广东
小毛驴市民农园	小毛驴市民农园是北京市海淀区政府、中国人民大学共建的产学研基地，由国仁城乡（北京）科技发展中心团队负责运营。经营模式上采取社区支持农业（CSA）的经营理念，CSA成员与农场建立风险共担的合作关系。推动适用技术研发、儿童自然教育、可持续生活倡导等多方面的公益项目。社员认领菜地后，享受农产品种植与配送服务、亲子社区活动（如开锄节、立夏粥、端午节、成员回访日、丰收节、农夫市集、木工DIY、自然农耕教育等）。除了提供农园自产的生鲜农产品外，还努力帮助其他地区开展生态农业的农户建立销售渠道，打造“本地生产、本地消费”的产销共同体，推动全国的社区支持农业网络化运营。	北京

续表

企业名称	企业简介	所在地
南京溪田现代农业庄园	庄园园区地理位置、地理条件优越。项目一期占地5100亩，主要建设内容包括九大功能片区：综合服务区、核心主题活动区、农业生产区、畜牧养殖区、田园观光区、林果采摘区、渔家游乐区、蜂蜜花海区和乡居民宿区。集高度机械化农业生产、特色果园种植、特种水产养殖、规模化中草药种植和高档花卉园艺开发于一体，呈现高品质安全农业、高品位休闲农业、高标准设施农业的低碳无污染循环农业特点。提供农产品采摘、配送等业务和园区经典观摩、游览和体验项目，是研学基地和年龄段特色娱乐基地。	江苏
弘亿国际庄园	庄园以农业资源、田园景观、农业生产、农耕文化、农业设施、农业科技、农业生态、农家生活等为资源条件，为游客提供观光、休闲、体验、教育、娱乐等多元化功能服务。提供观光采摘、养生温泉、木屋住宿、商务会议、田园婚庆、扩展训练等业务。	河南

第五章　农业服务业

第一节　农业社会化服务

农业社会化服务指与农业相关的社会经济组织为满足农业生产的需要，为农业生产的经营主体提供的各种服务。本节仅指农业生产性服务，包括物资供应、生产服务、技术服务、金融服务、保险服务、信息服务，以及农产品的运输、加工、贮藏、销售等。

一、产业发展现状分析

农业社会化服务体系：海南省已初步形成农技推广、农业科研、新型经营主体等多元化社会服务体系。截至2022年底，全省共有农业生产社会化服务组织4924个，从业人员99355人，开展农业生产托管面积约54.5万亩次，直接服务13万户农户，其中农民合作社1750个，村集体经济组织1421个，农业企业316个，其他组织27个，已初步成为海南省农业生产社会化服务组织的中坚力量。

农业社会化服务市场：全省水稻等粮食作物生产的耕、种、防、收托管服务已基本实现全覆盖，并逐步向农业生产其他领域延伸，拓宽了服务市场，带动农业生产社会化服务全面发展。涌现出了海口金绿果水果产销合作社的荔枝托管服务，陵水雷丰芒果合作社的芒果技术托管服务，文昌昌洒发发瓜菜合作社的瓜菜育苗托管服务，乐东双齐实业有限公司的无人机植保、精准农业气象等生产社会化服务典型。其中，雷丰芒果合作社探索的“以技术托管为依托，带动农户开展芒果标准化生产”的服务模式、海南农乐南繁科技有限公司探索的“当好‘农保姆’，让忙田不累闲田不荒种田赚钱”的农业社会化服务模式分别入选农业农村部推荐的第三批和第四批全国农业社会化服务典型案例。

农业社会化服务能力：海南省农业社会化服务主要集中在农机、农资、病虫害防控等农业生产的重点领域和关键环节，尤其是农机社会化服务发展较快。近年来，持续推进水稻生产全程机械化，推动海口、文昌、定安、临高、三亚、万宁等市县开展水稻生产全程机械化试验示范，加强育插秧和烘干社会化服务，加快实施对耕、种、管、收、秸秆粉碎还田、机械化烘干作业等机械化技术的应用。“十四五”期间，省农业农村厅组织15家专业化服务公司赴海口、澄迈、定安、琼海、保亭、屯昌等市县，利用74架无人机开展病虫害统防统治作业，飞防面积达12.6万亩。

二、产业发展有利条件

（一）产业优势

海南省新型农业经营主体、农业基地化、农业园区化产业发展体系初步形成。“十三五”期间海南省共培育家庭农场1500家，农民专业合作社16000多家，其中创建联合社16家，入股资金总额约367亿元，入社农户64万多户，带动农户62万多户。新型农业经营主体队伍的壮大显著提高了农民组织化程度。现有省级以上农业产业化龙头企业177家，其中国家级22家。“十三五”期间海南省共培育超过294家省级热作标准化生产示范园。截至2022年底，已创建5家国家级现代农业产业园和4家省级现代高质量发展农业产业园。

（二）政策优势

《海南省“十四五”推进农业农村现代化规划》提出：大力培育农机社会化服务组织，打造品牌农机专业合作社，扶持、鼓励农机服务主体扩展服务功能；到2025年，建成600个农村综合服务社、120个乡镇为农服务中心，新增农业社会化服务面积30万亩，新建庄稼医院90个；全省主要农作物耕种收综合机械化率达到60%，农机总动力达到600万千瓦。海南省自2017年开始试点农业生产社会化服务项目，中央、省、市（县）财政设立专项补助资金支持重点服务环节和农业生产薄弱领域。海南省支持将农机创新产品列入农机购置补贴范围，对部分先进适用和绿色生态机具实行累加补贴。截至2022年，海南省内实施的地方特色险种共10个，农业保险与信贷、担保、期货、基金等金融工具联动，金融支农力度加大。

（三）后发优势

热带特色高效农业是海南自由贸易港建设的四大产业之一，在农业开放市场条件下，农户参与社会分工的程度日益加深，农户生产性服务外包需求日益旺盛，更多的国内外农业服务组织进入海南市场，为农业社会化服务市场的形成提供了良好的环境和发展条件，海南农业社会化服务具备后发优势。国内先进地区积累的丰富经验和形成的典型模式，为加快海南农业社会化服务发展提供了很好的借鉴范例。根据2020年统计，全省耕地撂荒面积约14万亩，为加快撂荒地复耕复种，让土地变资产、荒地变资源，海南省进一步推进农业适度规模经营，发展以生产托管为主的农业社会化服务，较好地保障粮食和重要农副产品的供给。

三、产业发展利好分析

（一）个人所得税

见附录1　个人所得税

（二）企业所得税

见附录1　企业所得税

（三）“零关税”

见附录1　“零关税”

（四）扶持措施

1. 激励措施

《关于加快推进农业机械化和农机装备产业转型升级的十二条措施》（以下简称《措施》）明确，提升热带特色经济作物收获与加工机械化水平。围绕橡胶、槟榔、椰子等热带特色经济作物发展，组织科研院所、农机企业等方面的力量，加大专用机械研发和试验改进力度，制定行业标准，突破天然橡胶自动化割胶，椰子、槟榔、菠萝、叶菜等经济作物机械化采收等瓶颈，重点进行电动割胶刀的研发，完成电动割胶、槟榔加工、胡椒脱皮烘干等成熟设备的专项鉴定与推广应用。《措施》强调用好海南自由贸易港政策，加大进口农机设备进口力度；充分利用海南自由贸易港关于进口设备和原材料的免税政策，鼓励有条件的企业进口先进设备、部件和原材料，研发生产热作农业生产机械和农产品加工机械，加快人工智能技术应用，以先进机械为翘板建立热作农机装备“海南研发”基地。

2. 奖补措施

（1）社会化服务奖补

根据《海南省2022年中央财政农业生产社会化服务项目实施方案》，项目实施主体开展农业社会化服务，可以按照“先服务后补助”的方式申请服务补助资金。

满足条件：项目实施主体完成合同规定的服务作业后，向市县农业农村局提出申请。

奖补标准：原则上财政补助占服务价格的比例不超过30%，单季作物亩均各关键环节补助总量不超过100元。

（2）规上奖补

见附录2　规上奖补

（3）农险保费补贴

根据《海南省2023年农业保险工作实施方案》，全省范围内正式开展的农业保险险种共18个。其中：中央财政补贴险种8个，包括橡胶树保险（风灾综合）、水稻保险、能繁母猪保险、育肥猪保险、森林保险、玉米保险、甘蔗保险、制种保险（水稻、玉米）；体现海南特色险种10个，包括香蕉树种植保险、芒果大灾保险、烟叶保险、大棚瓜菜保险、农房保险、渔船保险、渔民海上人身意外伤害保险、蔬菜价格指数保险、天然橡胶价格（收入）保险、防贫综合保险。正在试点的农业保险险种有蔬菜收入保险试点，生猪价格保险、生猪贷款保证保险试点，巨灾保险试点。

满足条件：财政提供保险费补贴的政策性保险，各市县辖区内承保农业保险的机构不得超过5家。中央及省级农业保险险种采取共保体或一家独保的经营模式。

奖补标准：原则上一个市县特色险种不超过3个，省级财政对市县符合条件的特色农产品险种，根据绩效评价情况给予保费奖励。针对新型农业经营主体的投保对象和农民增收带动效应好的险种，各市县可适当提高本级财政补贴比例。各险种保险在中央、省级和市县财政补贴后的自缴比例分别为：橡胶树保险20%（民营橡胶树）和30%（海胶集团），水稻保险20%（一般市县）和20%（产粮大县），能繁母猪保险20%，香蕉树种植保险40%，芒果大灾保险35%，蔬菜价格指数保险10%等。

（4）农机购置补贴

见附录2　农机购置补贴

四、产业发展策略

（一）农业产前服务

有效整合服务资源，加强服务主体联动，丰富化肥、农药、饲料、良种及能源等农资产品供给，在农资统购统销、作业机具统筹调配、农业技术统一标准等方面开展社会化服务，依靠科技创新保证农资产品环保、高效，提高药肥利用率，降低农业物化成本。

（二）农业产中服务

将先进适用的品种、技术、装备等现代生产要素导入农业，集成无人机与物联网、大数据及云计算等现代先进技术手段，加快在遥感监测、精准植保、智能撒播等农业生产领域的应用，统一开展机耕、机播、机收、飞防等社会化服务，实现农业生产过程的专业化、标准化、集约化。创新农业生产托管金融产品，丰富金融服务农业的业态和模式，推动服务主体与银行、保险、邮政等机构深度融合。

（三）农业产后服务

加强农产品流通体系建设，推进基础设施升级，建立完善的农产品市场体系，创新农产品冷链物流和加工贸易，发展和完善农产品电子商务，打造特色农产品品牌。推动农资企业、农业科技公司、互联网平台等各类涉农组织向农业社会化服务延伸，通过“农资+服务”“科技+服务”“互联网+服务”等方式，推进技物结合、技服结合，实现业务拓展、创新发展。

五、案例分析

（一）企业简介

某公司注册资本500万元，经营范围包括农资、农机销售，农产品运销，农业生产托管服务，现代农业服务平台等。该公司计划以海南经济作物为重点，以技术服务为抓手，搭建技术服务平台，开展土壤改良、品种改良、营养与植保、农机应用、技术培训、品质检测、智慧农业、农产品销售、品牌打造和金融支持等全方位的社会化服务。

（二）投资优势

1. 个人所得税

某公司可以通过享受自由贸易港税收优惠政策，降低生产经营成本。2025年前，对经认定为海南自由贸易港高端人才和紧缺人才，其个人所得税实际税负超过15%的部分，予以免征；2025年后，按照3%、10%和15%三档超额累进税率征收个人所得税，这有利于提升企业人才实力。

2. 企业所得税

某公司开展农业服务的主要农业投入品来自集团公司的研发产品，但是作为在海南注册的实体企业，按照鼓励类产业企业所得税优惠政策，某公司按15%的税率缴纳企业所得税，与我国法定企业所得税税率25%相比，较内地公司，某公司适用企业所得税后利润可增加10%以上。

3. “零关税”

未被纳入海南自由贸易港进口自用生产设备负面清单和已纳入原辅料“零关税”清单的进口产品，可享受“零关税”政策，2025年前免征进口关税、进口环节增值税和消费税。

4. 市场准入优势

自由贸易港是当今世界最高水平的开放形态，货物贸易实行“零关税”和“零壁垒”政策；服务贸易实行“既准入又准营”政策。海南自由贸易港制度设计中的许多政策是高度开放的，不需要面向全国推广，也无法复制推广到其他区域。《国家发展改革委 商务部关于支持海南自由贸易港建设放宽市场准入若干特别措施的意见》提出“以服务业为重点进一步放宽市场准入壁垒”，向国内外企业展现了难得商机；提出“加强数据信息共享，开展支持农业全产业链发展试点”，为某公司进一步增强农业全产业链服务能力提供了政策支持。

5. 便利化优势

海南省制定《海南自由贸易港优化营商环境条例》，对标国际高水平营商环境规则和国内先进经验，将优化营商环境工作纳入法治化轨道。自施行以来，海南自由贸易港营商环境持续优化，在“极简审批”制度改革、获得信贷便利化、资金流通便利化、“机器管招投标”系统、降低物流成本、水电气报装便利化等企业经营事项上，政府办事效率更高，某公司享受了更加便利的服务，节约了时间和资金成本。

（三）奖补措施

根据海南省现行的各类农业社会化服务奖补措施，预计某公司可享受的奖补措施如表5-1所示。

表5-1　某公司可享受的奖补措施

类　别	奖补标准
中央财政农业生产社会化服务项目	原则上财政补助占服务价格的比例不超过30%，单季作物亩均各关键环节补助总量不超过100元。
营业收入上规模奖补资金	对企业年度营业收入（以审计报告数据为准）设定5000万元、1亿元、1.5亿元、2亿元四个档次，对首次突破每个档次的企业分别给予50万元、80万元、100万元、120万元的一次性奖励。
农机购置补贴	除提高补贴额测算比例的补贴机具以外，一般补贴机具单机补贴限额原则上不超过5万元；烘干机单机补贴限额不超过12万元；100马力以上拖拉机、高性能青饲料收获机、大型免耕播种机、大型联合收割机、水稻大型浸种催芽程控设备、畜禽粪污资源化利用机具单机补贴限额不超过15万元；200马力以上拖拉机单机补贴限额不超过25万元；大型甘蔗收获机单机补贴限额不超过40万元。

六、操作指南

（一）落户指南

针对农业社会化服务企业落户海南自由贸易港、设立子公司开展业务主要涉及的公司注册、经营许可、人才认定事项，以农药批发和零售经营为例，具体要求和流程如下。

1. 登记注册

见附录3　登记注册

2. 人才认定

见附录3　人才认定

3. 经营资质

（1）农药批发经营许可

设定依据：①《海南经济特区农药管理若干规定》第七条第一款规定，本经济特区农药批发实行专营特许制度，农药零售经营实行许可制度；②《海南经济特区农药批发零售经营许可管理办法》第四条规定，农药批发企业由省级农业行政主管部门根据农业生产及市场供求实际需要采用公开招投标方式确定。拟招投标的农药批发企业数量在招投标前须报省政府批准。

受理条件：①具有法人资格，有与经营批发业务相适应的资金。②具有植保、农学、化工等相关专业的技术队伍。③有固定的经营场所、相适应的仓储设施和配送能力。仓库应当配备卫生、消防、环保等设施设备，符合国家和行业相关标准的要求。④营业场所和仓储设施应当设立隔离措施，并与周边和群众日常生活密切相关的区域、饮用水源地、医疗教育机构等保持安全距离。⑤有严格的质量控制、安全防范、责任追溯等经营管理制度，健全安全事故应急处置预案和机制。⑥应当建立农药采购招投标信息系统、农药经营电子台账管理系统。具体的条件以海南省农业农村厅发布的通告为准。省农业农村厅将在审批过程中对申请主体进行信用核查，对于严重违法失信的企业和个人，将依据法律法规予以限制或实施市场禁入的措施。

申报材料：①海南经济特区农药批发经营许可申请表；②植保、农学、化工专业技术人员材料；③经营场所、仓储设施、配送能力、仓储能力材料；④财务审计报告或资产评估报告；⑤制度体系文件；⑥诚信经营保证书。

（2）农药零售经营许可

设定依据：《农药管理条例》第二十四条规定，国家实行农药经营许可制度，但经营卫生用农药的除外。农药经营者应当具备条件，并按照国务院农业主管部门的规定向县级以上地方人民政府农业主管部门申请农药经营许可证：①有具备农药和病虫害防治专业知识，熟悉农药管理规定，能够指导安全合理使用农药的经营人员；②有与其他商品以及饮用水水源、生活区域等有效隔离的营业场所和仓储场所，并配备与所申请经营农药相适应的防护设施；③有与所申请经营农药相适应的质量管理、台账记录、安全防护、应急处置、仓储管理等制度。经营限制使用农药的，还应当配备相应的用药指导和病虫害防治专业技术人员，并按照所在地省、自治区、直辖市人民政府农业主管部门的规定实行定点经营。县级以上地方人民政府农业主管部门应当自受理申请之日起20个工作日内作出审批决定。符合条件的，核发农药经营许可证；不符合条件的，书面通知申请人并说明理由。

受理条件：经营农药应当同时具备下列五项条件。①有与其经营农药相适应的技术人员；②有与其经营农药相适应的营业场所，营业场所不得与学校、幼儿园、餐饮、食品生产经营等关系公共卫生安全的场所相毗邻；③有与其经营农药相适应的设备、仓储设施、安全防护措施和环境污染控制设施、措施；④有与其经营农药相适应的经营管理、质量管理制度和管理手段；⑤有与其经营农药相适应的资金和独立承担民事责任的能力。

从事农药批发经营除具备前款规定的条件外，还应具有市、县、自治县、乡镇连锁经营和配送的网络。申请农药零售经营许可证应当具备以下条件。①有固定的经营场所、相适应的仓储设施和配送能力。仓库应当配备卫生、消防、环保等设施设备。②营业场所和仓储设施应当设立隔离措施，并与周边和群众日常生活密切相关的区域、饮用水源地、医疗教育机构等保持安全距离。

根据《海南经济特区农药批发零售经营许可管理办法》要求，申请农药零售经营许可证的农药零售经营者，应当为市、县、自治县人民政府农业行政主管部门依照全省农药销售网络布局规划、采用招投标方式确定的农药零售经营者。

申报材料：①农药零售经营许可证申请表；②法定代表人（或负责人）身份证明；③经营人员的学历或者培训证明；④营业情况说明材料；⑤有关管理制度目录及文本；⑥计算机管理系统、可追溯电子信息码扫描设备、安全防护、仓储设施等清单及照片；⑦申请材料真实性、合法性声明。

（二）兑现指南

1. 个人所得税

见附录4　个人所得税申报

2. 企业所得税

见附录4　企业所得税申报

3. “零关税”

见附录4　“零关税”申报

4. 奖补措施

（1）农机购置补贴

见附录4　农机购置补贴工作程序

（2）规上奖补

见附录4　规上奖补工作程序

（3）农业生产社会化服务项目奖补

政策依据：《农业农村部关于加快发展农业社会化服务的指导意见》《海南省农业农村厅办公室关于进一步规范实施农业生产社会化服务项目任务的通知》。

奖补方式：农业农村部关于农业生产社会化服务资金补助的原则是“补助资金可以补服务主体，也可以补农户，坚持让小农户最终受益”。各市县在项目实施前，明确补助资金数额。补助资金可以补助服务主体，可以补助服务对象，也可以对服务主体和服务对象都进行补助。

办理流程：一是项目实施主体完成合同规定的服务作业后，向市县农业农村局提交以村为单位的农业生产社会化服务作业单汇总表（作业单汇总表必须由服务主体和服务对象签字加盖手印或印章）和服务主体与每个接受服务农户签订的服务合同，有条件的服务主体可以在本村进行公示或由村委会盖章进行确认；二是由市县农业农村局联合县级财政部门、乡镇等有关部门组成项目验收工作组开展验收工作，也可以委托第三方实施项目验收工作。验收主要采取数据核对、实地走访、电话随机抽查（具体抽查比例由市县自行明确）等形式；三是市县农业农村局根据验收报告填报农业生产社会化服务补贴资金核算表，申请财政补助。

（三）落地指南

1. 备案核准

见附录5　备案核准

2. 环评审批

见附录5　环评审批

3. 节能审查

见附录5　节能审查

七、企业分布

国内部分农业社会化服务领域企业分布如表5-2所示。

表5-2 国内部分农业社会化服务领域企业分布情况

企业名称	企业简介	所在地
中化现代农业有限公司	中化现代农业有限公司是中化集团农业板块的核心企业，是集团农业服务业务的统一平台。核心业务包括种植整合解决方案推广，全程土地托管，农业投入品套餐定制，农业机械化配套、全程技术跟踪，以及农产品销售、订单农业、粮食银行及农业信息化，农业生产信贷，农业金融租赁，农业保险等服务和业务，同时开展中低产田改造、土壤改良、精准农业示范及农业废弃物资源化利用等项目。	北京
北大荒现代农业服务集团有限公司	2020年，北大荒集团成立了北大荒现代农业服务集团有限公司，以农服集团为平台，把北大荒先进的农业生产模式、作业方式、生产力技术、农业生产标准“平移”到地方，构建农业专业化、社会化服务体系，为农业生产经营主体提供涵盖基础信息管理、农机监管、智能植保服务、农资供应、农机作业服务撮合、金融信贷、农业保险、技术咨询与培训等农业全产业链高效、便捷的一站式、一条龙服务。	黑龙江
农飞客农业科技有限公司	农飞客农业科技有限公司是一家农业集成服务商，专注于为农业、农村、农民提供定制生态服务，以农用无人直升机的销售与通防统治业务为切入点，将集成智能化的农业生产工具和农业技术服务于农业发展中，业务包括种子、化肥、农副产品、化工产品和原料、农业机械设备的销售，以及为用户提供病虫害防治方案和无人机作业方案等。	浙江
北京麦飞科技有限公司	北京麦飞科技有限公司是一家拥有国际化技术背景、互联网基因、专注于智慧农业领域的AI大数据公司。是国家高新技术企业、中关村高新技术认证企业。公司核心技术包括天空地一体化视觉/光谱技术、人工智能聚索、病理药理建模。	北京
深圳雨燕智能科技服务有限公司	深圳雨燕智能科技服务有限公司是集农业智能装备（无人机）及专用制剂助剂技术和智能农事服务于一体的科技服务企业，由深圳诺普信农化股份有限公司投资成立。开发多项无人机制剂助剂应用专利，与当下飞防相结合，推出整体飞防打包服务暨提供“无人机+专用药剂/助剂+植保方案+作业方案”四位一体服务。	广东

续表

企业名称	企业简介	所在地
安阳全丰生物科技有限公司	安阳全丰生物科技有限公司为国家高新技术企业，集创新研发、原药生产、制剂复配加工、农用植保无人机研发生产销售、飞手培训、技术推广、标普飞防托管服务、内外贸易于一体。2017年初，安阳全丰成立河南标普农业科技有限公司，这是一家新型的农业现代化社会服务组织，通过线上信息系统建设与线下县乡村网点布局，联合上下游行业资源，共同形成一个开放的、生态的智慧农业综合体与行业大数据平台。	河南

第二节　农业科技服务

农业科技服务利用现代农业技术，为农业提供技术培训、基础研究、产业转化等服务，以提升农业的发展水平。

一、产业发展现状分析

农业科技服务体系：海南已建立起涵盖科研、教学、推广的层级架构完整的农业科技服务体系。“十三五”期间农业科教机构规模、人员数量、产业和学科覆盖面均大幅提升。截至2022年5月，全省建设农业科技110服务站（科技特派员服务站）251个，登记科技特派员2235名；实施科技副乡镇长派遣计划，累计派遣488人次，覆盖101个乡镇，为农民生产增收提供综合性农业科技服务。海南设立了省重大科技计划热带特色高效农业领域和省重点研发项目农业领域，先后实施了一批重点攻关科技项目，一批科研成果获得省科学技术奖，为农业科技服务提供了强力支撑。

农业科技服务能力：依托南繁科技城等载体，大力引进大院大所大企和高端农业科技创新人才。全省“双百”团队中，热带高效农业类型团队达15个。

经测算，海南农业科技进步贡献率在“十一五”期间为30.02%，在“十二五”期间为46.94%，在“十三五”期间为54.92%，年均提高1.7个百分点，体现农业科技进步对全省农业经济的贡献率不断提高，农业科技服务能力不断增强。

农业科技服务平台：全省共有涉农重点实验室41家，涉农院士工作站42家。2022年7月三亚市知识产权保护中心正式揭牌，成为海南省首个知识产权保护中心。国家耐盐碱水稻技术创新中心在三亚挂牌运行，是农业领域唯一的国家技术创新中心。海南儋州热带农业生态系统国家野外科学观测研究站和国家热带植物种质资源库2个国家级科技创新平台获批建设。成立崖州湾国家种子实验室，已建成精准设计育种中心、南繁作物表型研究设施等10个公共性、开放性科研平台，成为我国集中连片、体系配套、设备先进、有影响力的种业创新平台。

二、产业发展有利条件

（一）区位优势

海南是连接中国和东南亚等的重要节点和交汇点，具备利用国内国际两个市场、两种资源的区位优势。自由贸易港和RCEP的叠加效应，将加速资本、技术、商品、服务、人员的跨区域流动，加快海南农业科技创新资源集聚和高质量发展，为农业科技服务奠定了坚实的基础。

（二）政策优势

《加强和规范市县科技计划管理工作指引》提出：各市县应设立热带高效农业专项，支持创新型乡镇、科技特派员工作站（农业科技110服务站）等，并明确了经费保障，市县农业科技110建设管理经费纳入市县科技发展计划和财政预算。《海南省农业科技110服务站管理办法》进一步加强农业科技110服务站标准化建设和规范化管理工作。《海南省高新技术企业培育库管理办法》将已具备一定基础但还达不到高新技术企业认定条件的企业经评审后入库进行快速培育，对入库企业给予研发资金补贴。《海南省科技创新创业平台管理办法》支持科技企业孵化器、众创空间、星创天地等科技创新创业平台发展，并给予一定财政资金奖励支持。

（三）潜力优势

海南省综合科技创新发展势头较好，2019年综合科技创新水平指数增幅在全国排名第五。海南省农业科技进步贡献率持续上升，新兴生产要素对传统要素的替代作用越来越强，不断推进农业生产方式由外延向内涵式转变。在自由贸易港和RCEP政策叠加效应下，营商环境日益优化，对外交流合作日益深入，农业科技服务业将迎来更大的发展机遇，潜力巨大。

三、产业发展利好分析

（一）个人所得税

见附录1　个人所得税

（二）企业所得税

见附录1　企业所得税

（三）“零关税”

见附录1　“零关税”

（四）扶持措施

1. 激励措施

（1）制度集成创新

截至2022年9月，海南已累计推出14批128项制度创新案例。其中，天然橡胶价格（收入）保险、国际热带农产品交易中心被列入首批制度创新案例。优质农产品出口动态认证+免证书免备案，简化了农产品出口流程。创新实行南繁基地“联巡联检”防控新模式，实施“北鱼南繁、南繁北养”苗种合作。自由贸易港制度集成创新为科技创新和科技成果转化提供了强大驱动力。海南热带特色高效农业发展亟须依赖农业科技进步，农业科技服务市场广阔，发展潜力较大。

（2）规划引领

《海南省“十四五”科技创新规划》提出构建海南自由贸易港现代产业技术体系。聚焦数字经济、石油化工新材料、现代生物医药三大战略性新兴产业，南繁、深海、航天三大未来产业，清洁能源、节能环保、高端食品加工三大优势产业以及现代服务业、旅游业、热带特色高效农业、智慧海南发展需求，强化应用基础研究和科技成果转化。农业科技服务是数字经济、南繁、现代服务业、热带特色高效农业等产业的融合，相关产业科技创新和科技支撑能力的提升，农业科技服务业在科技引领下，也将迈入高质量发展。

2. 奖补措施

（1）入库培育

《海南省高新技术企业培育库管理办法》（以下简称《管理办法》）规定，

对已具备一定基础但还达不到高新技术企业认定条件的企业，经评审后入库进行快速培育，省科技厅在当年财政资金预算额度内，根据入库企业研发投入和企业规模，对入库企业给予研发资金补贴。

奖补标准：入库企业入库的下一年度可根据《管理办法》第十一条规定申请研发资金补贴。补贴资金用于企业技术攻关、新产品研发和标准研制等研发活动。入库企业第二、三年提交高新技术企业认定申请的，经专家评审，综合评分高于上一年度但仍未超过70分，且企业资产总额、纳税总额比上一年度实现增长的，可继续根据《管理办法》第十一条给予研发资金补贴。未达到上述条件的，不予继续资助。

（2）创新创业平台

《海南省科技创新创业平台管理办法》支持科技企业孵化器、众创空间、星创天地等创新创业平台发展。

满足条件：对省级科技创新创业平台各类载体考核等次为“优秀”“良好”的，给予一定财政资金运行后补助支持。

奖补标准：对众创空间、星创天地年度绩效考核等次为“优秀”的，给予运营后不超过20万元补助；对年度绩效考核等次为“良好”的，给予运营后不超过10万元补助。

四、产业发展策略

（一）农业开发研究服务

以农业产业发展为导向，依托国家实验室、国家技术创新中心、国家重点实验室和省重点实验室等农业科技创新平台，积极推进农业产业关键技术攻关，开展将农业科技成果转化为生产力的开发研究服务。

（二）农业技术转移服务

集聚一批能够支撑产业发展的科技成果，依托科技评估、技术市场、标准服务、创业孵化、科技金融等专业化服务机构，开展农业技术转移服务。

（三）检验检测认证服务

完善检验检测实验室建设，开展针对性培训，提升管理水平，增强服务保障能力。开展检验检测业务技术能力认证工作，不断提升各级检验检测机构技术服务水平。

（四）农业科技咨询服务

建立和健全高效的农业科技咨询服务体系，大力推进农业科技咨询队伍的多元化，鼓励专业咨询服务队伍与新型农业经营主体相结合。推广应用以农技问诊为核心的“互联网+农业”科技咨询服务平台，推进农业生产智能化、经营网络化、管理数据化、服务社会化。

（五）知识产权服务

加快推动覆盖全省的知识产权保护机构的建设，满足高校、科研院所和企事业单位对知识产权保护的迫切需求，培育自主知识产权核心竞争力。着力打造知识产权“一站式”综合服务，重点做好专利快速审查、知识产权快速维权、知识产权保护协作、知识产权综合服务等工作。

五、案例分析

（一）企业简介

某公司注册资金1000万元，主要经营范围包括：农业科学研究和试验发展；工程技术研究和试验发展；生物农药技术研发；农林废物资源化无害化利用技术研发；技术服务、技术开发、技术咨询、技术交流、技术转让、技术推广等。计划重点开展农业技术咨询与推广服务。

（二）投资优势

1. 个人所得税

对在海南自由贸易港工作的高端人才和紧缺人才，其个人所得税实际税负超过15%的部分，予以免征。某公司以农业技术研发与科技服务为主营业务，公司高端人才占比较大，可减轻企业和个人所得税税负。

2. 企业所得税

2025年前，对注册在海南自由贸易港并实质性运营的鼓励类产业企业，按15%的税率征收企业所得税。某公司可以享受企业所得税优惠。

3. “零关税”

国内研发机构对国际先进的农业科技研发设备，尤其是农业重点实验室对大型、贵重、精密仪器设备的购置需求较大。某公司依托国家级农业科研机构的科研实力，在三亚崖州湾科技城等科技创新平台开展热带农业技术研发，按照海南自由贸易港设备关税减免政策，进口未纳入企业进口自用生产设备“零关税”负面清单的设备，免征进口关税、进口环节增值税和消费税。

4. 开放政策

海南鼓励和支持高新技术企业对外投资，通过合资、合作、并购和技术转让的形式“走出去”，开展跨国经营，带动商品和劳务出口。某公司被认定为高新技术企业后发展空间更大。

5. 科技服务便利

海南省已建立了完善的农业科技110服务体系，有利于某公司农业研发成果更快落地推广。同时，某公司可以充分发挥科技资源优势，申请认定海南农业科技110服务站，依托该平台为农业、农村、农民提供方便、快捷、综合性的农业科技服务。

（三）奖补措施

根据海南省现行的各类农业科技服务奖补措施，预计某公司可享受的奖补措施如表5-3所示。

表5-3　某公司可享受的奖补措施

类　别	奖补标准
高新技术企业“精英行动”奖励	将按照实际研发投入超过销售收入3%部分的15%对“种子企业”“瞪羚企业”“领军企业”分别给予最高300万元、500万元、1000万元的补贴。
高新技术企业研发经费增量奖励	每年额度为企业年度研发经费增量的30%。
海南省高新技术企业培育库入库奖励	给予不超过企业年度研发经费增量的25%的最高50万元的奖励。
省级星创天地考核奖励	对星创天地年度绩效考核“优秀”的，给予运营后不超过20万元补助，年度绩效考核“良好”的给予运营后不超过10万元补助。
海南省农业科技110服务站认定	市县农业科技110建设管理经费纳入市县科技发展计划和财政预算。省科技厅在省级财政科技专项资金中统筹安排一定资金用于农业科技110服务站奖补和其他扶持措施。

六、操作指南

（一）落户指南

1. 登记注册

见附录3　登记注册

2. 人才认定

见附录3　人才认定

（二）兑现指南

1. 个人所得税

见附录4　个人所得税申报

2. 企业所得税

见附录4　企业所得税申报

3. “零关税”

见附录4　“零关税”申报

4. 高新技术企业培育库

政策依据

《海南省高新技术企业培育库管理办法》。

入库条件

第五条规定，入库企业须同时满足以下条件。①在海南省注册，成立一年以上且从未被认定为高新技术企业。②企业通过自主研发、受让、受赠、并购等方式，获得对其主要产品（服务）在技术上发挥核心支持作用的知识产权的所有权。③对企业主要产品（服务）发挥核心支持作用的技术属于《国家重点支持的高新技术领域》规定的范围。④企业从事研发和相关技术创新活动的科技人员占企业当年职工总数的比例不低于10%。⑤企业近三个会计年度（实际经营期不满三年的按实际经营时间计算，下同）的研究开发费用总额占同期销售收入总额的比例符合如下要求：最近一年销售收入小于5000万元（含）的企业，比例不低于5%；最近一年销售收入在5000万元至2亿元（含）的企业，比例不低于4%；最近一年销售收入在2亿元以上的企业，比例不低于3%，其中，企业在中国境内发生的研究开发费用总额占全部研究开发费用总额的比例不低于60%。⑥近一年高新技术产品（服务）收入占企业同期总收入的比例不低于60%。⑦企业申请认定前一年内未发生重大安全、质量事故或严重环境违法行为。⑧未被列入经营异常名录和严重违法失信企业名单。

第六条规定，根据《高新技术企业认定管理工作指引》中企业创新能力评价标准进行评价，综合得分为55分至70分（含70分，不含55分）的企业可以入库。

入库程序

申请：申请入库企业应在当年申请高新技术企业认定，符合本办法第五、六条的，根据省科技厅通知要求提交海南省高新技术企业培育库入库申请，省科技厅根据高新技术企业认定评审情况，确定符合入库条件企业。

审核：省科技厅审核，根据本办法第五、六条，将达到入库条件的企业作为拟入库企业。

公示：省科技厅将拟入库企业在网上公示，公示期为5天。

入库：省科技厅发布入库通知，实施动态管理。

资金申请

入库企业入库的下一年度可向省科技厅申请研发资金补贴。补贴资金用于企业技术攻关、新产品研发和标准研制等研发活动。入库企业第二、三年提交高新技术企业认定申请的，经专家评审，综合评分高于上一年度但仍未超过70分，且企业资产总额、纳税总额比上一年度实现增长的，可继续根据本办法第十一条给予研发资金补贴。未达到上述条件的，不予继续资助。

（三）落地指南

1. 海南省农业科技110服务站认定

设定依据：《海南省科学技术厅关于印发〈海南省农业科技110服务站管理办法〉的通知》第六条规定，凡在海南省行政区域内登记注册、具有法人资格的企事业单位，均可向服务地市县科技管理部门申请设立服务站。

认定条件：①服务站选择。服务站要选择沿街沿路、交通便利的地方设立，便于群众上门求助。门店面积不小于50平方米。②队伍建设。服务站专职农业技术服务人员不少于3人。原则上应配备一批兼职的由科技能人、技术员和农业专家团等组成的技术服务队伍。技术人员要专业对口，能讲解农民在生产中遇到的技术难题。③技术装备和信息化条件。服务站应配备电脑、电话、交通工具以及工作需要的专用技术工具或设备，能完成农业技术诊断和提供简单的技术调查。能利用互联网资源为技术服务提供保障。④经费保障。服务站要有企业加盟或自主经营一定的有偿农技服务业务，能自行解决工作经费。⑤农业科技示范基地建设。服务站要自建或与农户合作建有一定规模的农业科技示范基地。

办理材料：①海南省农业科技110服务站认定申请表。②其他有关材料。包括：申请单位法人资格证照复印件；申请单位开户许可证复印件；拟设服务站站长人选、技术服务人员和合作专家专业、学历、技能等简历情况表，身份证件复印件，与合作专家签订的合作协议复印件等材料；拟设服务站选址和门店照片；拟设服务站门店使用权确权证照或协议复印件；拟设服务站主要服务设施、设备、交通工具等硬件清单；拟设服务站有农药销售业务的，提供农药销售许可证复印件。

2. 省级星创天地认定

认定依据：《海南省科技创新创业平台管理办法》《海南省科技创新创业平台考核实施细则》。海南省科技创新创业平台包括省级科技企业孵化器、省级众创空间、省级星创天地、省级大学科技园等支持企业科技创新创业载体。其中，省级星创天地是以农业科技园区、涉农高校科研院所、农业科技型企业、农业龙头企业、农民专业合作社等为载体，面向农业农村，集聚创业人才，组织开展技术集成示范，开展创业人才培训，打造创业培育孵化基地，搭建投资者与创业者的对接平台。

申报条件

（1）县级星创天地认定条件（以陵水黎族自治县为例）

申请认定县级星创天地，应同时具备以下基本条件。①具有明确的实施主体。申报单位即为星创天地的运营机构，应当是本县内注册1年以上、具有独立法人资格的企事业单位，具备一定运营管理和专业服务能力。②具有相应的产业背景和科技支撑。立足地方农业主导产业和区域特色产业，建有80亩以上相对集中连片的农业科技成果转化示范基地。有明确的技术支撑单位，促进科技成果向农村转移转化，推进一二三产业融合发展。③建有基本的服务设施。有建筑面积200平方米以上的固定办公场所（自有或租赁，其中租赁期不少于5年），能够为农村创新创业者提供免费或低成本的开放式办公空间、创意创业空间、研发和检验测试等公共服务平台及一定面积的创新创业试验示范基地、创业培训基地。④建有“互联网+”网络电商平台。建有门户网站、微信公众号等网上服务平台，提供行业动态、教育培训、产品展示、资源对接等服务；涉及农产品销售方面的应有自建网络电商平台，或依托国内、省内主流网络电商平台开展服务，推进商业模式创新。⑤具有多元化的人才服务队伍。至少有5人以上具有相应专业知识和技能、相对稳定的创业服务团队和结构合理、熟悉产业、经验丰富的创业导师团队，能为创业者提供创业辅导与培训，解决涉及技术、金融、管理、市场营销等方面的实际问题。⑥具有较好的创业孵化基础。已吸引入驻的创客、创业团队或初创企业不少于3个，且经营状况良好、经济社会效益明显。针对创业孵化建立了相应的管理和运营制度。

（2）省级星创天地认定条件

①省级星创天地从市县级星创天地中产生，被市县科技管理部门认定为市县星创天地且运行满2年，按要求报送真实完整的统计数据，取得显著成效，年度被市县评为“优秀”。

②申请认定省级星创天地，还需具备以下基本条件。

具有明确的实施主体。申报单位即为星创天地的运营机构，应当是海南省行政区域内注册1年以上、具有独立法人资格的企事业单位，具备一定运营管理和专业服务能力。

具有相应的产业背景和科技支撑。立足地方农业主导产业和区域特色产业，建有100亩以上相对集中连片的农业科技成果转化示范基地。有明确的技术支撑单位，促进科技成果向农村转移转化，推进一二三产业融合发展。

建有基本的服务设施。有建筑面积200平方米以上的固定办公场所（自有或租赁，其中租赁期不少于5年），能够为农村创新创业者提供免费或低成本的开放式办公空间、创意创业空间、研发和检验测试等公共服务平台及一定面积的创新创业试验示范基地、创业培训基地。

建有“互联网+”网络电商平台。建有门户网站、微信公众号等网上服务平台，提供行业动态、教育培训、产品展示、资源对接等服务；涉及农产品销售方面的应有自建网络电商平台，或依托国内、省内主流网络电商平台开展服务，推进商业模式创新。

具有多元化的人才服务队伍。至少有5人以上具有相应专业知识和技能、相对稳定的创业服务团队和结构合理、熟悉产业、经验丰富的创业导师团队，能为创业者提供创业辅导与培训，解决涉及技术、金融、管理、市场营销等方面的实际问题。

具有较好的创业孵化基础。已吸引入驻的创客、创业团队或初创企业不少于3个，且经营状况良好、经济社会效益显著、有较好的发展前景。针对创客、创业团队和初创企业建立了相应的管理和运营制度。

奖补政策：被认定为省级和市县级星创天地，可获得财政奖补资金支持。

省级财政：结合年度考核结果，对省级科技创新创业平台各类载体年度绩效考核等次为“优秀”“良好”的，给予一定财政资金运行后补助支持。其中，对星创天地年度绩效考核等次为“优秀”的，给予运营后不超过20万元补助；对年度绩效考核等次为“良好”的，给予运营后不超过10万元补助。

市县财政：以陵水黎族自治县为例，经认定的县级星创天地给予一次性奖励10万元；经认定的省级星创天地县财政给予一次性奖励10万元；获得国家备案的星创天地，县财政给予一次性奖励10万元。结合年度考核结果，对县级星创天地考核等次为“优秀”的给予奖励资金6万元，对考核等次为“良好”的给予奖励资金3万元。

认定程序

（1）县级星创天地认定程序

市县科技管理部门发布通知，明确具体申报要求—申请单位按通知要求提出申请并提供相关佐证材料—市县科技管理部门初步审核—组织专家现场考察评审—县政府网站公示公布—公示期满后，下达认定文件，统一授牌。

（2）省级星创天地认定程序

自2022年起，海南省创新创业平台的认定、考核程序均通过海南省科技业务综合管理系统（http：//202.100.247.126/egrantweb/）在线进行。

①申请。省级科技管理部门发布科技创新创业平台建设申报通知后，申报单位按通知要求，在海南省科技业务信息管理系统填报相关材料，并在线上提交相关材料，同时向所在市县科技管理部门提出申请。

②受理。由市县科技管理部门负责受理本辖区单位申报的科技创新创业平台材料，同时对材料是否齐全、完整进行审核。

③审核和推荐。市县管理部门负责对本辖区单位申请材料的真实性进行审查，组织开展现场核查，经市县管理部门审定后，对符合条件的，推荐到省级科技管理部门。

④专家评审。省级科技管理部门负责对市县推荐的申报材料进行复核，单独组织或会同有关省直部门组织专家对科技创新创业平台进行评审。根据评审需要，可组织实地核查。

⑤行政决策。省级科技主管部门具体管理处室提出认定建议，报分管厅领导审核，提请厅务会审议、厅党组会审定。

⑥公示。经省科技管理部门审定的创新创业平台认定结果，在省科技厅门户网站上公示。

⑦下达通知。完成公示后，由省科技厅下达认定文件。

申报材料

（1）县级星创天地认定：××县星创天地认定申请书及相关附件材料。

（2）省级星创天地认定：海南省星创天地认定申请书、入驻证明材料、审计报告及会计报表、市县科技管理部门推荐意见。

七、企业分布

国内部分农业科技服务领域企业分布如表5-4所示。

表5-4　国内部分农业科技服务领域企业分布

企业名称	企业简介	所在地
北京大北农科技集团股份有限公司	北京大北农科技集团股份有限公司是国家级高新技术企业、农业产业化国家重点龙头企业，产业布局涵盖饲料科技、动保科技、养猪科技、疫苗科技、乳业科技、农业互联网等多个领域。	北京
广东省农垦集团公司	广东省农垦集团公司是中央直属垦区之一，实行农业农村部、广东省人民政府“部省共管、以省为主”的管理体制，是一二三产业融合发展、国内外市场同步开拓的跨国现代农业企业集团。产业涵盖天然橡胶、剑麻、糖业、乳业、畜牧、粮油、旅游、置业、金融、农产品物流营销等多个领域。	广东

续表

企业名称	企业简介	所在地
广东天禾农资股份有限公司	广东天禾农资股份有限公司于2009年3月通过股份制改组设立，是广东省供销合作联社直属企业，公司以现代农技服务为先导、直达终端的配送体系为支撑，主要从事化肥、农药等农资产品的销售并提供专业的农技服务。	广东
辽宁禾丰牧业股份有限公司	辽宁禾丰牧业股份有限公司是农业产业化国家重点龙头企业，公司拥有饲料及饲料原料贸易、肉禽产业化、生猪养殖三大核心业务，同时涉猎动物药品、养殖设备、国际事业、宠物诊疗及食品加工等相关领域。目前拥有200余家下属企业，产品覆盖32个省市，并在尼泊尔、印度尼西亚、菲律宾、俄罗斯等国家设有工厂。	辽宁
深圳市大疆创新科技有限公司	深圳市大疆创新科技有限公司成立于2006年，如今已发展成为空间智能时代的技术、影像和教育方案引领者。自成立以来，大疆的业务从无人机系统拓展至多元化产品体系，在无人机、手持影像系统、机器人教育、智能驾驶等多个领域成为全球领先的品牌，以一流的技术产品重新定义了“中国制造”的内涵，并在更多前沿领域不断革新产品与解决方案。	广东

附录1

个人所得税

根据《中华人民共和国海南自由贸易港法》《海南自由贸易港建设总体方案》以及《财政部税务总局关于海南自由贸易港高端紧缺人才个人所得税政策的通知》（财税〔2020〕32号）、《海南省人民政府关于印发海南自由贸易港享受个人所得税优惠政策高端紧缺人才清单管理暂行办法的通知》（琼府〔2022〕31号）的规定，2025年前，对在海南自由贸易港工作的高端人才和紧缺人才，其个人所得税实际税负超过15%的部分，予以免征。2035年前，对一个纳税年度内在海南自由贸易港累计居住满183天的个人，其取得来源于海南自由贸易港范围内的综合所得和经营所得，按照3%、10%、15%三档超额累进税率征收个人所得税。

满足条件

1. 一个纳税年度内在海南自由贸易港累计居住满183天。

2. 属于海南省各级人才管理部门所认定的人才或一个纳税年度内在海南自由贸易港收入达到30万元人民币以上（海南省根据经济社会发展状况实施动态调整）。

企业所得税

按照《海南自由贸易港建设总体方案》《关于海南自由贸易港企业所得税优惠政策的通知》的规定，2025年前，对注册在海南自由贸易港并实质性运营的鼓励类产业企业，减按15%征收企业所得税。2035年前，对注册在海南自由贸易港并实质性运营的企业（负面清单行业除外），减按15%征收企业所得税。

满足条件

1. 本条所称鼓励类产业企业，指以海南自由贸易港鼓励类产业目录中规定的产业项目为主营业务，且其主营业务收入占企业收入总额60%以上的企业。所称实质性运营，指企业的实际管理机构设在海南自由贸易港，并对企业生产经营、人员、账务、财产等实施实质性全面管理和控制。不符合实质性运营的企业，不得享受优惠。

2. 海南自由贸易港鼓励类产业目录包括《产业结构调整指导目录（2019年本）》《鼓励外商投资产业目录（2019年版）》和海南自由贸易港新增鼓励类产业目录。上述目录在本通知执行期限内修订的，自修订版实施之日起按新版本执行。

3. 对总机构设在海南自由贸易港的符合条件的企业，仅就其设在海南自由贸易港的总机构和分支机构的所得，适用15%税率；对总机构设在海南自由贸易港以外的企业，仅就其设在海南自由贸易港内的符合条件的分支机构的所得，适用15%税率。具体征管办法按照税务总局有关规定执行。

“零关税”

海南自由贸易港将分两个阶段实施“零关税”政策。

第一阶段为2025年全岛封关运作前。对部分进口商品，免征进口关税、进口环节增值税和消费税。除法律法规和相关规定明确不予免税、国家规定禁止进口的商品外，实行“一负三正”“零关税”清单管理。对实行“零关税”清单管理的货物及物品，免征进口关税、进口环节增值税和消费税。

其中对企业进口自用的生产设备，实行“零关税”负面清单管理。对岛内进口用于生产自用或以“两头在外”模式进行生产加工活动（或者服务贸易过程中）所消耗的原辅料，实行“零关税”正面清单管理。

第二阶段为2025年全岛封关运作、简并税制后。对进口征税商品目录以外、允许海南自由贸易港进口的商品，免征进口关税。

“零关税”政策下进口原辅料、进口自用生产设备免征进口关税、进口环节增值税和消费税，将对企业生产经营形成极大利好。

附录2

种业提升奖励

《海南省现代种业提升工程项目奖补资金管理实施细则》自印发之日起施行，有效期至2025年12月31日。

支持对象

我省入选现代种业提升工程符合种业强国战略并成功实施成果转化的实体项目单位，须同时满足以下条件。

1. 已入选《“十四五”现代种业提升工程建设规划》的农作物（水稻和热带作物）育种创新能力提升项目。

2. 申报单位应为登记注册地在海南省的市场主体。

3. 通过审定之日起，三年内以第一选育单位审定的新选育水稻品种，在全国范围内年推广面积超过10万亩的单一品种1个及以上；从通过登记、认定之日起，三年内以第一选育单位登记、认定的热带作物，在省内年推广面积超过1000亩的单一品种1个及以上。申报推广面积证明以省级种子行业信息统计和种子生产经营备案系统数据为准。

4. 申报单位必须具备独立法人资格，守法守信运营，运营管理状况良好，无不良失信行为、违法犯罪记录。

奖补标准

对企业自筹投入项目固定资产投资总额（以统计部门口径为准，剔除财政资金投资部分，且固定资产投资地为本省区域内）超过500万元（含）的，按照投资额的30%给予一次最高不超过500万元奖励。

申报材料

1. 申报表。

2. 申报单位营业执照复印件。

3. 国家发展改革委关于“十四五”现代种业提升工程建设规划相关项目的投资计划、农业农村部关于“十四五”现代种业提升工程建设规划相关项目的任务清单、固定资产投资证明（含竣工财务决算报告、采购合同、发票、会计师事务出具的审计报告和政府部门出具的验收文件等）。涉及固定资产投资指标，必须根据实际完成投资登录国家统计局联网直报平台报送投资数据。

4. 选育品种推广面积证明材料。

5. 申报单位对提供资金申请材料真实性、合法性负责的承诺书（法定代表人签字盖章）。

6. 年度申报指南要求的相关材料。

高质量发展激励

《关于印发海南省促进经济高质量发展若干财政措施的通知》自2022年1月1日起施行，实施至2025年。

第十一条规定，激励企业产值或营业收入上规模。对从2021年起营业收入首次突破5000万元、1亿元、1.5亿元、2亿元的热带特色高效农业企业，分别给予50万元、80万元、100万元、120万元一次性奖励。

第十七条规定，支持发展热带特色高效农业。围绕品种培育、品质提升、品牌推广，对符合一定条件且建立惠农利益联结机制的热带特色高效农业项目给予奖补支持。对海南特色的种植、畜禽养殖等农产品标准化特色种养项目，按照投资规模的20%给予最高300万元奖补。对农产品初级加工、精深加工等产销联结项目，按照投资规模的20%给予最高500万元奖补。对省级特色产业集群、农业产业园、田园综合体（共享农庄）等产业融合项目，分别给予1000万元、1000万元、500万元奖补。对国家级和省级农业贸易高质量发展基地分别给予50万元、30万元奖补。对国家农产品地理标志登记保护产品、国家有机农产品、国家绿色食品、GAP良好农业规范农产品，每个产品分别奖励50万元、20万元、10万元、10万元。对在国家级主流媒体宣传推广农业品牌和食品工业品牌的，按照宣传推广费用的10%给予最高50万元补助。通过以奖代补的方式，鼓励市县因地制宜开展优势特色农产品保险，对险种绩效评价结果达标的市县，给予最高保费补贴25%的奖励资金。

第二十八条规定，支持企业开拓市场。支持企业参加境内外贸易展会，对外贸企业参加境外展会或在境外自主办展，按照不超过参展或办展项目费用的一定比例给予最高70万元补助；对企业参加国内国家级展会，按照参展项目费用的一定比例给予最高30万元补助。支持举办专业展览或会议，对纳入省政府重点培育的现有品牌专业展览或会议，每届给予组织单位最高500万元奖励，奖励不超过三届。对引进在我省举办列全国同行业内规模排名前三名的专业展览或者高端国际专业会议，除享受前述奖励外，每届额外再给予组织单位200万元的奖励，连续奖励不超过三届。

农机购置补贴

《海南省2021—2023年农机购置补贴实施方案》执行期为2021年—2023年。

补贴机具种类范围

全省农机购置补贴机具种类范围（以下简称补贴范围）为十三大类三十小类九十八个品目。从全国机具种类补贴范围中选取本省补贴机具品目，优先保障粮食、生猪等重要农畜产品生产、丘陵山区特色农业生产以及支持农业绿色发展和数字化发展所需机具的补贴需要，将符合条件的高端、复式、智能产品纳入补贴范围，提高补贴标准、加大补贴力度。

补贴机具资质

补贴机具必须是补贴范围内的产品（农机专项鉴定产品、农机新产品除外），同时还应具备以下资质之一：获得农业机械试验鉴定证书（包括尚在有效期内的农业机械推广鉴定证书）；获得农机强制性产品认证证书；列入农机自愿性认证采信试点范围，获得农机自愿性产品认证证书。补贴机具须在明显位置固定标有生产企业、产品名称和型号、出厂编号、生产日期、执行标准等信息的铭牌。

补贴对象

补贴对象为从事农业生产的个人和农业生产经营组织（统称为购机者），其中农业生产经营组织包括农村集体经济组织、农民专业合作经济组织、农业企业和其他从事农业生产经营的组织。

补贴标准

海南省农机购置补贴资金实行定额补贴。即同一种类、同一档次农业机械在省域内实行统一的补贴标准。省农业农村厅、省财政厅依据同档产品上年市场销售均价测算确定各档次的补贴额上限，测算比例不超过30%，且通用类机具补贴额不超过农业农村部、财政部发布的最高补贴额。

一般补贴机具单机补贴限额原则上不超过5万元；烘干机单机补贴限额不超过12万元；100马力以上拖拉机、高性能青饲料收获机、大型免耕播种机、大型联合收割机、水稻大型浸种催芽程控设备、畜禽粪污资源化利用机具单机补贴限额不超过15万元；200马力以上拖拉机单机补贴限额不超过25万元；大型甘蔗收获机单机补贴限额不超过40万元。

规上奖补

该奖补措施依据《海南省热带特色高效农业企业营业收入上规模奖补资金管理实施细则》相关规定，有效期至2025年12月31日。

支持对象

在我省登记注册，具备独立法人资格，从事种植业、畜牧业和渔业的各类研发、生产、加工、运销及其他社会化服务的热带特色高效农业企业。申报主体须财务管理规范，财务制度健全，无失信记录，同时须满足以下条件。

1. 在我省实际开展生产经营业务。

2. 在食品安全、环境保护、安全生产等方面达标且未发生其他重大违法违规行为。

3. 企业年度营业收入应首次突破5000万元、1亿元、1.5亿元或2亿元。

奖补标准

对企业年度营业收入（以审计报告数据为准）设定5000万元、1亿元、1.5亿元、2亿元四个档次，对首次突破每个档次的企业分别给予50万元、80万元、100万元、120万元一次性奖励。

申报材料

1. 海南省热带特色高效农业企业营业收入上规模奖补资金申报表（须签字盖章）。

2. 申报单位营业执照。

3. 企业纳税证明（须有税务局盖章）。

4. 专项审计报告（有资质的会计师事务所出具的近三年分年度营业收入专项审计报告）。

5. 申报单位对提供资金申请材料真实性、合法性负责的承诺书（法定代表人签字盖章）。

6. 年度申报指南要求的相关材料。

农业贸易高质量发展基地项目奖补

该奖补措施依据《海南省支持热带特色高效农业发展奖补资金管理实施细则》相关规定，有效期至2025年12月31日。

支持对象

获评国家级“农业国际贸易高质量发展基地”和“海南省农业国际贸易高质量发展基地”的农业生产经营主体，同时须满足以下条件。

1. 在海南省内办理注册登记。

2. 诚信守法经营、未纳入失信主体名单。

3. 依法在海南省内申报纳税，无欠交税款或其他违反税收规定行为。

4. 申报主体承诺对所提供的资金申请材料真实性、合法性负责。

奖补标准

对被评为国家级“农业国际贸易高质量发展基地”的申报主体，给予50万元的奖励；对被评为“海南省农业国际贸易高质量发展基地”的单位，给予30万元的奖励。

申报材料

国家级/省级农业贸易高质量发展基地奖励资金申报表原件；申报主体营业执照复印件；入选国家级“农业国际贸易高质量发展基地”和“海南省农业国际贸易高质量发展基地”公示文件；申报单位对奖励资金申请表和附属文件真实性负责的声明。

特色种植标准化生产项目奖补

该奖补措施依据《海南省支持热带特色高效农业发展奖补资金管理实施细则》相关规定，有效期至2025年12月31日。

支持对象

被评（认）定为全国种植业“三品一标”（品种培优、品质提升、品牌打造和标准化生产）基地的单位；被评（认）定为国家级或省级热带作物标准化生产示范园的农业生产经营主体；经市县认定的新种植的咖啡标准化种植基地的农业生产经营主体，同时须满足以下条件。

1. 登记注册地在海南省的，且在省内依法开展种植生产。

2. 种植业“三品一标”基地或标准化生产示范园获评（认）定年度中实际投入生产资金（包括：用于良种良法、有机肥、微生物菌剂、病虫害绿色防控产品、生产设施设备、农机具、专家咨询、信息化系统建设、地租等费用）不低于300万元（含）；咖啡标准化种植项目年度新植咖啡标准化种植基地面积在200亩及以上（种植标准参照DB46/T 274–2014中粒种咖啡栽培技术规程）。

3. 财务管理规范、财务管理制度健全。

4. 诚信守法经营、未纳入失信主体名单。

5. 依法在海南省内申报纳税，无欠交税款或其他违反税收规定行为。

奖补标准

对获评（认）定的种植业“三品一标”基地或标准化示范园，年度生产实际投入资金额不低于300万元的，给予投入资金的20%，一次性最高不超过300万元的奖补；对新种植咖啡种植基地，按实际投入资金的20%，给予一次性最高不超过300万元奖补。同一农业生产经营主体当年只享受一次奖补资金支持。

申报材料

特色种植标准化生产奖补资金申报材料：海南省特色种植标准化生产奖励资金申报表原件；申报主体营业执照复印件（个体提供身份证复印件）；“国家级热带作物标准化生产示范园”或“省级热带作物标准化生产示范园”证书复印件；全国种植业“三品一标”基地公布文件；示范园或基地相关投入资金的财务支出有关票据等证明材料和投入资金专项审计报告；申报主体对提供资金申请材料真实性、合法性负责的承诺书（法定代表人签字盖章）。

咖啡标准化种植奖补资金申报材料：海南省咖啡标准化种植奖补资金申报表原件；咖啡种植基地新植面积有关佐证材料；申报主体营业执照复印件（个体提供身份证复印件）；年度新植咖啡种植基地生产相关投入资金的财务支出有关票据等证明材料和投入资金专项审计报告；申报主体对提供资金申请材料真实性、合法性负责的承诺书（法定代表人签字盖章）。

特色畜禽养殖项目奖补

该奖补措施依据《海南省支持热带特色高效农业发展奖补资金管理实施细则》相关规定，有效期至2025年12月31日。

支持对象

列入《畜禽遗传资源品种名录》的海南特色畜禽品种、培育品种及其与外来优良品种杂交后代养殖的新、改扩建规模养殖场，优先支持牛羊产业和畜禽养殖标准化示范场，同时须满足以下条件。

1. 经营主体须在海南省内注册且具备独立法人资格，财务管理规范、财务管理制度健全。

2. 经营主体已落实项目用地，项目建成后必须具备畜禽粪污处理设施设备，污水排放应符合环保标准，符合动物防疫条件。

3. 诚信守法经营，未纳入失信主体名单。

4. 年度实际投资规模不低于500万元（含500万元）。

奖补标准

对年度实际投资规模的20%给予最高300万元奖补。

申报材料

海南省特色畜禽养殖奖励资金申报表原件；申报主体营业执照复印件（个体提供身份证复印件）；动物防疫条件合格证；环保证明（生态环境部门的备案证明或排污许可证）；养殖场相关投资的财务支出有关票据等证明材料和专项审计报告；申报主体对提供资金申请材料真实性、合法性负责的承诺书（法定代表人签字盖章）。涉及固定资产投资指标，必须根据实际完成投资登录国家统计局联网直报平台报送投资数据。

农产品加工业发展项目奖补

该奖补措施依据《海南省支持热带特色高效农业发展奖补资金管理实施细则》相关规定，有效期至2025年12月31日。

支持对象

登记注册地在海南省的，具备独立法人资格的农产品加工企业，同时须满足以下条件。

1. 申报项目属于农产品初加工业、特色农产品精深加工业、国际农产品来料加工业和外向型农产品加工业等领域。

2. 项目用工不低于50人且稳定用工不低于3个月。

3. 财务管理规范，财务制度健全，无失信记录。

4. 年度实际投资规模不低于500万元（含500万元）。

奖补标准

按项目年度实际投资规模的20%给予一次性最高不超过500万元奖补。申报材料农产品加工业发展项目奖补资金申报表；申报企业体营业执照复印件；投资项目的核准或备案文件复印件（建设内容必须与申报项目一致），包括项目批复（备案、核准）、土地、规划、环评、施工许可等手续文件；会计师事务所出具的审计报告、委托有资质第三方出具的工程决算报告；项目可行性研究报告或项目建议书、实施方案等；环保部门对项目环境评价批复文件的复印件；有新增土地的建设项目，须有自然资源部门出具的项目用地预审意见或项目建设用地批准文件的复印件。无新增土地的建设项目，须附原有土地使用证的复印件；租赁土地经营的，必须提供有法律效力的土地租赁经营合同复印件，并注明与原件一致；申报主体对提供资金申请材料真实性、合法性负责的承诺书（法定代表人签字盖章）。涉及固定资产投资指标，必须根据实际完成投资登录国家统计局联网直报平台报送投资数据。

共享农庄项目奖补

该奖补措施依据《海南省支持热带特色高效农业发展奖补资金管理实施细则》相关规定，有效期至2025年12月31日。

支持对象

由海南省农业农村厅认定并公布的海南共享农庄投资经营主体，同时须满足以下条件。

1. 登记注册地在海南省并具有独立法人资格。

2. 财务管理规范、财务管理制度健全。

3. 诚信守法经营、未纳入失信主体名单。

4. 依法在海南省内申报纳税，无欠交税款或其他违反税收规定行为。

5. 省级共享农庄至申报之日已连续正常经营2年（含）以上。

6. 申报本资金的上一年度，带动本省农民就业（包括季节性用工）不少于6000人次，或联结带动农户不少于100户。

奖补标准

省级共享农庄认定或任意一次监测合格的当年及上一年实际投资额合计超过1000万元（含）的，按照实际投资总额的10%进行一次性奖补，金额不超过500万元。新认定的省级共享农庄可在下一年或任意一次监测合格的下一年申请奖补，已认定的可在任意一次监测合格的下一年申请奖补。

申报材料

1. 省级特色产业集群和共享农庄高质量发展资金申报表原件。

2. 申报主体营业执照复印件。

3. 省级共享农庄认定文件复印件、用工或带动农户证明材料、会计师事务所出具的审计报告以及银行流水、水电费和交税凭证等能够证明连续经营两年（含）以上的材料。

4. 申报主体固定资产投资以及经营支出、管理费用、科研费用等保障农庄正常生产经营的费用，由申报主体自行委托第三方机构审计并提交审计报告。

5. 申报主体对提供资金申请材料真实性、合法性负责的承诺书（法定代表人签字盖章）。

农产品认证项目奖补

该奖补措施依据《海南省支持热带特色高效农业发展奖补资金管理实施细则》相关规定，有效期至2025年12月31日。

支持对象

对获得国家农产品地理标志登记产品、国家有机农产品、国家绿色食品、GAP良好农业规范农产品认证，并在我省行政区域内注册或登记的农业生产经营主体，同时满足以下条件。

1. 农业农村部农产品地理标志登记证书持有人。

2. 获得农业农村部门主导的，或认证活动在省农业农村厅备案登记，现场检查有农业农村主管部门派出的检查员参与的有机食品（不含转换期）认证的农业生产经营主体，现正常生产，且产品获得认证后未因质量问题被通报。

3. 获得中国绿色食品发展中心认证的绿色食品认证的农业生产经营主体，现正常生产，且产品获得认证后未因质量问题被通报。

4. 获得农业农村部门主导的GAP良好农业规范农产品认证的农业生产经营主体，现正常生产，且产品获得认证后未因质量问题被通报。

奖补标准

1. 国家农产品地理标志登记保护产品，每个产品一次性奖励50万元。

2. 国家有机农产品，每个产品一次性奖励20万元。

3. 国家绿色食品，每个产品一次性奖励10万元。

4. GAP良好农业规范农产品，每个产品一次性奖励10万元。

5. 同一农业生产经营主体，年度多个不同认证奖补总额不得超过200万元。

申报材料

海南省农产品认证奖补资金申报表；农产品认证证书、申报主体营业执照复印件、法人代表身份证、税务登记证明复印件（须加盖公章）；市县农业农村局推荐文件或省（部）直属科研院校初审材料；申报主体对提供资金申请材料真实性、合法性负责的承诺书（法定代表人签字盖章）。

农产品宣传推广项目奖补

该奖补措施依据《海南省支持热带特色高效农业发展奖补资金管理实施细则》相关规定，有效期至2025年12月31日。

支持对象

在我省行政区域内注册或登记，具备独立法人资格，财务管理规范，财务制度健全，无失信记录的农业生产经营主体，同时须满足以下条件。

1. 农业品牌。属于我省瓜果菜、水产、畜禽类等三类农产品的区域公用品牌、产品品牌、企业品牌。

2. 国家级主流媒体。包括人民日报社、新华社、中央广播电视总台、求是杂志社、解放军报社、光明日报社、经济日报社、中国日报社、科技日报社、人民政协报社、中国纪检监察报社、中国新闻社、学习时报社、工人日报社、中国青年报社、中国妇女报社、农民日报社、法制日报社等18家国家级主流媒体，不含国家级主流媒体在各地分设机构媒体。

3. 宣传推广费。在以上国家级主流媒体以传统媒体（广播、电视、报刊）和新媒体（短视频、客户端、微信、微博、网站）为平台，投入用于宣传推广我省农业品牌产生的相关费用。

奖补标准

对农业生产经营主体发生的品牌宣传推广经费进行奖补。对经营主体在年度内累计投入宣传推广费用100万元（含）以上、且符合申报条件的申报主体按照宣传推广费用的10%给予最高50万元补助。获得其他省级财政相关品牌宣传推介奖补的农业生产经营主体，不再申报本项奖补资金。

申报材料

农业品牌宣传推广奖补资金申报表，申报主体营业执照复印件（个体提供身份证复印件），农业品牌宣传推广活动方案、合同协议、验收材料、音像视频资料，相关支付票据等；申报主体对提供资金申请材料真实性、合法性负责的承诺书（法定代表人签字盖章）。

附录3

登记注册

海南省全面推行商事登记“全省通办”。投资者登录“海南e登记”平台即时办理，自动审核通过，生成的加载统一社会信用代码的电子营业执照，与纸质版营业执照具有同等法律效力。

登记注册业务的办理途径

网上办：海南商事主体登记平台（海南e登记）网址：https：//e-register.amr.hainan.gov.cn/ICPSP/index.action。

掌上办：手机下载“海南e登记”APP。

1. 公司设立

流程：企业落户海南，设立分支机构进行公司登记，可直接在海南省政务服务网或“海南e登记”平台的“公司设立登记”事项端口提交相关材料进行办理，审批完成制证并办结，由企业领取。

申报材料：（1）海南省市场监督管理局提供的公司登记（备案）申请书；（2）经营范围、经营方式说明文本；（3）经营场所、库房地址的地理位置图、平面图、房屋产权证明文件或者租赁协议（附房屋产权证明文件）扫描件；（4）法定代表人（负责人）身份证扫描件；（5）公司章程（有限责任公司由全体股东签署，股份有限公司由全体发起人签署）；（6）管理制度文本。

2. 刻章

流程：到公司所在地公安分局完成刻章申请表，再到指定的符合资格的刻章店刻章。

申报材料：（1）营业执照正副件；（2）法人身份证复印件。

3. 开户

流程：法人本人到银行办理开户业务，不得代办。

所需材料：（1）执照正本；（2）法人身份证原件；（3）印鉴章（公章、

财务章、法人章），经办人身份证原件。

4. 税务登记

流程：法人本人在公司所属区域就近的国税或地税办理备案。

申报材料：（1）验资报告；（2）营业执照原件；（3）法人身份证；（4）公司章程；（5）房产证复印件及租赁合同；（6）开户许可证。

人才认定

1. 国内人才认定

企业进行员工高层次人才认定需收集个人的人才认定申请，开具推荐意见后，提交海南省人才服务中心或重点园区人才服务部门。

步骤1：个人向所在用人单位提出高层次人才认定申请

提供有关证明材料，对照《海南自由贸易港高层次人才分类标准》选择认定类别，填写海南自由贸易港高层次人才认定申请表。

步骤2：用人单位开具认定或推荐意见

具有认定权限的用人单位对符合条件的A、B、C、D类人才作出认定意见。不具有认定权限的用人单位，对符合条件的A、B、C、D、E类人才作出推荐意见，将申请材料报市县或者重点园区人才服务部门。

步骤3：提交人才服务中心进行备案

具有认定权限的用人单位将A、B、C、D类人才认定意见与申请材料报省人才服务中心认定备案；对符合条件的E类人才直接进行认定，将认定名单报省人才服务中心备案。不具有认定权限的用人单位提交各相关材料后，各相关市县或重点园区人才服务部门：对符合条件的A、B、C类人才作出认定意见后，将认定意见与申请材料报省人才服务中心认定备案；对符合条件的D、E类人才直接进行认定，将认定名单报省人才服务中心备案。

个人申报材料

无犯罪记录证明；

申请人护照或国际旅行证件（扫描件）；

个人简历；

最高学位（学历）证书或相关职业资格证明；

聘用合同或任职证明（包括跨国公司派遣函）；

工作资历证明；

随行家属相关证明材料（结婚证，配偶护照，孩子出生证明）；

健康体检证明；

申请人6个月内正面免冠照片；

申请人住宿登记（申请人当前住宿所在地公安局出具）。

企业申报材料

公司相关资料；

申请人工作证明相关资料；

法人身份证明相关资料。

2. 外国人才引进

企业调动或招引外国人来华工作，需统一通过科学技术部（国家外国专家局）“外国人来华工作管理服务系统”进行许可的申报与审批。由省级和获得省级授权的地级市科技外专部门负责。

步骤1：获取外国人来华工作许可通知

向省级和获得省级授权的地级市科技外专部门提出申请，提交相关材料，在线生成外国人来华工作许可通知。

步骤2：获取外国人工作许可证

企业要求外国人入境后应于所持签证注明的时间内到公安机关办理居留许可，并于三个月内持外国人来华工作许可通知到我国驻外使、领馆办理工作签证，在所聘外国人入境后15天内在同一系统上提交外国人工作许可证申请。

申请海南自由贸易港高层次人才的申报材料

海南省高层次人才认定申报表；

证件照；

劳动合同；

任职文件；

社会保险缴纳记录单；

身份证件；

与申请认定层级和标准相关佐证材料；

营业执照；

法人身份证。

申请外籍“高精尖缺”人才的申报材料

工作合同或上一年度的个人所得税完税证明；

省级或获得省级授权的地级市科技（外专）部门审核后出具的认定书或地级市以上科技（外专）部门评定后或重点产业园区管理部门评定后出具的认定书。

附录4

个人所得税申报

综合所得税办理流程：下载并登录个人所得税APP，进入综合所得年度申报表，选择申报年度和填报方式等有关信息，确认任职受雇单位及其主管税务机关，填报申报表及“海南自贸港高端和紧缺人才个人所得税优惠”及其他优惠事项，提交，待退（补）税。

经营所得税办理流程：登录自然人电子税务局（https：//etax.chinatax.gov.cn/），进入“我要办税”，选择“经营所得年度申报（B表）”；录入被投资单位信息、收入成本及其他税前扣除事项信息；填报“海南自贸港高端和紧缺人才个人所得税优惠”及其他优惠事项，提交，待退（补）税。

企业所得税申报

企业申请鼓励类产业税收优惠采取“自行判别、申报享受、相关资料留存备查”的方式，即企业根据自身情况自行判断是否符合条件、自行申报税收优惠，并根据要求留存备查资料。

1. 步骤

企业通过网上直接办理减按15%缴纳企业所得税方法：登录“网上办税—国家税务总局海南省电子税务局”，选择“我要办税”—“税费申报及缴纳”—【常规申报】—“《中华人民共和国企业所得税月（季）度预缴纳税申报表（A类）》”—“A200000表第13行相应选择减免所得税额优惠事项的具体名称和填写本年累计金额”。

2. 所需提交材料

企业应主动留存备查资料：

主营业务属于自由贸易港鼓励类产业目录中的具体项目、属于目录的主营业务收入占企业收入总额60%以上的说明；

企业进行实质性运营的相关情况说明，包括企业资产总额、收入总额、人员总数、工资总额等，并说明在自由贸易港设立的机构相应占比。

“零关税”申报

企业自用生产设备进口“零关税”政策兑现需进行前期企业主体资格申请、海关备案申请、设备进口备案申请，及设备进口时的自动进口申请，共四大步骤。

步骤1：认定“零关税”企业主体资格（仅首次使用需要申请）

企业登录中国（海南）国际贸易单一窗口，选择“海南特色应用”—“零关税区”—“自用生产设备”模块，进行主体资格申请。经省市场监督管理局、省发展改革委、省工信厅、省资规厅等部门审核后，省财政厅、省税务局、海口海关将在1个工作日内完成并联会审。审核结果由中国（海南）国际贸易“单一窗口”向申请人反馈结果。

申报材料

营业执照信息（企业名称、统一社会信用代码、法定代表人及联系方式、联系人及联系方式、登记机关等，尽可能通过系统自动填充）。

勾选同意申报企业承诺书。

填写进口该设备所应用的行业（严格按照营业执照经营范围填写）。

步骤2：海关备案审批

企业登录中国（海南）国际贸易“单一窗口”，选择“中央标准应用”—“企业资质”模块，账户登录后，选择“海关企业通用资质”—“企业备案申请”，对需进口的零关税设备进行备案。

步骤3：设备进口备案

企业设备进口前，登录中国电子口岸官网，对需进口的零关税设备申请入网备案，获得IC卡，后再次登录中国（海南）国际贸易“单一窗口”，选择“中央标准应用”—“加贸保税”，完善账户信息。

步骤4：企业设备自动进口申请

登录海南政务服务网，选择“机电产品自动进口许可”事项进行申请。

申报材料

机电产品进口申请表；

营业执照；

订货合同；

代理协议。

种业提升奖励工作程序

1.申请。省农业农村厅每年初在“海南省惠企政策兑现服务系统”（下称“海易兑平台”）发布年度申报指南，申请单位通过“海易兑平台”申报，提交相关申报材料。

2.受理。市县农业农村主管部门或相关部门通过“海易兑平台”，于5个工作日内受理审核申报材料并作出受理意见，符合申报受理条件的按程序向省农业农村厅上报，不符合申报条件的予以退回，申报单位在5个工作日内可补充申报材料并重新提交。

3.初审。市县农业农村主管部门通过“海易兑平台”对材料进行初审，初审重点包括申报资料完整性、合规性、真实性，可根据需要进行现场验收核实，符合条件的做出初审意见，并报省农业农村厅。

4.专家评审。省农业农村厅根据需要可组织包括技术、财务等领域专家，对申请单位进行评审，根据需要可进行现场抽查等，出具专家评审意见。

5.审核。省农业农村厅根据专家评审意见，按相关程序进行审定，提出拟予以支持的项目单位和资金奖励额度，在单位门户网站和“海易兑平台”公示5个工作日，公示无异议的列入省财政年度奖补计划报省财政厅。

6.资金拨付。省财政厅对奖补标准进行复核，并根据省农业农村厅审核结果，将项目资金下达省农业农村厅，省农业农村厅按照国库支付有关规定将奖补资金拨付项目单位。

高质量发展激励

根据《海南省促进经济高质量发展若干财政措施》及相关惠农奖补文件，企业到海南省农业农村厅进行申请，具体流程及要求通过关注海南省农业农村厅等相关政府部门的公告进行申请。

申报材料

申报单位营业执照、税务登记证、组织机构代码证复印件；

申报项目的相关证书、合同复印件等；

申报单位对资金申请报告内容和附属文件真实性负责的声明；

申请银行贷款财政贴息的企业，须提供银行贷款合同、完息证明；

申请固定资产投资、产值、研发经费投入、升规纳统、营业收入奖励的需提供相关证明等；

主营产品符合《措施》中有关规定的相关证明材料。

农机购置补贴工作程序

步骤1：登录农机购置补贴办理服务系统（原为海南农机购置补贴辅助管理系统）进行操作。购机行为完成后，购机者到所在市县农业农村部门或“海南农机补贴手机APP”自主提出补贴资金申领事项，签署告知承诺书，承诺购买行为、发票购机价格等信息真实有效。购机者购买价格1万元以上（含1万元）的补贴机具，要采用非现金方式支付购机款，申请补贴时向当地农业农村部门或农机主管部门提交非现金支付凭证，受理部门将非现金支付凭证复印件存档备查。

申报材料

有效身份证明（个人凭身份证，农业生产经营组织凭工商营业执照或组织机构代码证）；

购机发票；

牌证管理机具需提供行驶证或登记证书；

“社保卡”号或银行账号。

步骤2：市县级农业农村部门或农机主管部门按照农业农村部《农机购置补贴机具核验工作要点（试行）》等要求，对补贴相关申请资料进行形式审核，对补贴机具进行核验。其中实行牌证管理的机具，要先办牌证，后办理补贴，牌证管理机具凭牌证免于现场实物核验。对于冷库、网箱、烘干机等安装类和设施类产品应在安装调试好、开机能正常运行，达到使用要求，确保符合安全和使用性能要求后才能开展验机。

规上奖补工作程序

1. 申请。省农业农村厅每年初在“海南省惠企政策兑现服务系统”（以下简称“海易兑平台”）发布项目申报指南，申请单位通过“海易兑平台”申报，提交相关申报材料。

2. 受理。市县农业农村主管部门或相关部门通过“海易兑平台”，于5个工作日内受理审核申报材料并作出受理意见，符合申报受理条件的，按程序向省农业农村厅上报，不符合申报条件的予以退回，申报单位在5个工作日内可补充申报材料并重新提交。

3. 初审。市县农业农村主管部门或相关部门通过“海易兑平台”对材料进行初审，初审重点包括申报资料完整性、合规性、真实性，可根据需要进行现场验收核实，符合条件的做出初审意见报省农业农村厅。

4. 专家评审。省农业农村厅根据需要可组织包括技术、财务等领域专家，对申请单位进行评审，根据需要可进行现场抽查等，出具专家评审意见。

5. 审核。省农业农村厅根据专家评审意见，按相关程序进行审定，提出拟予以支持的项目单位和资金奖励额度，送省商务厅复核无异议后，在单位门户网站和“海易兑平台”公示5个工作日，公示无异议的列入省财政年度奖补计划报省财政厅。

6. 资金拨付。省财政厅对奖补标准进行复核，并根据省农业农村厅审核结果，将项目资金下达省农业农村厅，省农业农村厅按照国库支付有关规定将奖补资金拨付项目单位。

农业贸易高质量发展基地奖补工作程序

1. 申请。省农业农村厅每年在“海南省惠企政策兑现服务系统”（以下简称“海易兑平台”）发布项目申报指南，申请单位通过“海易兑平台”申报，提交相关申报材料。

2. 受理。市县农业农村主管部门或相关部门通过“海易兑平台”，于5个工作日内受理审核申报材料并作出受理意见，符合申报受理条件的，按程序向省农业农村厅上报，不符合申报条件的予以退回，申报单位在5个工作日内可补充申报材料并重新提交。

3. 初审。市县农业农村主管部门或相关部门通过“海易兑平台”对材料进行初审，初审重点包括申报资料完整性、合规性、真实性，可根据需要进行现场验收核实，符合条件的做出初审意见报省农业农村厅。

4. 专家评审。省农业农村厅根据需要可组织包括技术、财务等领域专家，对申请单位进行评审，根据需要可进行现场抽查等，出具专家评审意见。

5. 审核。省农业农村厅根据专家评审意见，按相关程序进行审定，提出拟予以支持的项目单位和资金奖补额度，在单位门户网站和“海易兑平台”公示5个工作日，公示无异议的列入省财政年度奖补计划报省财政厅。

6. 资金拨付。省财政厅对奖补标准进行复核，并根据省农业农村厅审核结果，将项目资金下达省农业农村厅，省农业农村厅按照国库支付有关规定将奖补资金拨付项目单位。

宣传奖补工作程序

1. 申请。省农业农村厅每年在“海南省惠企政策兑现服务系统”（以下简称“海易兑平台”）发布项目申报指南，申请单位通过“海易兑平台”申报，提交相关申报材料。

2. 受理。市县农业农村主管部门或相关部门通过“海易兑平台”，于5个工作日内受理审核申报材料并作出受理意见，符合申报受理条件的，按程序向省农业农村厅上报，不符合申报条件的予以退回，申报单位在5个工作日内可补充申报材料并重新提交。

3. 初审。市县农业农村主管部门或相关部门通过“海易兑平台”对材料进行初审，初审重点包括申报资料完整性、合规性、真实性，可根据需要进行现场验收核实，符合条件的做出初审意见报省农业农村厅。

4. 专家评审。省农业农村厅根据需要可组织包括技术、财务等领域专家，对申请单位进行评审，根据需要可进行现场抽查等，出具专家评审意见。

5. 审核。省农业农村厅根据专家评审意见，按相关程序进行审定，提出拟予以支持的项目单位和资金奖励额度，在单位门户网站和“海易兑平台”公示5个工作日，公示无异议的列入省财政年度奖补计划报省财政厅。

6. 资金拨付。省财政厅对奖补标准进行复核，并根据省农业农村厅审核结果，将项目资金下达省农业农村厅，省农业农村厅按照国库支付有关规定将奖补资金拨付项目单位。

农产品加工奖补工作程序

1. 申请。省农业农村厅每年在“海南省惠企政策兑现服务系统”（以下简称“海易兑平台”）发布项目申报指南，申请单位通过“海易兑平台”申报，提交相关申报材料。

2. 受理。市县农业农村主管部门或相关部门通过“海易兑平台”，于5个工作日内受理审核申报材料并作出受理意见，符合申报受理条件的，按程序向省农业农村厅上报，不符合申报条件的予以退回，申报单位在5个工作日内可补充申报材料并重新提交。

3. 初审。市县农业农村主管部门或相关部门通过“海易兑平台”对材料进行初审，初审重点包括申报资料完整性、合规性、真实性，可根据需要进行现场验收核实，符合条件的做出初审意见报省农业农村厅。

4. 专家评审。省农业农村厅根据需要可组织包括技术、财务等领域专家，对申请单位进行评审，根据需要可进行现场抽查等，出具专家评审意见。

5. 审核。省农业农村厅根据专家评审意见，按相关程序进行审定，提出拟予以支持的项目单位和资金奖励额度，在单位门户网站和“海易兑平台”公示5个工作日，公示无异议的列入省财政年度奖补计划报省财政厅。

6. 资金拨付。省财政厅对奖补标准进行复核，并根据省农业农村厅审核结果，将项目资金下达省农业农村厅，省农业农村厅按照国库支付有关规定将奖补资金拨付项目单位。

附录5

备案核准

操作流程：企业开展项目固定资产投资，登录海南省政务服务网搜索“企业投资项目备案”事项端口办理备案。

申报材料

1. 项目符合产业政策的声明；

2. 备案项目基本信息表；

3. 项目单位对备案信息真实性承诺书。

环评审批

操作流程：企业登录海南省政务服务网，选择“环境影响报告表许可（除核辐射类项目外）”事项直接进行申请。

申报材料

1. 建设项目环境影响评价文件申报审批服务表；

2. 环境影响报告表（含建设项目环境影响文件审查表、建设项目审批基础信息表）；

3. 关于建设项目环境影响评价文件中删除不宜公开信息的说明（含环境影响报告表公示稿）。

节能审查

操作流程：企业登录海南省政务服务网，选择“固定资产投资项目节能审查”事项直接进行申请。

申报材料

1. 海南省固定资产投资项目节能审查申请表；

2. 固定资产投资项目节能报告。

用地审批

操作流程

1. 企业向所在地市级发改部门提交《项目建议书》，地市级发改部门审批建设项目，直接审批可行性研究报告或将建设项目列入相关规划或产业政策的文件，提供项目建议书批复文件，企业获取《项目建议书》批复文件。

2. 企业向地市级资规部门提供申报材料初步审查意见，标注项目用地范围的土地利用总体规划图、土地利用现状图及其他相关图件及建设项目用地需修改土地利用总体规划的修改方案，获取《市县总体规划修改方案》。

3. 由地市级资规部门在建设项目批准、核准前或者备案前后，对建设项目用地事项进行审查，提出建设项目用地预审意见。企业持建设项目的批准、核准或者备案文件，向市、县人民政府提出建设用地申请。农用地转用方案经批准后，由市、县人民政府组织实施。

4. 企业可直接登录海南政务服务网，选择“建设项目用地预审与选址意见书核发”事项，选择项目落位地区，直接进行申请，经相关部门现场踏勘、听证、公示公告等流程，获取《建设项目用地预审与选址意见书》。

5. 企业向地市级资规部门提交《建设项目用地预审与选址意见书》，提出用地预审，取得土地使用权并缴清土地出让金、获得国有土地出让权证，同时提交经政府供地批准文件及其他材料，办理土地证，获取土地使用权证。

6. 企业可直接登录海南政务服务网“建设用地规划许可证核发”事项，选择项目落位地区，进行用地规划许可证办理，获取项目用地规划许可证。

申报材料

1. 建设项目用地预审与选址意见书申请表；
2. 建设项目列入相关规划或者产业政策的文件；
3. 项目用地红线图标注项目用地范围的土地利用现状标准分幅图；
4. 市县总体规划图；
5. “建设用地规划许可证核发”申请表；
6. 项目备案文件或项目核准文件；
7. 国有土地使用权出让合同及相关附件等。

后　记

2018年4月13日，习近平总书记在庆祝海南建省办经济特区30周年大会上的讲话指出，党中央决定支持海南全岛建设自由贸易港试验区，支持海南逐步探索、稳步推进中国特色自由贸易港建设。自由贸易港建设为海南热带特色高效农业带来新的发展机遇，为推进农业转型升级带来巨大的动力，受到社会各界广泛关注。2022年8月，海南省农业农村厅联合中国热带农业科学院科技信息研究所开展《利用海南自由贸易港政策发展热带特色高效农业指南》的编制工作。

中国热带农业科学院科技信息研究所接到任务后，高度重视，专门成立编写工作领导小组，设立编写小组，并于2022年9月开始编写工作。

编写小组首先确定了书稿的框架，全书分为现代种业、种养业、加工业、休闲农（渔）业、农业服务业五章。在每一章，突出海南特色，按照产业发展基础好、能够规模经营、能够带动农民增收的要求筛选相关产业作为具体案例展开分析。全书的亮点主要体现在：一是实操性强，编写小组结合各产业实际情况，注重可读性、创新性、可操作性，尽量做到让投资主体对产业基础和政策“看得懂”，对产业优势和发展策略“算得清”；二是内容翔实，编写小组到相关厅局各业务处室座谈走访，收集较为丰富的资料，并充分征求相关产业专家和经营主体的意见和建议，编写内容较为系统完善、涵盖主要产业、契合产业发展实际。

从2023年1月开始，编写小组转入审稿、修订与征询意见等工作。书稿内容丰富，特色鲜明，针对性强，基本满足“使自由贸易港政策真正服务于市场主体，使市场主体‘看得懂、算得清’”的编写要求。

本书在编写过程中得到海南省农业农村厅、省林业局、省发展和改革委员会、省商务厅、省财政厅、省海洋与渔业科学院以及中国热带农业科学院、海南大学、中国农业科学院、中国社会科学院等单位领导、专家的指导和帮助，在此表示感谢！由于本书涉及的内容多、政策性和专业性强、专业跨度大、编写时间短，加之笔者的研究和写作水平有限，难免错漏，敬请同行专家学者批评指正。

期待本书能为各类市场主体了解、关注、研究、投资海南热带特色高效农业提供基础性、方向性指导，能为海南热带特色高效农业产业发展及科技创新赢得社会各界更多的关注与支持。

编委会

2023年3月